Erns

SANATIN

Ernst Fischer (1899-1972), Bugün Çek Cumhuriyeti sınırları içinde olan Komotou'da doğdu. Graz'da felsefe öğrenimi gördü. Gazetecilik, radyo programcılığı, yayıncılık ve yazarlık yaptı. 1938-45 arası Moskova'da Komüntern'de çalıştı. İkinci Dünya Savaşı sonrası ilk kurulan Avusturya hükümetinde haberleşme bakanı oldu. Sonraki yıllarda yazdığı kitaplarla çağdaş kültürün önde gelen temel yapıtlarını verdi.

Cevat Çapan (d. 1933), Cambridge Üniversitesi İngiliz Dili ve Edebiyatı Bölümü'nü bitirdi. Üniversitelerde öğretim üyesi olarak çalıştı. Dünya şiirinden Türkçeye çevirdiği şiirlerle tanındı. 1980'lerde çevirinin yanı sıra şiir kitaplarıyla da sevilen bir şair oldu. Toplu şiirleri *Bana Düşlerini Anlat* adıyla yayımlandı. Şiirlerinden seçmeler İngiltere ve Fransa'da kitap olarak basıldı.

"The Necessity of Art"
SANATIN GEREKLİLİĞİ
Sözcükler Yayınları: 18

Birinci Basım: Eylül 2012
İkinci Basım: Ekim 2012
Üçüncü Basım: Ekim 2013
Dördüncü Basım: Mart 2015
Beşinci Basım: Kasım 2016
Altıncı Basım: Haziran 2017
Yedinci Basım: Ekim 2018
Sekizinci Basım: Ekim 2020

Kapak resmi: Michael Sandle,
"Iraq: The Sound of Your Silence", 2007-9.

ISBN-978-605-4209-19-4
Sertifika No: 45543

Yayımlayan: Ahmet Turgay Fişekçi
Fıstıklı Namazgah sok. 6/3 Üsküdar, 34668 İstanbul
Tel.: 0216 4958865
e-posta: tfisekci@gmail.com

Baskı ve cilt: Yazın Basın Yayın Matbaacılık Turizm Ltd Şti.
İkitelli Çevre Sanayi Sitesi 8. Blok No: 38-44 Başakşehir-İstanbul
Tel.: 0212 565 01 22
Sertifika No: 44772

Ernst Fischer

SANATIN GEREKLİLİĞİ

John Berger'ın önsözüyle

Çeviren: Cevat Çapan

Sözcükler

İÇİNDEKİLER

Önsöz: Bir Filozof ve Ölüm

John Berger

O gün hayatının son günüydü. Biz, elbette, neredeyse akşam saat ona kadar bunu bilmiyorduk. Üçümüz de o günü onunla birlikte geçirmiştik: Karısı Lou, Anya ve ben. Şimdi yalnız o gün kendimin ne yaşadığını yazabilirim. Eğer onların yaşadıklarını da yazmaya kalkışacak olsam, her ne kadar onların o anda ve daha sonra neler hissettiklerinin farkında olsam bile, yazdıklarımın kurmaca olma tehlikesi var.

Ernst Fischer yaz aylarını Styria'da küçük bir köyde geçirirdi. Lou'yla Ernst 1930'larda kendisinin ve iki kardeşinin eski arkadaşları, Avusturyalı komünist üç kız kardeşin evinde kalıyorlardı. Evin yönetimini şimdi üstlenen üç kız kardeşin en küçüğü gizlendiği ve siyasal sığınmacılara yardım ettiği için Naziler tarafından tutuklanıp hapse atılmıştı. O zamanlar sevgilisi olan adam da benzer bir suçtan başı koparılarak cezalandırılmıştı.

Evlerinin çevresindeki bahçe konusunda yanlış bir izlenim vermemek için bu durumu açıklamak gerekir. Bu bahçe çiçekler, koca koca ağaçlar, diz boyu çimenlerle dolu. Bahçede boydan boya akan bir dere var, suyun akışına çapı koca bir varilinki kadar kalınlıkta ahşap bir boru yön veriyor. Bu dere daha sonra bir tarladan geçip yakındaki bir komşunun küçük dinamosuna ulaşıyor. Bahçenin her yerinde yumuşak fakat sürekli bir su sesi duyuluyor. Ahşap borudaki iğne başı kadar küçük iki delikten su fışkırtan iki de fıskiye var. Sular bu üç kız kardeşin dedelerinin yaptırdığı bir on dokuzuncu yüzyıldan kalma yüzme havuzuna boşalıyor. Uzamış otların çevrelediği, kendisi de yeşil renkteki bu havuzda yüzen alabalıklar arada bir suyun yüzüne sıçrayıp suları dalgalandırıyor.

Styria'da hava çoğu zaman yağmurludur. Evin içindeyseniz yağmur dindikten sonra bile bahçedeki su sesi yüzünden hâlâ yağmur yağdığını sanırsınız. Oysa bahçe nemli değildir. Yer yer açan değişik renkli çiçekler de bahçenin yeşilliğini tekdüzelikten kurtarır. Bir çeşit kutsal bir sığınak gibidir bu bahçe. Bunun ne demek olduğunu anlayabilmek için, dediğim gibi, otuz yıl önce evin dışındaki kulübelerde birtakım erkekler ve kadınlar canlarını kurtarmak için saklanıyorlar ve bu üç kız kardeş tarafından korunuyorlardı. Şimdi ise bu üç kız kardeş kıt kanaat geçinebilmek için bazı odalarını çiçekli vazolarla süslüyor ve yaz aylarında eski birkaç dostlarına kiraya veriyorlardı.

Ben o sabah oraya gittiğimde Ernst bahçede dolaşıyordu. Zayıf ve dimdikti. O kadar hafif bir yürüyüşü vardı ki, sanki ayakları yere hiç değmiyordu. Başında Lou'nun bir süre önce ona aldığı geniş kenarlı gri beyaz bir şapka vardı. Bütün giysileri gibi şapkası konusunda giyinişindeki zarafet göze çarpıyordu. Ayrıntılara aldırmazdı ama görünüşünün niteliği konusunda titizdi.

Bahçe kapısını açıp kapamak kolay değildi, ama o bu işin kolayını bulmuştu. Onun için ben girdikten sonra arkamdan kapıyı kolayca kapadı. Bir gün önce Lou kendisini o kadar iyi hissetmiyordu. Nasıl olduğunu sordum. "Daha iyi," dedi, "yüzüne baksan anlarsın!" Genç bir sesle, sınırsız bir neşeyle söyledi bu sözleri. Yetmiş üç yaşındaydı ve ölürken onu tanımayan doktor daha yaşlı göründüğünü söylemişti. Ama yüzünde hiçbir zaman yaşlılara özgü o donuk ifade yoktu. Yaşadığı mutlu anları hep olduğu gibi benimser, 1968'den beri her yerden gelen olumsuz haberler ve karşılaştığı hayal kırıklıkları onun bu yeteneğini azaltmazdı. Yüzünde çekilen acıların hiçbir izini ve çizgisini göremezdiniz. Bu yüzden sanırım bazıları onu masum biri olarak görür. Ama bu doğru değildi. O kendi köklü inancından bir adım geri atmayı asla düşünmeyen bir insandı. Bunun yerine inancının nesnelerini ve sırasını yeniden düzenlerdi. Son zamanlarda şüpheciliğe inanıyordu. Hatta birer uyarı olacağı umuduyla kıyametle ilgili görüşlerin gerekliliğine bile inanıyordu.

O kadar beklenmedik bir anda, birdenbire ölmesi de sanki inançlarının kesinliğinden ve köklülüğünden kaynaklanıyordu. Sağlığı çocukluğundan beri sorunluydu. Çoğu zaman hastaydı. Son zamanlarda görüşü çok zayıflamıştı; ancak oldukça güçlü bir büyüteçle okuyabiliyor, daha çok da Lou ona okuyordu. Gene de onu tanıyanlardan kimse onun yavaş yavaş öldüğünü, her yıl onun biraz daha az hayatın bir parçası olduğunu düşünemezdi. Dipdiriydi, çünkü iliklerine kadar inançlıydı.

Peki neye inanıyordu? Kitaplarına, siyasal çıkışlarına, bu sorunun yanıtı olacak konuşmalarının hepsi kayıtlara geçmiş durumda. Yoksa yeterince karşılığı yok mu bu sorunun? Kapitalizmin, sonunda, insanı yok edeceğine ya da o düzenin alt edileceğine inanıyordu. Egemen sınıfın her yerde acımasız olduğu konusunda hiçbir kuşkusu yoktu. Sosyalizmin bir modelinden yoksun olduğumuzu kabul ediyordu. Çin'de olanları ilgiyle izliyor, bundan etkileniyor, ama bir Çin modeline de inanmıyordu. Güç olan, diyordu, bizim de gelecekle ilgili birtakım görüşler önermek zorunda olmamız.

Bahçenin çalılıklarla çevrili bir söğüt ağacı olan çimenli ucuna doğru yürüdük. Ernst orada yere uzanır, canlı hareketlerle ellerini oynatır, parmaklarıyla sanki dinleyenlerin gözlerinde biriken yün topaklarını temizlerdi. Konuşurken ellerini izlercesine omuzlarını öne eğer, biri konuşuyorsa, onun sözlerini dinlemek için başını ona çevirirdi. (Şezlongunun arkasını ayarlamak için en doğru açının ne olduğunu çok iyi bilirdi.)

Şimdi o çimli bahçenin, katlanıp kulübeye kaldırılmış şezlongun en iç karartıcı yanı boşluğu. Bu bahçede yürümek onu örten çarşafı açıp tekrar tekrar yüzüne bakmaktan çok daha zor. İnançlı Ruslara göre ölenlerin ruhları onların yakın çevrelerinden kırk gün uzaklaşmazmış. Bu belki de yas tutma evrelerinin titizlikle gözlemlenmesine dayanan bir inanç. Ben gene de şimdi büsbütün yabancı biri gelecek olsa, çalılıklarla çevrili söğüdün bulunduğu bu bahçenin ve terk edilmiş bir yıkıntıya dönmüş evin çarpıcı boşluğunu fark etmeyeceğine kolay

kolay inanmıyorum. Hissedilir bir boşluktu bu. Ama gene öyle değildi.

Yağmur yağmaya başladığı için yemeğe çıkmadan önce odasına gidip bir süre oturduk. Çoğu zaman dördümüz küçük yuvarlak bir masanın çevresinde oturur konuşurduk. Ben bazen pencereye karşı oturur, dışarıda, tepelerdeki ağaçlara ve ormana bakardım. O sabah pencereye yerleştirilen sineklik yüzünden her şeyin az çok iki boyutlu göründüğünü ve bir kompozisyon oluşturduğunu söyledim. Uzama fazla ağırlık veriyoruz diye devam ettim – bir İran seccadesinde belki de birçok manzara resminden daha çok doğa vardır. "Tepeleri aşağı çekip ağaçları da yana iter, senin için oraya seccadeler asarız," dedi Ernst. "Öteki pantolonun," dedi Lou, "dışarı çıkacağımıza göre, neden onu giymiyorsun?" Pantolonunu değiştirirken konuşmamızı da sürdürüyorduk. "İşte," dedi alaycı bir gülümsemeyle pantolonunu iliklerken, "daha iyi mi şimdi?" "Çok şık ama bu aynı pantolon," dedim. Güldü bu sözümden hoşlanarak. Hoşlanmıştı çünkü yalnızca Lou'nun keyfini yerine getirmek için pantolonunu değiştirdiğini, bunun yeterli bir neden olduğunu göstermek istiyordu; hoşlanmıştı çünkü bu önemsiz ayrım onun için yok gibiydi; hoşlanmıştı çünkü bu küçük şakada düzene karşı küçük bir mızıkçılık yapıyordu.

Etrüskler ölülerini yeraltındaki odalara gömerler, duvarlara da zevk verici sahnelerin ve ölülerin yaşarken gündelik hayattan bildikleri şeylerin resimlerini yaparlarmış. Yaptıkları resimleri görebilmek için de yerin altına güneş ışınlarının girmesi için küçük bir delik açarlar ve üzerinde çalıştıkları resmi aydınlatması için aynalar yerleştirirlermiş. Ben de bu son günü onun mezarıymış gibi sözcüklerle süslemeye çalışıyorum.

Öğle yemeği için ta tepelerde ormanın içindeki bir pansiyona gidecektik. Amacımız oranın eylül ve ekimde Ernst'in çalışabilmesi için uygun bir yer olup olmadığını araştırmaktı. O yıl daha önce Lou on kadar küçük otele ve pansiyona mektupla başvurmuş, içlerinden yalnız burası ucuz ve uygun görünmüştü. Arabam olduğu için gidip bakacaktık.

Bir olay çıkarmak gerekmiyor. Ama bir çelişkinin de altı çizilmeli. Ölümünden iki gün sonra *Le Monde*'da uzun bir yazı çıktı. "Yavaş yavaş," diyordu yazar, "Ernst Fischer kendisini Marksizmin 'muhalif' bir kolunun en özgün ve inandırıcı düşünürlerinden biri olarak kabul ettirdi." Ernst Avusturya'da solun belli bir kuşağının tümünü etkilemişti. Son dört yıl içinde Prag Baharı'nı yaratan Çekler üzerindeki önemli etkisi yüzünden Doğu Avrupa'da sürekli olarak suçlanıyordu. Kitapları birçok dile çevriliyordu. Ama yaşama koşulları son beş yıl içinde kısıtlamalar ve güçlüklerle doluydu. Fischer'lerin az paraları vardı, her zaman sıkıntı içinde, Viyana'da gürültülü bir işçi mahallesinde küçük bir dairede oturuyorlardı. Karşıtlarının "Neden olmasın?" dediklerini duyar gibiyim. O işçilerden daha üstün müydü ki? Hayır, ama onun mesleğine uygun koşullar içinde olması gerekiyordu. Gene de onun yakındığı yoktu. Ama komşu dairelerdeki ailelerin ve radyoların bitmeyen gürültüsü yüzünden Viyana'da istediği gibi kendini işine verip çalışabilmesi olanaksızdı. Bu yüzden her yıl şehir dışında sessiz, ucuz, kitabının birkaç bölümünü tamamlayabileceği bir yer aranıyordu. Üç kız kardeşin evi ağustostan sonra boş değildi.

Arabayla ormanın içinden dik bir toprak yoldan tepeye doğru tırmandık. Bir ara korkunç kötü Almancamla bir kız çocuğuna yolu sordum, kız ne dediğimi anlamadı ve şaşkınlıktan yumruğunu ağzına soktu. Ötekiler de bana güldü. Dışarıda hafif bir yağmur yağıyordu; ağaçların yaprakları bile kımıldamıyordu. Arabayı daracık virajlardan sürerken bu ağaçların uysallığının doğasını betimleyebilir ya da tanımlayabilirsem, insan bedeninin, hiç değilse insan bedeninin sevildiği andaki durumunu anlayabileceğini düşündüğümü hatırlıyorum. Yağmur ağaçların üzerine yağıyordu. Yapraklar o kadar çabuk kımıldarlar ki, bunun için hafif bir esinti bile yeterlidir. Oysa burada tek bir yaprak bile kımıldamıyordu.

Pansiyonu bulduk. Pansiyonu işleten genç kadınla kocası da bizi bekliyorlarmış. Bizi öbür konukların yemek yedikleri uzun bir masaya götürdüler. Burası ahşap tabanlı büyük bir odaydı. Geniş pencerelerden, dik tepelerde tarlaların gerisindeki orman ve aşağıdaki ova görünüyordu. Bir öğrenci yurdunun kantini gibiydi bu oda. Tek ayrım tahta kanepelerde yastıklar, masalarda da çiçekler olmasıydı. Yemekler iddiasız ama iyiydi. Yemekten sonra bize odaları göstereceklerdi. Kadının kocası elinde bir mimar planıyla geldi. "Seneye her şey değişecek," dedi, "ev sahipleri daha çok para kazanmak istiyor. Odalarda değişiklik yapıp birer banyo ekleyecekler, fiyatları da artıracaklar. Ama bu sonbahar üst kattaki odaları değişmeden önceki halleriyle tutabilirsiniz, sizden başkası da olmayacak, gürültüden rahatsız olmazsınız."

Üst kata çıktık. Birbirinin benzeri yan yana iki odaydı. Tuvalet de karşılarındaydı. Her ikisi de dar olan bu odalarda duvarın yanında bir karyola, bir lavabo ve çok sade bir dolap vardı. Odanın ucundaki pencereden de kilometrelerce uzanan bir manzara görünüyordu. "Pencerenin önüne bir masa koyar, orada çalışabilirsiniz." "Evet, evet," dedi Ernst. "Kitabı bitirirsin," dedim. "Belki bitiremem, ama epeyce iş çıkartırım." "Bence tutun bu odayı," dedim. Onu pencerenin önündeki masanın başına oturmuş, kıpırtısız ağaçlara bakarken görür gibi oldum. Kitap onun özyaşamöyküsünün ikinci cildiydi. Bu cilt onun Avusturya ve uluslararası siyaset dünyasında çok etkin olduğu 1945-1955 yıllarını kapsıyor – özellikle de tanıklık ettiği Soğuk Savaş'tan sonraki gelişmeleri ve onun sonuçlarını, Demir Perde'nin her iki yanında 1945'in halk zaferlerine karşıdevrimci tepkiyi ele alıyordu. Bu küçük masa üzerinde büyütecini, not aldığı kâğıtları, yararlandığı kaynak kitapları, sandalyesini çekip aşağı indiğini ve her zamanki gibi öğle yemeğinden önceki yürüyüşüne çıktığını canlandırdım gözümde. "Tutun burayı," dedim yeniden.

Birlikte yürüyüşe çıktık. Ormandaki bu yürüyüşünü her sabah yapardı. Anılarının birinci cildinde neden birbirinden apayrı üsluplar kullandığını sordum.

"Her üslup değişik bir kişiye ait."

"Kendinin değişik bir yanına mı?"

"Hayır, daha çok her biri değişik bir kimliğime."

"Bu değişik kimlikler bir arada mı var, yoksa biri baskın olunca öbürleri yok mu oluyor?"

"Her ikisi de aynı zamanda birlikte varlar. Hiçbiri yok olmuyor. En güçlüsü benim taşkın, ateşli, aşırı romantik kimliğim; öbürü de uzaktan bakan, şüpheci kimliğim."

"Bunlar kafanda birbirleriyle konuşuyorlar mı?"

"Hayır." (Hayır deyişinde özel bir tavır vardı. Sanki bu soruya ne yanıt vereceği konusunda önceden uzun uzun düşünmüş, sabırlı bir araştırmadan sonra böyle bir sonuca varmıştı.)

"Birbirlerini gözlerler," diye devam etti. "Heykeltıraş Hrdlicka başımın mermer bir heykelini yaptı. Beni olduğumdan daha genç gösteren bir baş. Ama benim öne çıkan bu iki değişik kimliğimin, yüzümün iki yanında yansıdığını görebilirsin. Biri belki biraz Danton'u andırıyor, öbürü de Voltaire'i."

Ormanda yürürken yüzünü sağdan ve soldan incelemek için yer değiştirdim. Bir gözü öbüründen başkaydı ve bu değişiklik yüzünün iki yanında ağzının uçlarından da anlaşılıyordu. Sağ taraf hem yumuşak hem vahşiydi. O Danton'un adını anmıştı, ama ben daha çok bir hayvanı, belki de yerinde duramayan bir çeşit keçiyi, bir dağ keçisini düşündüm. Yüzünün sol yanı şüpheci ama daha sertti: İnsanları yargılayan ama bunu kendine saklayan, akılcılıktan ödün vermeyen bir insanın yüzü. Sol taraf sağ tarafla birlikte yaşamak zorunda olmasaydı, yargılarında hiç esneklik olmazdı. Gözlemlerimde yanılıp yanılmadığımı denetlemek için yeniden yer değiştirdim.

"Bu iki özelliğin gücü hiç değişmedi mi?" diye sordum.

"Şüpheci kimliğin daha da güçlendi," dedi. "Ama başka kimliklerim de var." Gülümseyerek koluma girdi ve şaka yapmadığını belirtmek için, "onun egemenliği de tam değil," dedi.

Bunu neredeyse soluğu kesilmişçesine ve her zamankinden daha boğuk bir sesle – duygulandığı zamanki, örneğin sevdiği birine sarıldığı zaman konuştuğu sesiyle söyledi.

Ernst'in kendine özgü bir yürüyüşü vardı. Kalçaları o kadar esnek hareket etmiyordu ama düşüncelerinin ritmine uygun olarak bir genç gibi hızlı yürüyordu. "Bu kitap tutarlı bir üslupla yazılıyor," dedi, "tarafsız, mantıklı, serinkanlı bir üslupla."

"Daha sonraki bir dönemi anlattığı için."

"Hayır, aslında benim hakkımda olmadığı için. Tarihsel bir dönem hakkında. Birinci cilt benimle ilgiliydi. Her şeyi aynı sesle söyleseydim hakikati söylemem mümkün olmazdı. Başkalarının mücadelesinin üstünde bir kişilik yoktu ve olanların öyküsünü tutarlı olarak anlatamazdı. Yaşananların değişik yanları için kullandığımız kategoriler – örneğin bazılarına göre aşkla Komintern konusunu aynı kitapta ele almamam gerektiği – işte bu kategoriler genellikle yalancıların işine gelen kategorilerdir."

"Kimliklerinden biri yargılarını öbür kimliklerinden gizler mi?"

Belki bu sorumu duymamıştı. Belki de soru ne olursa olsun, o söylemek istediği şeyi söyleyecekti.

"Benim ilk kararım ölmemekti," dedi. "Çocukluğumda, hasta yatağımda ölümle yüz yüze yatarken karar verdim buna, yaşamak istiyordum ben."

Pansiyondan çıkıp arabayla Graz'a indik. Lou'yla Anya alışverişe gittiler; Ernst'le ben nehir kıyısındaki eski bir otelin salonuna yerleştik. '68 yazında Prag'a giderken Ernst'le buluşmak için bu otele gelmiştim. Bana birtakım adresler, öğütler, bilgiler vermiş, yeni olayların tarihsel ayrıntılarını özetlemişti. Bu olaylarla ilgili yorumlarımız tam olarak örtüşmüyordu, ama bu küçük ayrımları şimdi tanımlamaya çalışmanın bence hiçbir anlamı yok. Ernst öldüğü için değil, o olaylar diri diri gömüldükleri ve ancak onların toprak altında kalan ana çizgilerini görebildiğimiz için. Tek tek hangi noktalarda anlaşmadığımız ve bunlarla ilgili konular artık geçerli olmadığı için bu ayrıntıların da artık bir önemi yok. Bunların yeniden ortaya çıkması da söz konusu değil. Fırsatlar bir daha ele geçmezcesine yitirilir, bunların yitirilişi de bir çeşit ölümdür. 1968 Ağustosu'nda Rus tankları Prag'a girdiğinde, Ernst bu ölümün ne olduğunu kesinlikle biliyordu.

Otelin salonunda dört yıl önceki bu buluşmamızı hatırladım. Daha o zamandan birtakım kaygıları vardı onun. Çeklerin çoğunun tersine Brejnev'in büyük bir olasılıkla Kızıl Ordu'ya Prag'a girme emrini vereceğine inanıyordu. Ama gene de umutluydu. Bu umut o bahar Prag'da doğan birçok başka umudu da içeriyordu.

1968'den sonra Ernst geçmişle ilgili konulara yoğunlaştı. Ama geleceğe yönelik düşüncelerinden de asla vazgeçmedi. Geçmişle ilgili görüşleri daha iyi bir gelecek içindi – gelecekteki büyük ya da korkunç değişimlerin yararlı olması için. Ancak '68'den sonra herhangi devrimci bir değişime giden yolun uzun ve çileli olacağını, yaşarken Avrupa'da sosyalizmi göremeyeceğini anlamıştı. Onun için zamanı en iyi kullanmanın yolu geçmişe tanıklık etmekti.

Otelde bunları konuşmadık, çünkü bizden karar vermemizi bekleyen hiçbir yeni konu yoktu. Önemli olan onun anılarının ikinci cildini bitirmesiydi; o sabah da bunu en kısa zamanda yapmanın bir yolunu bulmuştuk. Bunun yerine aşktan ya da daha doğrusu âşık olma durumundan söz ettik. Konuşmamız aşağı yukarı bu çizgide gelişti.

Âşık olma yeteneği günümüzde doğal ve evrensel sayılıyor – edilgin bir yetenek. (Birine vurulmak. Aşk vurgunu.) Oysa âşık olma olanağının söz konusu olmadığı kesintisiz dönemler olmuştu. Âşık olma aslında özgür seçim olanağına bağlı bir eylemdir – ya da görünüşte böyle bir olanağın varlığına. Neyi seçer âşık olan insan? Sevdiği uğruna dünyayı (bütün hayatını) gözden çıkarmayı seçer. Sevilen kişi kendinde dünyanın bütün olanaklarını toplar, böylece âşığın bütün gizil gücünün gerçekleşme olanağını ona sunar. Sevilen, seven için dünyayı (sevileni içermeyen dünyayı) umutsuzlaştırır. Daha açık konuşmak gerekirse, âşık olmak sınırsızlığı bakımından yıldızların ötesine geçmek gibi bir durumdur, doğası değişmeden gelişmediği için de sürekli olamaz.

Sevilenle dünya arasında denklik de cinsellikle saptanır. Sevilenle sevişmek, öznel olarak, dünyayı sahiplenmek ve dünya tarafından sahiplenilmektir. İdeal olarak hiçbir şey bunun dışında kalmaz. Elbette ölüm de bu yaşantının içindedir.

Bu durum imgelemi olanca derinliklerine kadar kışkırtır. İnsan sevişme eylemi içinde dünyayı kullanmak ister. İnsan balıklarla, meyvelerle, tepelerle, ormanlarla, deniz içinde sevişmek ister.

"İşte dönüşümler de böyledir," dedi Ernst. "Neredeyse Ovidius'ta da bu böyle olur. Sevilen, bir ağaç, bir dere, bir tepe olur. Ovidius'un *Dönüşümler*'i birer şiirsel kavram değil, aslında dünyayla âşık olan şair arasındaki ilişkiyle ilgili örneklerdir."

Gözlerinin içine baktım. Çok açık renkliydi gözleri. (Çok bakmanın zorlamasıyla sulanmış gibiydiler.) Güneşten gri beyaza dönüşmüş soluk mavi bir çiçeğin rengini almıştı bu gözler. Bu yaşlı gözlerin açık rengi gene de o solukluğa yol açan ışığı yansıtıyordu.

"Benim hayatımın tutkusu Lou'ydu," dedi. "Birçok aşk ilişkim oldu. Bazıları burada, Graz'daki öğrencilik yıllarımda, bu otelde. Evlendim. Sevdiğim bütün öteki kadınlarla aramızda bir tartışma, ilgilendiğimiz değişik konularda görüş ayrılıkları olurdu. Lou'yla böyle bir sorun olmadı, çünkü ilgilendiğimiz şeyler aynıydı. Hiç tartışmazdık demek istemiyorum. Ben hâlâ Stalinistken o Troçki'yi savunurdu. Ama bütün ilgilendiğimiz şeylerin temelinde ilgilendiğimiz konu aynıydı. Onunla ilk karşılaştığımda, Hayır, demiştim. O akşamı çok iyi hatırlıyorum. Onu ilk gördüğümde ne olacağını biliyordum ve Hayır demiştim kendi kendime. Onunla bir aşk ilişkisine girersem her şeyin sona ereceğini biliyordum. Bir başka kadına artık âşık olamayacaktım. Tek eşli olarak yaşayacaktım. Artık çalışamayacağımı sanıyordum. Aralıksız sevişecektik onunla. Dünya bir daha aynı dünya olmayacaktı. O da biliyordu bunu. Berlin'e dönmeden önce, 'Kalmamı ister misin?' diye sordu sakin bir sesle. 'Hayır' dedim."

Lou alışverişten döndü. Peynir ve yoğurt gibi yiyecekler almıştı.

"Bugün saatlerce benden söz ettik," dedi Ernst, "sen hiç kendinle ilgili konuşmuyorsun. Yarın da senin hakkında konuşuruz."

Graz'dan dönerken bir kitapçıya uğrayıp Ernst'e Sırp şair Miodrag Pavloviç'in bir şiir kitabını almak istedim. Ernst o gün bir ara artık şiir yazmadığını, şiirin artık bir amacı olduğunu düşünmediğini söylemişti. "Belki de benim şiir anlayışımın modası geçmiştir," diye ekledi. Ben onun Pavloviç'in şiirlerini okumasını istiyordum. Arabada kitabı ona verdim. "Bende var bu kitap," dedi. Elini omzuma attı. Son defa acı çekmeden.

Köydeki bir kahvede akşam yemeği yiyecektik. İçeri girmek için merdiveni çıkarken, arkamdan gelen Ernst birden hafif bir çığlık attı. Hemen döndüm. İki elini arkasına atmış belini bastırıyordu. "Otur," dedim, "sırtüstü uzan." Beni dinlediği yoktu. Gözlerini uzaklarda bir noktaya dikmiş bakıyordu. Burayla değil, baktığı yerle ilgiliydi. O an bunun acısı yüzünden olduğunu düşündüm. Sanki sancısı çabuk geçmişti. Her zamankinden ağır olmayan bir hızla indi merdivenden. Pansiyonda üç kız kardeş bize iyi geceler dilemek için kapının önünde bekliyorlardı. Onlarla konuşmak için bir an durduk. Ernst romatizma sancısının sırtına bıçak gibi saplandığını söyledi.

Birden garip bir şekilde bizden uzaklaşmış gibiydi. Ya anlamıştı kendisine ne olduğunu ya da içindeki dağ keçisi, içindeki o güçlü hayvan, onu terk etmiş, ölecek gizli bir yer arıyordu. Acaba olayı sonradan mı böyle yorumluyorum diye düşünüyorum şimdi. Hayır. Ernst o anda bizden uzaklaşmıştı bile.

Konuşarak, su sesini arkada bırakarak bahçenin çıkışına geldik. Ernst açıp kapaması zor olan kapıyı son kez açtı.

Kahvedeki barın önünde her zamanki masamıza oturduk. Birtakım insanlar akşam içkilerini içiyorlardı. Onlar dışarı çıktı.

Geyik avlamaktan başka bir merakı olmayan kahve sahibi ışıklardan birini söndürüp çorbalarımızı getirmek için çıktı. Buna çok kızan Lou adamın arkasından bağırdı ama adam duymadı. Lou kalkıp tezgâhın arkasına geçti ve söndürülen iki lambayı yeniden yaktı. "Ben de olsam aynı şeyi yapardım," dedim. Ernst Lou'ya, Anya'ya ve bana bakarak gülümsedi. "Lou'yla birlikte yaşayacak olsaydınız kıyamet kopardı," dedi.

Bir sonraki yemek geldiğinde, Ernst onu yiyemedi. Patron gelip, "Beğenmediniz mi?" diye sordu. "Çok iyi hazırlanmış," dedi Ernst önündeki tabağı kaldırarak, "çok iyi pişirilmiş ama ne yazık ki yiyemeyeceğim."

Solgun görünüyordu; midesinin alt tarafında bir sancı hissettiğini söyledi.

"Dönelim," dedim. Bu önerim üzerine yeniden bakışlarını uzaklara çevirdi. "Hemen değil." dedi, "biraz sonra."

Yemekten kalktık. Ayakta zor duruyordu ama kimsenin desteğini istemiyordu. Kapıya giderken – arabadaki gibi – bir elini omzuma koydu. Ama bu sefer bambaşka bir anlamı vardı bunun. Şimdi omzumdaki el sanki daha da hafifti.

Bir iki yüz metre gittikten sonra, "Galiba bayılmak üzereyim," dedi. Arabayı durdurup kolumla onu kendime çektim. Başı omzuma düştü. Kesik kesik nefes alıyordu. O şüpheci sol gözünü yüzüme dikmiş bakıyordu. Şüpheci, sorgulayan, vazgeçmeyen bir bakış. Sonra bu bakış görmez oldu. Gözlerine o açık rengi veren ışık artık orada değildi. Zorlukla nefes alıyordu.

Anya geçen bir arabayı durdurup yardım için köye gitti. Başka bir arabayla döndü. Bizim arabanın kapısını açtığında, Ernst ayaklarını dışarı çıkarmaya çalıştı. Bu onun kendi iradesiyle yaptığı son hareketiydi.

Eve vardığımızda, haber bizden önce oraya ulaşmıştı. Açılması güç olan kapı, arabayla evin kapısının önüne kadar gidebilmemiz için açılmıştı. Anya'yı köyden geri getiren genç adam Ernst'i sırtlayarak evin içine ve üst kata taşıdı. Ben de arkalarından giderek Ernst'in başının bir yere çarpmasını önlemeye çalıştım. Onu yatağına yatırdık. Doktoru beklerken oyalanmak için birtakım anlamsız şeyler yaptık. Ama doktoru beklemek bile bir bahaneydi. Yapacak bir şey yoktu. Ernst'in ayaklarına masaj yaptık, bir sıcak su torbası getirdik, nabzına baktık. Ben soğuyan başını ovdum. Beyaz çarşaf üzerindeki esmer, kıvrılmış ama bir şey kavramayan elleri sanki gövdesinin öbür parçalarından ayrılmış gibiydi. Bileklerinden kopmuş gibi. Ormanda ölüsü bulunmuş bir hayvanın kesilmiş ön ayakları gibi.

Doktor geldi. Elli yaşlarında bir adam. Yorgun, soluk benizli, terli. Sırtında bir köylü elbisesi, kravatsız. Bir veterinere benziyordu. "Ben şu iğneyi yaparken kolunu tutun," dedi. Sıvının, suyun bahçedeki oluktan aktığı gibi akması için iğneyi hafifçe damara batırdı. O anda odada ikimiz yalnızdık. Doktor başını salladı.

"Kaç yaşında?"

"Yetmiş üç."

"Daha yaşlı görünüyor," dedi doktor.

"Hayattayken daha genç görünüyordu," dedim.

"Daha önce enfarktüs geçirdi mi?"

"Evet."

"Bu sefer hiç şansı yok," dedi.

Lou, Anya, üç kız kardeş ve ben yatağının başındaydık. Ölmüştü.

Etrüskler mezarlarının duvarlarına gündelik hayattan resimler yaptıkları gibi lahitlerin üzerine ölülerinin tam boy kabartma heykellerini de yaparlarmış. Genellikle bu figürler bir dirseği üzerine yaslanan, bir döşeğin üzerine bacaklarını rahatça uzatmış yatan, fakat başlarını dikip dikkatle uzaklara bakan figürlermiş. Bu kabartma heykellerin binlercesi bir çırpıda ve belli bir kalıba göre yapılırmış. Ama bu figürlerin görünüşleri ne kadar basmakalıp olursa olsun, uzaklara bakışlarındaki dikkat çarpıcıdır. Bu bağlamda söz konusu olan uzaklık herhalde uzamla değil, zamanla ilgilidir: Bu uzaklık, ölülerin yaşarken gelecek zaman olarak tasarladıkları bir kavramdır. O uzaklığa bakarken sanki ellerini uzatıp ona dokunabilecekmiş gibidirler.

Ben böyle bir lahit figürü yapamam. Ama bence Ernst Fischer'in yazdığı öyle sayfalar vardır ki, yazar kendine seçtiği eşdeğer bir konumdan benzer nitelikte bir beklentiyi bizim de hissetmemizi sağlar.

2010

Birinci Bölüm

SANATIN GÖREVİ

"Onsuz edilemeyen bir şeydir şiir – ama neden onsuz edilemez bir bilsem." Sanatın gerekliliğini olduğu kadar, burjuva dünyasındaki tartışılabilir yerini de bu alaylı şaşırtmaca ile özetliyor Jean Cocteau.

Ressam Mondrian sanatın belki de "ortadan kalkabileceğini" ileri sürüyordu. Sanatın bugün gerçekliğin yoksun olduğu bir dengenin yerini tuttuğuna, gerçekliğin giderek sanatın yerini alacağına inanıyordu. "Hayat dengeye kavuştukça sanat ortadan kalkacaktır."

Sanatın "hayatın yerini tutması", sanatın insanla çevresi arasında bir denge sağlaması – sanatın niteliğini ve gerekliliğini az da olsa tanıyan bir düşünce bu. Üstelik insanla çevresi arasında sürekli bir dengenin varlığı en gelişmiş toplumlarda bile düşünülemeyeceğine göre, sanat geçmişte olduğu gibi gelecekte de gerekli olacak demektir.

Peki ama hayatın yerini tutmaktan öte bir işi yok mudur sanatın? İnsanla dünya arasında daha köklü bir ilişkiyi açığa vurmaz mı? Gerçekten sanatın görevi tek bir tanımla özetlenebilir mi? Birçok değişik gereksinmeyi karşılamak zorunda değil midir? Sanatın kökleri üstüne düşünüp başlangıçtaki görevinin ne olduğunu anladıkça, toplumun değişmesi ile bu görevin de değişmiş, ortaya yeni görevlerin çıkmış olduğunu görmüyor muyuz?

İşte bu kitap sanatın dün de, bugün de gerekli olduğu, yarın da gerekli olacağı kanısına dayanarak böyle soruları yanıtlamaya çalışacak.

Her şeyden önce şaşırtıcı bir olayı pek sıradan bir şey sayma eğiliminde olduğumuzu unutmayalım. Hem şaşırtıcı oluşu açıkça ortada bu olayın: Milyonlarca kişi kitap okuyor, müzik dinliyor, tiyatroya, sinemaya gidiyor. Neden? Oyalanmak, dinlenmek, eğlenmek istiyorlar demek, soruyu pekiştirmekten öteye gitmez. İnsanın bir başkasının hayatına, sorunlarına gömülmesi, kendini bir resim, bir müzik parçası ya da bir roman, oyun, film kişisi ile bir görmesi neden oyalayıcı, dinlendirici, eğlendirici olsun? Böyle gerçeklikdışı olaylara neden yoğunlaşmış gerçeklikmiş gibi tepki gösterelim? Ne tuhaf, anlaşılmaz eğlencedir bu? Eğer yetersiz bir yaşayıştan daha zengin bir yaşayışa, tehlikelerden uzak yaşantılara kaçmak istiyoruz dersek, o zaman yeni bir soru çıkıyor ortaya: Yaşayışımız neden yeterli değil? Neden gerçekleşmemiş yaşamlarımızı başka görüntülerle, başka biçimlerle gerçekleştirmek istiyor, karanlık bir salonun aydınlatılmış sahnesinde yalnızca oyun olduğunu bildiğimiz bir şeye soluğumuz kesilircesine kapılıyoruz?

Belli ki kendini aşmak istiyor insan. *Tüm* insan olmak istiyor. Ayrı bir birey olmakla yetinemiyor; bireysel yaşamının kopmuşluğundan kurtulmaya, bireyciliğinin bütün sınırlılığı ile onu yoksun bıraktığı, ama onun gene de sezip özlediği, bir doluluğa, daha doğru, *daha anlamlı* bir dünyaya geçmek için çabalıyor. Kişiliğinin geçici, rasgele sınırları, yaşayışının kapanıklığı içinde kendini tüketmek zorunluluğuna başkaldırıyor. İstiyor ki, "benliğinden" ötede, kendi dışında ama gene de kendi için vazgeçilmez bir şeyin parçası olsun. Çevresindeki dünyayı soğurmayı, kendisinin kılmayı, meraklı, çevreye aç benliğini bilimin, tekniğin en uzak burçlarına, atomun en gizli derinliklerine değin yöneltmeyi, sınırlı benliğini sanatta toplu yaşayışla birleştirmeyi, bireyselliğini *toplumsallaştırmayı* özlüyor.

Eğer bireyden ötede bir şey olmak insanın özünde olmasaydı, boş, anlamsız bir istek olurdu bu. Çünkü bu durumda insan bir birey olarak da bir bütün, olabileceği her şey olmuş olurdu. İnsanın çoğalma, bütünlenme isteği de gösteriyor ki bireyden ötede bir şeydir insan. Bütünlüğe ancak başkalarında kendi yaşantısı olabilecek yaşantıları görüp onları kendinin kılmakla varabileceğini sezer. Ne var ki, insanın gerçekleştirebileceğini düşündüğü yaşantılar, insanlığın bütün olarak başından geçebilecek her şeyi içine alır. Bireyin bütünle böylece kaynaşması için vazgeçilmez bir araçtır sanat. İnsanın sınırsız birleşme, yaşantıları ve düşünceleri paylaşma yeteneğini yansıtır.

Peki, sanatı gerçekliğin tümüyle birleşme aracı, bireyin kendi dışındaki evrene açılan yol, kendini kendi olmayanla bir görme isteğinin bir belirtisi olarak tanıtlamak biraz romantiklik olmuyor mu? Kendimizi neredeyse delicesine bir film ya da bir roman kahramanı ile bir görme isteğimize dayanarak sanatın evrensel ve ilk görevinin bu olduğu sonucuna varmakla biraz ileri gitmiyor muyuz? Bu "Diyonizossu" kendini yitirişin karşıtını da kapsamaz mı sanat? Seyircinin gördüğü ile kendini *bir tutmayıp da*, ondan bir *uzaklaşma sağlaması*, gerçeğin bile bile temsil edildiğini görerek onun baskısından kurtulması, sanatta günlük yaşayışındaki sıkıntıların onu yoksun bıraktığı o mutlu özgürlüğü bulması demek olan "Apollonsu" bir eğlenme ve beğenme öğesini kapsamaz mı? Sonra aynı ikilik – bir yandan gerçeklere gömülme, öbür yandan onlara düzen verebilme heyecanı – sanatçının çalışmasında da kendini göstermez mi? Hiç kuşkunuz olmasın, sonunda gerçekliğin bir biçime girip sanat yapıtı olarak ortaya çıktığı oldukça bilinçli, ussal bir eylemdir sanatçının çalışması – coşkun bir esinlenme davranışı değil.

Sanatçı olabilmek için yaşantıyı yakalayıp tutmak, onu belleğe, belleği anlatıma, gereçleri biçime dönüştürmek gerektir. Duyuş her şey değildir sanatçı için; işini bilip sevmesi, bütün kurallarını, inceliklerini, biçimlerini, yöntemlerini tanıması, böylece de hırçın doğayı uysallaştırıp sanatın bağıtlarına uydurması gerektir. Sözde sanatçıyı tüketen tutku, gerçek sanatçının yardımcısı olur: Sanatçı azgın canavara boyun eğmez, onu evcilleştirir.

Gerilim vardır, karşılıklı çatışma vardır sanatın özünde; sanatın yoğun ve gerçek bir yaşantıdan doğması yetmez, ayrıca *kurulması*, nesnellik kazanarak bir biçim alması gerekir. Bir ustalığın sonucudur sanatın özgürce boy atıp gelişmesi. Çoğu zaman yanlış anlaşılan Aristoteles'e göre duyguları arıtmaktı sanatın görevi; korkuyu ve acımayı yenmek, böylece de kendini Orestes ya da Oidipus ile bir gören seyircinin bu benzeşmeden kurtularak alınyazısının rasgele düzeninin üstüne çıkmasını sağlamaktı. Hayatla olan bağlar bir süre için bir yana bırakılıyordu. Çünkü sanatın insanı kendine bağlayışı gerçekliğin insanı kendine bağlayışından başkadır. İşte tragedyalardan bile alınan tat, "eğlence"nin özü olan tat, bu geçici tutsaklığa dayanır.

Kıvanç üstüne, sanatın bu kurtarıcı niteliği üstüne şunları söylüyor Bertolt Brecht:

> Tiyatromuz anlama heyecanını kışkırtmalı, gerçekleri değiştirmenin kıvancını duyurmalıdır insanlara. Seyircilerimiz yalnızca Prometheus'un nasıl kurtarıldığını duymakla kalmamalı, aynı zamanda onu kurtarmanın sevincine katılacak yolda eğitilmeli. Tiyatromuzda arayıcıların, bulucuların duydukları bütün sevinç ve mutluluğu, kurtarıcıların duyduğu yüce başarıyı duymaları öğretilmeli insanlara.

Sınıf çatışmaları olan toplumlarda yürürlükteki sanat anlayışının sanat yapıtından beklediği "ilk" etkinin seyirciler arasındaki toplumsal ayrımları ortadan kaldırmak, onlara evrensel insan bütünlüğü kazandırmak olduğuna dikkatimizi çekiyor Brecht. Oysa Brecht'in sözcülüğünü ettiği "Aristoteles dışı dram"ın görevi tam tersine, kapitalci düzende oluşan duygu ve düşünce arasındaki çatışmayı ortadan kaldırarak seyirciyi bölmekti.

> Kapitalci dönemin sonlarına doğru duygu da düşünce de soysuzlaşarak verimsiz bir çatışmaya düştü. Ama gelişen yeni sınıfın ve ondan yana savaşanların amacı duygu ile düşüncenin *verimli* bir çatışmaya girmesini sağlamaktır. Duygularımız düşüncelerimizi keskinleştirirken, düşüncelerimiz de duygularımızı arıtır.

İçinde yaşadığımız yabancılaşmış dünyada, toplumsal gerçekler dikkati çekecek bir ışıkta, konunun ve kişilerin "yabancılaşmışlığı" içinde ortaya konmalı. Sanat yapıtı seyirciyi devimsiz benzeşme yolu ile değil de onun eyleme katılmasını, karar vermesini sağlayacak yargı gücüne seslenerek kendine bağlamasını bilmelidir. İnsanların toplu yaşayışını düzenleyen kurallar oyunlarda "geçici ve yetersiz" olarak gösterilmeli, böylece seyirciyi seyretmenin ötesinde daha verimli bir davranışa itmeli, giderek, oyun boyunca düşünmesini, sonunda da, "Bu iş böyle olmaz. Katlanılır iş değil bu. Buna bir son vermeli," diyebilecek bilince kavuşturmalıdır. Öyle ki, çalışan erkek ya da kadın tiyatroya

> ... geçimini sağlaması gereken korkunç, sonu gelmeyen uğraşmalarını görüp eğlenmek ve kendi sürekli değişiminin şaşırtıcı acısına dayanmak için gelsin. Burada, en kolay yolda kendini *yaratabileceğini* görsün: Çünkü en kolay varoluş yolu sanattadır.

Eylemci emekçi sınıf için Brecht'in "epik tiyatro"su dışında, başka bir tiyatro anlayışı yoktur, demiyorum. Sanatın diyalektiğini, değişen bir dünyada sanatın görevinin de değişeceğini açıklamak için anıyorum Brecht'in bu önemli kuramını.

Sanatın *varlık* nedeni hiçbir zaman bütünüyle aynı kalmaz. Sınıflara bölünmüş, bir iç çatışmayı sürdüren toplumda sanatın görevi başlangıçtaki görevinden birçok bakımdan ayrılır. Bununla birlikte, toplumsal durumlar değişse bile, sanatın hiç değişmeyen, bir gerçeği yansıtma niteliği de vardır. İşte biz yirminci yüzyıl insanını, tarih öncesi mağara resimleri karşısında ya da çok eski ezgileri dinlerken heyecanlandıran, sanatın bu niteliğidir. Karl Marx epiği gelişmemiş toplumlara özgü bir sanat biçimi olarak tanımlıyor ve şöyle diyor:

> Yunan sanatı ve destanı ile toplumsal gelişmenin belli biçimleri arasındaki ilişkiyi görmek güç değildir. Güç olan o yapıtların bugün bile sanattan aldığımız tadın kaynağı olması, bazı durumlarda ise erişilmez bir düzey ve örnek olarak sürüp gitmesini anlamaktır.[1]

Marx sonra da şu açıklamayı ileri sürüyor:

> İnsanlığın en güzel gelişmeyi sağladığı toplumsal çocukluğu geri gelmeyecek bir çağın sürekli çekiciliğini neden ortaya koymasın? Geri kalmış çocuklar vardır, erken gelişmiş çocuklar vardır. Eski ulusların pek çoğu bu ikinci kümeye girer. Yunanlılar normal çocuklardı. Sanatlarının bizim için çekici olması, bu sanatı yaratan toplum düzeninin ilkelliği ile çatışmıyor. Tersine bu çekicilik o ilkelliğin bir sonucu oluyor; sanatın o gelişmemiş toplumsal koşullar altında ortaya çıktığını, ancak o koşullar altında ortaya çıkabileceğini, bu koşulların ise hiçbir zaman geri gelemeyeceğini gösteriyor.

Bugün eski Yunanlıların, öbür uluslarla karşılaştırıldığında "normal çocuklar" sayılabileceğini kuşkuyla karşılayabiliriz. Gerçekten, Marx da Engels de değişik zamanlarda Yunanlıların işten hoşlanmayışlarına, kadınları aşağı görmelerine, yalnız yosmalara ve oğlanlara cinsel sevgi göstermelerine dikkatimizi çekerek Yunan dünyasının pürüzlü yanlarını belirtmişlerdir. O günden bu yana Yunan güzelliğinin, dinginliğinin, uyumunun su götürür pek çok yanı olduğunu öğrendik. Winckelmann'ın, Goethe'nin, Hegel'in eski uygarlıklarla ilgili pek az düşüncesini paylaşıyoruz bugün. Arkeoloji, etnoloji ve kültür alanlarındaki yeni buluşlar Yunan sanatını "çocukluğumuzun" bir parçası saymamıza engel oluyor. Tersine, Yunan sanatında oldukça geç, olgun bir dönemi görüyor, bu sanatın doruğuna eriştiği Perikles çağında ise yozlaşma ve bozulma belirtileri sezinliyoruz. Ünlü

(1) *A Contribution to the Critique of Political Economy*, Kegan Paul, Trench Trübner, 1904.

Phidias'dan sonra gelen yontucuların bir zamanlar "klasik" diye övülen nice yapıtları, sayısız yiğitler, koşucular, disk atıcılar, araba sürücüleri, bugün Mısır, Mikene yapıtları ile karşılaştırdığımızda boş, anlamsız geliyor bize. Ama bu konunun derinine gitmekle Marx'ın ortaya atıp açıklamaya çalıştığı sorudan uzaklaşmış olacağız.

Önemli olan, Marx'ın gelişmemiş toplumsal bir dönemin zamanla koşullanmış sanatını *insanlığın bir ânı* olarak görmesi bu sanatın, tarihsel anın ötesinde bir etkisi, sürekli bir çekiciliği olabileceğini bu koşullanmada tanımasıdır.

Bunu şöyle de söyleyebiliriz: Bütün sanat zamanla koşulludur ve ancak tarih içinde belli bir zamanın düşüncelerini, isteklerini, gereksinmelerini, umutlarını yansıttığı ölçüde insanlığı temsil eder. Ama sanat bu sınırlılığı da aşar ve o tarihsel an içinde insanlığın sürekli gelişme yeteneği olan bir anını da yaratır. Sınıf çatışmaları süresince, arada büyük değişmeler, toplumsal ayaklanmalar da olsa, sürekliliğin önemini hiçbir zaman azımsamamalıyız. İnsanlık tarihi de yeryüzü tarihi gibi yalnız birbiriyle çatışan zaman bölümlerinin bir araya gelmesi değildir. Aynı zamanda sürekli bir zaman akışıdır. Tarihe karışmış, çoktan unuttuğumuzu sandığımız pek çok şey bilincimizin derinliklerine yerleşir, çoğu zaman biz farkına varmadan yaşayışımız üstündeki etkisini sürdürür, sonra birden yüzeye çıkarak Hades'de Odysseus'un kanı ile beslenen gölgeler gibi bizimle konuşmaya başlar. Değişik dönemlerde sınıfların önem kazanıp yitirmesine göre, nicedir gizli kalmış ya da ortadan kalkmış olan gerçekler yeniden gün ışığına çıkar, canlılık kazanır. Lessing ile Herder'in, derebeylik ve saray kalıntısı, "alexandrine"li, takma saçlı bütün o yapmacık davranışlarına başkaldırıp Shakespeare'i bulmaları ve Almanlara tanıtmaları nasıl bir raslantı değilse, bugün Batı Avrupa'nın insanlık öğretisini bir yana itmesi, putlaştırdığı kurumları ile tarih öncesi putlara uzanarak gerçek sorunlarını uydurma efsanelerle gizlemesi de bir raslantı değildir.

Değişik sınıflar, değişik toplum düzenleri kendi özelliklerini yaratırlarken; evrensel insan özelliklerinin oluşumuna da yardım etmişlerdir. Özgürlük kavramı, belli bir sınıfın ya da toplum düzeninin özellikleri, amaçları ile koşullanmış da olsa aynı zamanda evrensel kapsamlı bir düşünce olma eğilimindedir. İşte bunun gibi sanat da zamanla koşullanmış bile olsa insanlığın değişmeyen özelliklerini sürekli olarak yaşatır. Köleliğe dayanan bir toplumun yalınç koşullarını yansıttıkları sürece Homeros, Aiskhilos, Sophokles zamanla sınırlı, eskimiş yazarlardır. Ama o toplumda, insanın yüceliğini gördükleri, çatışma ve tutkularına bir sanat biçimi verdikleri, sınırsız yeteneklerine dikkatimizi çektikleri ölçüde de bugün yaşıyormuşçasına yenidirler. Prometheus'un yeryüzüne ateşi getirmesi, Odysseus'un yıllarca süren yolculuğu ve dönüşü, Tantalos ile çocuklarının alınyazısı – bütün bunlar başlangıçtaki gücünü sürdürüyor bizim için. *Antigone*'nin konusunu – bir kandaşını onurlu bir törenle gömdürme hakkı için savaşı – eskimiş saysak, anlamak için tarihsel açıklamalar gerekliliğini duysak bile, "Ben sevgiye adadım benliğimi, nefrete değil," diyen Antigone'nin kişiliği bugün de her zamanki kadar sarsıcıdır; insanlar yeryüzünde yaşadıkça bu sözlerden heyecan duyacaklardır. Unutulmuş sanat yapıtlarını daha iyi tanıdıkça, ayrılıklarına rağmen, aralarındaki ortak ve sürekli öğeler daha açıkça ortaya çıkıyor. Parçalar başka parçalara eklenerek insanlık tarihini yaratmış oluyorlar.

Gittikçe çoğalan kanıtların zenginliğine bakarak sanatın başlangıçta *büyü* olduğu, gerçek ama bilinmeyen bir dünyaya egemen olmaya yarayan tılsımlı bir araç olduğu sonucuna varabiliriz. Din de bilim de gizli bir biçimde – tıpkı bir tohum gibi – büyüde birleşiyordu. Sanatın bu büyücülük görevi giderek toplumsal ilişkilere ışık tutmak, yoğunlaşan toplumlardaki insanları aydınlatmak, insanların toplumsal gerçekleri tanıyıp değiştirmelerine yardım etmek görevine dönüştü. Çok yanlı ilişkileri, toplumsal çatışmaları ile oldukça karmaşık bir toplum, bir "efsane" yoluyla açıklanamaz. Ayrıntıları noktası noktasına tanımayı, her şeyi kapsayan bir bilinci gerektiren böyle bir toplumda, büyünün geçerli olduğu eski çağların sert kalıplarını kırmak, daha açık biçimlere, örneğin romandaki özgürlüğe kavuşmak için önüne geçilmez bir istek er geç duyulur. Belli bir dönemde, toplumun eriştiği düzeye göre sanatın bu iki öğesinden biri daha ağır basabilir – kimi zaman çağrışımlarla büyüleyen yanı kimi zamansa ussal ve aydınlatıcı yanı; kimi zaman sezgi, kimi zamansa yargı gücünü kesinleştiren yanı. Ama ister oyalasın, ister uyarsın, ister gölgelendirsin, ister aydınlatsın hiçbir zaman gerçekliğin katı bir tanımlaması değildir sanat. Sanatın görevi her zaman insanı *bütünlüğü* içinde heyecanlandırmak, kendisini bir başkasının yaşamı ile bir görebilmesini, başkalarında kendisinin olabilecek yaşantıları benimsemesini sağlamaktır. Brecht gibi öğreticiliğe büyük önem veren bir sanatçı bile yalnız us yoluyla, düşüncelerle değil; duygularla, sezgi yoluyla da etkiler. Seyircinin karşısına bir sanat yapıtıyla çıkmakla kalmaz, onların o yapıtın içine girmelerini de sağlar.

Alınyazısı dünyayı değiştirmek olan bir sınıf için sanatın görevinin *büyülemek* yerine, *aydınlatmak*, eyleme itmek olması ne denli doğruysa, sanatta büyünün payının da bütünüyle bir yana bırakılamayacağı o denli doğrudur. Çünkü özündeki büyüden yoksun oldu mu, sanat sanat olmaktan çıkar.

Gelişiminin bütün dönemlerinde, ağırbaşlıyken de, eğlendiriciyken de, inandırırken de, abartırken de, anlamlıyken de, anlamsızken de, düşleri işlerken de, gerçekleri işlerken de büyünün her zaman bir payı olmuştur sanatta.

Sanat insanın dünyayı tanıyıp değiştirebilmesi için gereklidir. Ama salt özünde taşıdığı büyü yüzünden de gereklidir sanat.

İkinci Bölüm

SANATIN BAŞLANGICI

Neredeyse insanla yaşıttır sanat. Bir çeşit çalışmadır. Çalışma ise insana özgü bir eylemdir. Çalışmayı şu sözlerle tanımlıyor Marx:

> Çalışma eylemi doğadaki maddeleri... insanın isterlerine elverişli kılma amacını güder; insanla doğa arasındaki madde alışverişini sağlamak için gerekli bir durumdur bu; doğanın insan yaşayışını durmadan etkisi altında tutmasını sağlar bu durum, bu yüzden toplumsal yaşayışın biçimlerine bağlı değildir – daha doğrusu, bütün toplumsal biçimlerin ortak niteliğidir.[2]

İnsan doğalı değiştirerek ona üstünlük sağlar. Çalışma doğalın değişmesidir. Doğa üzerinde büyü gücünü kullanmayı da tasarlar insan. Büyü yolu ile nesneleri değiştirmeyi, onlara yeni biçimler vermeyi kurar. Gerçeklikte çalışma neyse, insan kafasındaki bu tasarlama da odur. Ta başlangıçtan beri büyücüdür insan.

Araçlar

İnsan araçlar yolu ile insan olmuştur. Araçlar yapıp yaratarak kendini yapmış, yaratmıştır. Hangisinin daha önce geldiği sorusu – insanın mı, aracın mı – doğrudan doğruya soyut bir sorudur bu yüzden. Ne insan olmadan araç olabilir ne de araç olmadan insan. İkişi de aynı zamanda ortaya çıkmıştır, ikisi de sıkı sıkıya bağlıdır birbirine. Oldukça gelişmiş bir canlı varlık, doğal nesnelerle çalışarak insan olmuş, nesneler de bu yolda kullanılarak araçlaşmıştır. İşte Marx'ın bir tanımı daha:

(2) *Capital*, Allen and Unwin, 1928.

Emeğin aracı, çalışanın kendisi ile emeğinin konusu arasına koyduğu, böylece çalışmasını yönettiği bir araç ya da araçlar bileşimidir. İnsan birtakım nesneler üzerinde üstünlük kurmak ya da bu nesneleri kendi amaçlarına göre kullanmak için onların mekanik, fiziksel ve kimyasal niteliklerinden yararlanır. İnsanın geçimini sağlamak için gövdesini kullanarak, örneğin meyve toplamasını – burada gövde araç olarak kullanıldığı için – bir yana bırakırsak, doğrudan doğruya deneti altına aldığı nesne emeğin konusu değil, emeğin aracıdır. Böylece insan çabasının bir aracı, kutsal kitaplara bakmadan, onu birkaç dirsek boyu yücelten, gövdesinin organlarını tamamlayan bir araç oluyor doğa... İş araçları yapıp kullanmak, başlangıçta birtakım başka hayvan türlerinde rastlansa bile, daha çok insanın çalışma eyleminin bir özelliğidir. Bu yüzden de Benjamin Franklin "araç yapan hayvan" olarak tanımlamıştır insanı.[3]

Sonradan gelişip insan olan insan-öncesi varlık, nesneleri tutup kavrayabileceği özel bir organı, eli olduğu için böyle bir gelişme gösterebilmiştir. Kültürün başlıca organı, insanlaşmanın başlatıcısıdır el. İnsanı yalnız el yarattı demek değildir bu: Doğa, özellikle organik doğa, böyle yalın ve tek yanlı sebep-sonuç sürecine yer vermez. Değişik karşılıklı sonuçlardan her zaman yeni bir *nitelik*, karmaşık bir ilişkiler düzeni çıkar ortaya. Birtakım canlı varlıkların koku duyusunu körletme pahasına görme duyusunu geliştirerek ağaç dönemine geçmeleri; ağızla burunun küçülerek gözlere yer değiştirme olanağı sağlamaları; daha güçlü ve daha kesin bir görme duyusu ile donanmış yaratığın her yöne bakma itkisi ve durumun koşulladığı dik durabilme yeteneği; dik durmanın yardımı ile ön ayakların özgür kalışı ve beynin büyümesi; besinlerin değişmesi ve bir sürü başka nedenler insanın insan olabilmesi için gerekli olan koşulların yaratılmasını sağladılar. Ama buna doğrudan doğruya yön veren organ eldi. Aquino'lu Thomas elin özel önemini *"Habet homo rationem*

(3) Aynı eser.

et manum!" (insanın aklı ve eli vardır) sözleri ile belirtmişti. Elin insan usunu ve insan bilincini özgürlüğe kavuşturduğu da doğrudur.

Gordon Childe şöyle diyor:

> Ön ayakları ele dönüştüğü, aynı nesneyi iki gözüyle görüp uzaklıkları yanılmadan ölçebildiği ve çok güçlü bir sinir sistemi ve gelişmiş bir beynin yardımıyla bu gördüklerine göre el ve kol hareketlerini ayarlayabildiği için araç yapabilmiştir insan. Ama insan doğuştan bir içgüdüyle bilmez araç yapıp kullanmasını. Bunu deneylerle – deneyip yanılmayla öğrenmek zorundadır.[4]

Araçların kullanılmasıyla, dünyadaki türlerden biriyle geri kalan bütün türler arasında yepyeni bir ilişki düzeni çıkmıştır ortaya. Çalışma sürecindeki doğal sebep-sonuç ilişkisi bir bakıma tersine dönmüş, öngörülen sonuç "amaç" olarak çalışma sürecinin yasayıcısı durumuna gelmiştir. "Ereklik" ve "erek nedeni" sorunu gibi birçok düşünür arasında düşünce ayrılıkları yaratan olaylar arasındaki ilişkiler özel bir insan niteliği olarak gelişmiştir. Ama bu sorun nedir? Gene Marx'ın açık seçik tanımlarından birini alalım:

> Emeği insan türüne özgü bir biçimde düşünmek zorundayız. Örümcek, bir dokumacınınkine benzeyen bir iş yapar. Arı ise hücresini yaparken gösterdiği ustalıkla birçok mimarı utandıracak güçtedir. Ama daha başlangıçta en beceriksiz mimarı bile en usta arıdan ayıran şey, mimarın hücreyi balmumuna dökmeden onu kafasında kurmuş olmasıdır. Çalışma süreci, işe başlandığında emekçinin kafasında var olan, bir düşünce olarak var olan, bir şeyin yaratılmasıyla sona erer. Emekçinin yaptığı doğal nesnelere sadece bir biçim değişikliği vermek değildir; aynı zamanda, kendi dışında var olan doğa içinde, kendi amacının – davranışlarını yasalar-

(4) *The Story of Tools,* Cobbett Publishing Co., 1944.

la yöneten amacın – kendi istemi (iradesi) ile bağ kurması gereken amacın ne olduğunu anlamaktır.

Bu, çalışmanın niteliğinin, tümüyle gelişmiş, insanlaşma evresine ulaşmış durumunun tanımıdır. Ne var ki, bu son çalışma biçimine varmak, insan öncesi varlığın bu son insanlaşmasına erişmek için oldukça uzun bir yolu aşmak gerekiyordu. Amaçla belirlenen eylem – bundan da insanın yarattığı değer olarak düşüncenin, bilincin doğması – uzun ve yorucu bir sürecin sonucuydu. Bilinçli varoluş demek bilinçli eylem demektir. Başlangıçta insanın varoluşu herhangi bir memelinin varoluşuydu. İnsan memeli hayvanlardan *biridir*, ama bütün öbür memelilerden *başka bir şey* yapmaya başlar insan. Hayvanlar da "yaşantılar"a göre, yani bir koşullu tepkeler (refleksler) düzenine göre davranırlar. Hayvanın "içgüdüsü" deriz biz buna. Zamanla gelişerek insan olan canlı varlığın kendine özgü bir dönüm noktasına yönelmesi için ilk bakışta önemsiz görünebilecek yepyeni bir yaşantı gerekiyordu: İnsanın amacını gerçekleştirebilmesi için doğanın araç olarak kullanılması yaşantısı. Her canlı varlık çevresindeki dünya ile bir metabolizma ilişkisi içindedir, yani durmadan o dünyadan bir şeyler alıp ona bir şeyler verir. Ama hep dolaysız, aracısız bir alışveriştir bu. Yalnız insan çalışması *tasarlanmış metabolizmadır.* İnsanda araç amaçtan önce gelmekte, amaç aracın kullanılışına göre açıklanmaktadır.

Yaşayan organların yerlerine yenileri konamaz. Gerçi dış dünyanın koşullarına uymanın bir sonucu olarak ortaya çıkmıştır bu organlar; ama hayvanlar kendi organlarıyla yetinmek zorundadırlar. Yaşayan organların dışındaki çalışma aracının yerine ise bir yenisi *konabilir*, ilkel bir araç bırakılarak yerine daha etkili bir araç kullanılabilir. Doğal organlar için etkili olup olmamak söz konusu değildir: Bu organlar oldukları gibidir, hayvanlar organlarının elverdiğince, organlarının dünyaya uyabildiği biçimde yaşamak zorundadırlar. Ama cansız bir nesneyi araç olarak kullanan bir varlığın isterlerini bu araca uydurması gerekmez. Tersine, bu aracı isterlerine uydurması söz konusu olabilir. Bu olanak ortaya çıkmadıkça da etkililik sorunu diye bir şey söz konusu olamaz.

İnsanın, birtakım araçların öbürlerinden daha yararlı olduğunu, bir aracın yerine bir başkasının kullanılabileceğini bulması, giderek eldeki yetersiz aracın daha etkili bir biçime sokulabileceğini, yani bir aracın doğadan olduğu gibi alınması gerekmeyip ona bir *biçim verilebileceğini* ortaya çıkardı. Etkililiğin ya da etkisizliğin ne olduğunun anlaşılması ise özel bir doğa gözlemine dayanır. Hayvanlar da doğayı gözlerler, doğal sebep ve sonuçlar hayvan beyninde de yansır ya da etki yaratır. Ama bir hayvan için doğa, kendi yaşayan organları gibi, istemle değişemeyen bir veridir. Doğayı yeni bir gözle görebilme, olayları önceden kestirip onlara yön verme olanağını ancak cansız, yerine başkası konabilir, değiştirilebilir araçlar yaratır.

Ağaçtan koparılacak bir meyve vardır. İnsan öncesi hayvan uzanır bu meyveye ama kolu kısa gelir. Her yolu denese de meyveye erişemez; boşuna çabalardan sonra vazgeçip dikkatini başka bir şeye yöneltmek zorunda kalır. Ama bu hayvan bir sırık alsa, kolu uzamış olur. Sırık kısa geliyorsa, işini görecek bir sırığı buluncaya kadar başka sırıkları deneyebilir. Burada yeni olan nedir? Çeşitli olanakların varlığı, bunlardan birini seçebilme, böylece bir nesneyi bir başkası ile karşılaştırarak etkililik derecesini anlama yeteneğidir. Araçların kullanılmasıyla, kural olarak, artık hiçbir şey olanaksız değildir. Gerekli olan, daha önce erişilmeyene erişecek, başarılmayanı başaracak aracı bulmaktır. Doğa üzerinde yeni bir güç kazanılmıştır ve bu güç yetisi bakımından *sınırsızdır.* Büyünün, dolayısıyla da sanatın köklerinden biri işte bu buluşa uzanır.

Yüksek memeli hayvanların beyninde açlığı, gerekli besin eksikliğini bildiren merkezle bir yiyeceğin, diyelim bir meyvenin, görünmesi ya da koklanması ile uyarılan merkez arasında karşılıklı bir haberleşme vardır. Bu merkezlerden birinin uyarılması öbürünü harekete geçirir. Bu merkezlerin işleyişinde oldukça ince bir ayarlama vardır: Hayvan açsa, yiyecek bir şey arar. Araya sırığın, meyveyi ağaçtan düşürecek aracın, girmesiyle beyin merkezleri arasında yeni bir bağ kurulmuş olur. Beyindeki bu yeni süreç sayısız tekrarlarla daha da güçlenir. Bu süreç önce bir yönde işler: "Açlık-meyve" birleşiminin uyarılması, kabaca söylemek gerekirse, "sırık"a tepki gösteren merkezi de kapsar. Hayvan istediği meyveyi görür ve onun çağrıştırdığı sırığı arar. Buna şimdilik düşünme denemez. Düşünmenin yaratıcısı olan çalışma sürecine özgü amaç öğesi daha ortaya çıkmamıştır. Bu durumda meyveyi düşürmek sırığın amacı değildir; sırık bu işin sadece aracıdır. Ne var ki, bu tek yanlı süreç, beyin merkezlerinin birbirine bağlı işleyişi, sürekli tekrarlarla incelip gelişerek ters bir yön alabilir. Yani şöyle bir sıraya göre işleyebilir: İşte sırık; düşüreceği meyve nerede?

Böylece sırık – araç – başlangıç noktası olur. Araç artık bir amaç uğrunda, meyvenin yere düşürülmesi için kullanılır. Sırık herhangi bir sırık değildir bundan böyle; tılsımlı bir yolla yeni bir görev yüklenmiştir sırığa. Bu görev de temel niteliklerinden biri olur sırığın. Böylece araç gittikçe artan bir önem kazanır. Amacını yerine getirmekteki yeterliliği incelenir; daha kullanışlı, daha yararlı, daha etkili olabilmesi, amacını daha büyük bir başarıyla yerine getirebilmesi için değiştirilip değiştirilemeyeceği araştırılır. Kendiliğinden deney, her türlü düşünme işleminden önce gelen "ellerle düşünme", zamanla bir amaca yönelir. Beynin düşünme sürecindeki bu dönüşüm çalışma, bilinçli varlık, bilinçli iş, us yoluyla sonucu kestirme dediğimiz şeylerin başlangıcıdır. Bütün düşünme, deneylerin kısaltılmış bir biçimde ellerden beyne aktarılması, daha önceki sayısız deneylerin "anı" olmaktan çıkıp "yaşantı"ya dönüşmesinden başka bir şey değildir.

Başka bir örnek bu düşünceyi daha iyi açıklayabilir. Gordon Childe *Araçların Hikâyesi*'nde şöyle diyor:

> Bulunmuş olan en eski araçlar taştan yapılmıştı – Pekin insanının özellikle toplayıp mağarasına götürdüğü kuvars

araçlar gibi. Bu taşlar o mağara devri insanlarının isterlerini karşılamak için çok az bir işçilikle araç biçimine sokulmuştu. Bunların bile belli bir örneğe göre yapılmayıp çeşitli işlerde kullanıldığı anlaşılıyor. İnsana öyle geliyor ki, bir araç gerekti mi, herhangi bir taş parçası o işi görecek biçime sokuluyordu. Bu yüzden bunlara *gereğe göre araçlar* denilebilir...

Örneğe göre araçlar'ın ortaya çıkması. Yontma Taş Devrinin sayısız duruma göre yapılmış araçları arasında iki üç tanesinin biçimleri küçük değişikliklerle Batı Avrupa, Afrika ve Güney Asya'daki kazılarda çıkan araçlarda sık sık karşımıza çıkıyor; bunları yapanlar, belli ki, bilinen bir örneği kopya etmeye çalışıyorlardı.

Oldukça önemli bir şey söylüyor bu bize. İnsan, ya da insan öncesi varlık, başlangıçta nesneleri toplarken, diyelim keskin uçlu bir taşın yakalanan avı kesmek, parçalamak, ezmek için dişlerin ve tırnakların işini gördüğünü bulmuştu. O sırada bulunup kullanılan ve işini gördükten sonra da atılan taş parçası *gereğe göre bir araç* oluyor. İnsana yakın olan maymunlar da bu çeşit araçlar kullanıyorlar kimi zaman. Sürekli kullanma sonucunda, taşla taşın yararlığı arasında kesin bir bağ oluşuyor beyinde; insan olmak üzere olan varlık, bu taşların her birini, şimdilik belli bir görev, somut bir amaç için olmasa bile, toplayıp saklamaya başlıyor. Taşlar her amaç için nerede kullanılabilecekleri deneylerle anlaşılacak araçlardır. Bu sürekli ve değişik deneylerin, bu "ellerle düşünmenin" sonunda iki şey ortaya çıkıyor: Birincisi, belli biçimdeki taşların öbürlerinden daha yararlı olduğu ve doğanın insana sunduğu şeyler arasında seçme yapılabileceği, bu yüzden amaca göre taş aramanın zamanla ağır basması; ikincisi, bunu doğadan beklemek gerekmediği, çünkü doğanın düzeltilebileceği. Su ve hava koşulları taşları "elverişli" biçimlere sokabiliyor. Artık neredeyse insanlaşmış olan varlık, nesneleri eline alıp onları araç olarak kullanmaya başladığı zaman, elleriyle bu taşları değiştirip onlara biçim vereceğini, bu buluşuyla çakmaktaşının keskinliği olduğunu, böylece yararlı bir araç olduğunu da anlamış oluyor.

Taştaki bu yeteneğin gizli, anlaşılmaz bir yanı yoktu – ne bir "tılsım"la donatılmıştı taş ne de Athena Tanrıça gibi yaratıcı bir bilinçten çıkmıştı. Tersine, taşın elle kırılıp, bölünüp bilenerek şu ya da bu biçime sokulabileceğinin bulunmasının bir sonucu olarak gelişti yaratıcı bilinç. Örneğin, doğanın zaman zaman ortaya çıkardığı balta biçimi birtakım işlere yarıyordu. Böylece insan doğayı yansılamaya (kopya etmeye) başladı. Bu çeşit araçları yapmakla herhangi "yaratıcı bir düşünce"ye uymuyor, sadece doğadaki birtakım nesnelerin benzerlerini yapıyordu. Kullandığı örnekler bulup yararlılığını deneylerle sınamış olduğu taşlardı. Doğa içindeki yaşantısına dayanarak bir şeyler yapıyordu. Bu ilk üretim döneminde kafasındaki belli bir düşünceden yola çıkmıyordu; bir tasarıyı gerçekleştirmiyordu; gözünün önünde gerçek bir balta vardı, o da o balta gibi bir tane daha yapmaya çalışıyordu. Bir düşünceyi gerçekleştirmiyor, bir nesnenin benzerini yapıyordu. Ancak çok ağır bir evrim sonunda uzaklaşmıştır insan doğal örneğinden. Yaptığı örneği kullanarak, onunla durmadan deneyler yaparak yavaş yavaş aracı daha yararlı ve daha etkili kılmıştır. Etkililik amaçtan daha eskidir; uzun süre beyin değil, el bulucu olmuştur insan için. (Küçük bir çocuğun bir düğümü çözüşünü seyretmek yeter bunu anlamak için: Çocuk "düşünmez", deney yapar; ancak yavaş yavaş, ellerinin alışmasıyla nasıl düğüm yapıldığını, bu düğümün en kolay nasıl çözüleceğini anlar.)

Bir sonucun önceden düşünülmesi – bir çalışma sürecinin belli bir amaca yöneltilmesi – ellerin iyice ustalaşmasından sonra gelir. Doğal nesnelere sık sık başvurmanın ve başarılı, başarısız sayısız deneyin sonucudur bu. İleriye değil, geriye bakmak yaratır amaç düşüncesini. Bir işi bilinçle yapmak, bilinçli biri olmak, çalışma sırasında, çalışma yoluyla gelişmiştir. Her araca belli biçim ve nitelik verecek, açıkça bilinen bir amaç ise ancak çok sonraki bir evrede ortaya çıkmıştır. İnsanın bir yaratıcı olarak gelişip doğaya karşı çıkması için çok zaman geçmiştir.

Bunu başardığı zaman, şöyle bir ayrılık vardı arada: İnsanın beyni artık hiçbir şeyi sadece göründüğü gibi düşünmüyordu; çalışma yaşantısı yüzünden doğanın yasalarını da düşünebiliyor, nedensel ilişkileri hesap edebiliyordu. (Örneğin, kaslardaki gücün bir araca, oradan da işleyen bir nesneye aktarılabileceğini ya da sürtünmenin ısı çıkaracağını kestirebiliyordu.) İnsan doğanın yerine geçiyordu. Doğanın ona ne vereceğini görmek için durup beklemiyor, istediğini ona vermesi için doğayı zorluyordu. İnsan böylece doğayı her gün biraz daha çok kendi kölesi yaptı. Araçların gittikçe artan yararlılığı, özel nitelikler kazanması, insan eline ve doğanın yasalarına gittikçe artan başarıyla uyması, insanlaşması sonunda da doğada olmayan nesneler yapılmaya başlandı. Araç herhangi bir nesneye benzemekten her gün biraz daha uzaklaştı. Aracın görevi başlangıçtaki doğa benzerliğinin yerini aldı, gittikçe artan etkililiğinin sonunda da amacı her gün biraz daha önem kazandı. Çalışmanın niteliğindeki bu değişim, çalışmanın oldukça gelişmiş bir evreye erişmesiyle gerçekleşebildi.

Dil

Çalışmadaki bu gelişme, hayvanlar dünyasınca bilinen birkaç ilkel işaretin oldukça ötesinde yeni bir anlatım ve bildirişme araçları düzeni gerektiriyordu. Çalışma böyle bir bildirişme düzenini gerektirmekle kalmıyor, bu düzenin gerçekleşmesini kışkırtıyordu da. Hayvanların birbirlerine bildirecekleri pek az şey vardır. Dilleri içgüdüseldir hayvanların: Tehlikeyi, çiftleşmeyi vb. bildiren birtakım ilkel işaretler düzenidir. Ancak çalışma sırasında ve çalışma yüzünden canlıların birbirlerine söyleyecekleri bir şeyler olabilir. Araçlarla birlikte ortaya çıkmıştır dil.

Dilin başlangıcı ile ilgili birçok kuramda, çalışmanın ve araçların önemli payı ya dikkate alınmaz ya da küçümsenir. Dilin "tanrısal başlangıcı"na karşı ileri sürdüğü parlak düşünceleri ve devrimci araştırmalarıyla çok önemli buluşları olan Herder bile dilin doğmasında çalışmanın önemli bir payı olduğunu görememiştir. Herder daha sonraki araştırmaların sonuçlarını düşünerek tarih öncesi insan görüşünü şöyle açıklamıştır:

> İnsan dünyaya adımını attığında bilmediği bir sürü şeyle karşı karşıya geldi. Büyük bir çabayla bir şeyi öbüründen ayırmayı öğrendi, kendi değişik duyularını tanıdı, yalnız tanımış olduğu bu duyulara güvenmeyi öğrendi!

Herder bilimin daha sonra doğrulayacağı bir şeyi haber veriyordu: Tarih öncesi insanın dünyayı değişken bir bütün olarak gördüğünü, üstünde yaşadığı dünya ile kendisi arasında gerekli dengeyi kurabilmek için dünyanın sayısız karmaşık özellikleri arasından işine yarayacak olanlarını ayırıp seçmeyi öğrenmek zorunda olduğunu. Herder şu sözleri söylerken de yanılmıyordu:

> İnsanın daha hayvan olduğu evrede bile bir dili vardı. Gövdesinin bütün o yabancı, yoğun, acı veren duyuları, ruhunun o güçlü tutkuları çığlıklarla, seslenişlerle, yabansı, iyice belirmemiş seslerle doğrudan doğruya açıklanıyordu.

Bu yabansı anlatım yolları da kuşkusuz dilin bir öğesidir. "Bu doğal seslerin izleri özgün dillerin hepsinde bugün bile duyulabilir." Ne var ki, bu doğal seslerin dilin "gerçek kökleri" olmadığını, "sadece kökleri besleyen sular" olduğunu anlamıştı Herder.

Bir anlatım aracı olmaktan çok bir bildirişme aracıdır dil. İnsan yavaş yavaş nesnelerle kendi arasında bir yakınlık kurmuş, "bu nesnelerin doğadaki seslerine öykünerek onlara doğadan alınma adlar vermiştir... Gövdeyle hareketlerin işbirliği yaptığı sesli ama sözsüz bir oyun gibi." Dil ilk ortaya çıktığında bir sözcükler, yükselip alçalan sesler, benzetmeli hareketler birleşimiydi. Şöyle diyor Herder:

> İlk küçük sözlük yeryüzündeki seslerin bir derlemesiydi. Bir nesnenin kavramı henüz o nesnenin eylemi ile eylemi yapan arasında bir kesinlik kazanmadan duruyordu: Nesneyle ilgili *ses* o *nesneyi* belirtiyor, o *nesne* de kendisiyle ilgili *sesi* sağlıyordu; öyle ki *eylem, ad* oluyordu, *ad* da *eylem*...

İlk insan, yaptığı şeyle onun bağlı olduğu nesne arasında kesin bir ayrım yapmıyordu daha; bu ikisi değişen bir birleşim ortaya koyuyordu. Sözcük (ilkel bir öykünme ve anlatım olmaktan çıkarak) bir işarete dönüşmüş olsa bile, bu işaret henüz sayısız kavramı kapsıyordu; tam bir *soyutlamaya* varmak için daha çok zaman geçmesi gerekiyordu.

> Duyusal nesneler duyusal bir yolla tanımlanıyordu – hem de kaç değişik bakımdan tanımlanabiliyordu! Böylece dil sayısız kuraldışı, garip, ters sözcüklerle doldu. İmgeler elverdiğince imge olarak türetildi, böylece sayısız eğreltilemeler (mecazlar), deyimler ve duyusal adlar çıktı ortaya.

Herder'in belirttiğine göre Arapların aslan için elli, yılan için iki yüz, bal için seksen, kılıç içinse binden çok sözcükleri vardı: Bir başka deyişle, duyusal adlar tam anlamıyla soyutlaşmamışlardı daha. Dilin "tanrısal başlangıcı"na inananlara şu alaylı soruyu soruyordu Herder:

> Tanrı gereksiz bir söz dağarcığını neden yarattı?

Sonra :

> İlkel bir dil yoksul olduğu için zengindir – böyle bir dilin yaratıcıları, ellerinde bir plan olmadığı için tutumlu davranamamışlardır. Öyleyse Tanrı en gelişmemiş dillerin yaratıcısı mı oluyor?

En sonra da:

> Yaşayan dildi bu. Geniş sayıdaki el kol hareketleri, bir bakıma, konuşulan sözcüklerin sınırlarını belirliyordu; kullanılan sözlükteki tanımların zenginliği de dilbilgisinin yerini tutuyordu.

İnsanın yaşantısı arttıkça, değişik şeyleri değişik açılardan tanımayı öğrendikçe, dilinin de zenginleşmesi gerekir.

> İnsanın yaşantıları ve yeni özellikleri kendi kafasında tekrarlandıkça, dili de o ölçüde sağlamlık ve akıcılık kazanır. Bir şeyi öbüründen ayırmayı, bölümlemeyi başardığı ölçüde de dili düzenli olur.

Alexander von Humboldt, Herder'in devrimci buluşlarını geliştirmekle birlikte, bazı bakımlardan Herder'in maddeci ve diyalektik görüşlerine ülkücü ve soyut bir anlam kattı. Humboldt'a göre dil "nesnelerin yarattığı izlenimlerin ya da konuşanın isteminin gelişigüzel bir sonucu değil, aynı zamanda hem işaret hem de imgeydi." Kendisi ayrıca düşüncenin genellikle sadece dile bağlı olmakla kalmayıp, bir noktaya kadar, her ayrı dile göre belirlendiğine de kesinlikle dikkati çekti. Bu görüş Goethe'nin bir sözünü akla getiriyor: "İnsanlar dili değil, dil insanları yapar." Humboldt sözcüklerin hecelenmesinin önemini (bunsuz anlatım olsa bile hiçbir zaman dil olamayacağını) belirterek neredeyse gizemci (mystique) bir sonuca varıyordu:

> İnsanın tek bir sözcüğü bile gerçekten anlayabilmesi – sadece duyusal bir içtepi değil de, bir kavramı tanımlayan açık seçik bir ses olarak anlayabilmesi – için dilin tümüyle kafasında var olması gerekir. Hiçbir şey birbirinden ayrı değildir dilde; her ayrı öğe tümün bir parçasıdır. Dilin yavaş yavaş oluştuğunu düşünmek doğal olsa bile, aslında dilin türemesinin birden gerçekleşmiş olması gerekir. İnsan ancak

dil yoluyla insandır ama dili türetebilmesi için de önceden insan olması gerekirdi.

Tarih öncesi insanın dünyayı değişken bir bütün olarak gördüğü ve bu bütünden azar azar dili yarattığı düşüncesine öncülük ettiği için Humboldt'un bu görüşüne katılabiliriz. Ne var ki, sorunun diyalektik çözümü – bir yanda insanın, öbür yanda çalışma ve dilin önce gelmeyip de, insanın çalışma ve dille birlikte insanlaşması – eksik Humboldt'da. Humboldt diyalektik bir sürece sadece değinmiş, fakat bunu "idealist" bir dille tanımlamıştır: "Düşünce ile çalışma arasındaki karşılıklı bağ dillerin bilinen bir doğru'yu açıklama araçları değil de, o zamana kadar bilinmeyen bir doğru'yu bulma araçları olduğunu açıkça gösteriyor." Elbette ki dereceli bir bulup açıklama sorunudur bu; ama bulunup açıklanan şey bir "doğru" değil, gerçekliktir: Çalışmada ve çalışma yoluyla, dilde ve dil yoluyla yaratılan gerçekliktir.

Humboldt'dan bu yana ortaya çıkan pek çok dilbilimsel kuramlar arasında, ilginç olduğu için, Mauthner'in kuramını anmak isterim. Mauthner dilin "tepke seslerden" doğup geliştiğini ileri sürüyordu; ayrıca öykünmenin de dilde önemli bir öğe olduğunu belirtiyordu. Yalnız insanlardaki tepke sesler değil (sevinç, acı, şaşırma sesleri gibi), başka sesler de benzetleniyordu (taklit ediliyordu) dilde. Ayrıca, dil sadece benzetleme de sayılmamalıydı. Dilin, aynı zamanda, açık seçik olması, asıl seslerin benzetlendiği yerlerde bile nesnenin kendisine ancak uzak, "uzlaşmalı" benzerlikte bir işaret olması da gerekiyordu. Her türlü yansıma (onomatopoeia), gerçekte, bir işaretler ve eğretileme (istiare) sorunudur. Bu eğretilemelerde gerçek nesnelerle gizli bir uyarlık vardır çoğu zaman, öyle ki bu eğretilemeler şimşeği, gök gürlemesini, ölümü, vb. *hatırlatır* kişiye. Mauthner'in yazdığına göre, "Dilin oluşma evresi o hep duyduğumuz 'dilin kökleri' değil de, böyle ya da buna benzer bir şey olmalı."

Dilin hem bildirişme hem anlatım aracı; gerçekliğin hem bir imgesi hem de bir işareti; nesnenin hem "duyusal" kavranışı, hem de bir soyutlaması olması gibi iki katlı niteliği günlük konuşma dilinden ayrı olarak şiirin özel bir sorunu olmuştur hep. Dilin kaynağına dönme isteği şiirin özündedir.

> Dil her şeyi aklın terimleriyle anlatır, şair ise her şeyi düş gücünün terimleriyle anlatmak zorundadır; şiir sezgi gücü gerektirir, dil ise sadece kavramları sağlar. Öyle ki, sözcük temsil ettiği nesneyi duyusal ve bireysel niteliğinden yoksun kılar, ona kendi özelliğini, asıl nesneye yabancı olan bir genelliği katar; böylelikle de nesne ya bütünüyle ya da hiçbir biçimde ortaya çıkmaz, sadece betimlenir.

diyor Schiller. Her şairde özgün bir dilin, bir "büyü" dilinin özlemi vardır.

"Tepke sesler"in dilin başlangıcı olduğuna inanan Mauthner'den apayrı bir konuda, Pavlov bir koşullu tepkeler ve işaretler düzeni olarak tanımlamıştır dili. Mauthner'in tepke sesleri sevinci, acıyı, vb. yansıtan ilkel, açık seçik olmayan anlatım araçlarıdır. Pavlov'un koşullu tepkeleriyse dışımızda belli aralıklarla yer alan olaylara bağlı olarak yaşayan sinir düzeni içindeki olaylardır (yemek saatinin belirtisi olan zil sesini duyan köpeğin ağzının sulanması gibi). Burada bir sözcük bir işarettir, dil de oldukça gelişmiş bir işaretler düzenidir. Yapma uykunun (hipnozun) ne olduğunu incelerken şunları yazıyor Pavlov:

> İnsan için sözcük, elbet, hayvanlarda olan bütün öbür koşullu dürtüler gibi gerçek bir koşullu tepkedir, yalnız bunun üstünde ve ötesinde sözcük bütün öbür dürtülerden daha önemli ve daha geniş kapsamlıdır. Gerçekten hayvanlar dünyasında nitel ve nicel bakımdan insanın kullandığı sözcüklerle karşılaştırılabilecek hiçbir dürtü yoktur... Uyutulmuş bir insana, o insanın iç ve dış dünyası ile ilgili değişik hareketler yaptırma olanağı da sözcüklerin bu geniş kapsamı ve zengin içeriği ile açıklanabilir.

İnsan çalışmadan – araçları kullanma yaşantısı olmadan – dili, olayları ve nesneleri yansıtan bir işaretler düzeni, *bir soyutlama*, doğanın benzetlenmesi olarak hiçbir zaman geliştiremezdi. İnsan yalnız acıyı, sevinci duyabildiği, şaşırabildiği için değil, aynı zamanda *çalışan* bir varlık olduğu için yaratmıştır açık seçik, birbirinden ayrı sözcükleri.

Dil ve hareket sıkı sıkıya bağlıdır birbirine. Bücher şu sonucu çıkarıyor bundan: Araç kullanılmasında kasların zorlaması ile ses organlarında ortaya çıkan tepke devinimlerinin bir oluşumudur söz. Eller daha ince işlere yatkınlaştıkça ses organlarının duygunluğu da arttı, duyarlığın uyanışı ile de bu tepke devinimler bir bildirişme düzenine dönüştü. Bu kuram toplu çalışma sürecinin önemini belirtiyor ki, bu süreç de olmadan dilin hammaddeleri olan ilkel işaretlerden, çiftleşme ve korku bağrışmalarından düzenli bir dil ortaya çıkamazdı. Hayvanın çevresindeki herhangi bir değişikliği belirten işareti dilsel bir "çalışma tepkesi"ne dönüştü. Doğaya edilgin bir yoldan uyma yerine doğayı etkin bir yoldan değiştirmenin dönüm noktası buydu.

Değişik türde yüzlerce "duruma göre araç"ın her biri ayrı bir işaretle belirtilemiyordu ama örneğe göre birkaç araç çıkınca bunları belli bir işaret – bir *ad* – ile belirtmek hem kolaydı hem de gerekliydi. Örneğe göre bir aracın durmamacasına benzerleri yapıldığında yepyeni bir durum çıkıyor ortaya. Birbirine benzetilerek yapılan bütün örneklerde ilk örneğin nitelikleri vardır. İlk örnek görevi, biçimi ve insana yararlılığı yüzünden sık sık yeniden yapılır. Birçok balta yapılır ama gerçekte bir tek balta vardır. İnsan ilk balta yerine daha sonra yapılan benzerlerinden birini alabilir. Bunların hepsi aynı işe yarar, görevleri bakımından birbirlerinin benzerleridir. Söz konusu olan bir başkası değil, hep bu araçtır. Elde edilen baltanın ilk örneğe göre yapılanlar içinde hangisi olduğu önemli değildir. Böylece ilk soyutlama, ilk kavramsal biçim, araçların kendileriyle sağlanmıştır: Tarih öncesi insan tek tek, ayrı ayrı baltalardan hepsinin ortak niteliğini – balta olma niteliğini – "soyutlamıştır"; böylece de balta "kavram"ını bulmuştur. Bilinçli olarak yapmamıştır bunu. Gene de bir kavram yaratmıştır.

Benzerini Yapmak

İnsan ilk araca benzeterek ikinci bir araç yapmış, böylelikle de aynı ölçüde yararlı, aynı ölçüde değerli yeni bir araç ortaya çıkarmıştır. Böylece bir şeyin benzerini yapmak *nesneler üzerinde bir güç kazandırmıştır* insana. Daha önce işe yaramayan bir taş araç biçimine sokulup insan yararına kullanılabileceği için değer kazanmıştır. Bu "benzerini yapma" sürecinin büyülü bir yanı var. İnsanın doğa üzerinde üstünlük kurmasını sağlıyor. Başka yaşantılar da doğruluyor bu garip buluşu. Bir hayvanı benzetler, o hayvan gibi görünüp onun gibi sesler çıkarırsan, onu kendine çekip sezdirmeden gözleyebilirsin, avlamak da daha kolaylaşır böylece. Burada da benzerlik bir güç, bir büyü silahı oluyor. Türlerin en eski içgüdüleri de ayrı bir güç katıyor bu buluşa. Bu içgüdü bütün hayvanların kendi türlerindeki her çeşit örnekdışı – akşar (albino) ve sapak (anormal) – varlıklardan kuşkulanma içgüdüsüdür. Bunlar topluluğa karşı sayılır. Ya öldürülmeleri ya da toplu yaşayışın dışına atılmaları gerekir. Demek ki evrensel bir önemi vardır benzerliğin, tarih öncesi insan da – karşılaştırmayı, seçmeyi, araçların benzerlerini yapmayı öğrenmiş olduğu için – *her türlü* benzerliğe çok büyük önem verir.

Tarih öncesi insan bir benzerlikten öbürüne geçerek gittikçe artan bir soyutlamalar zenginliğine erişir. Birbiriyle ilgili araç kümelerine bir tek ad vermeye başlar. Bu soyutlamalar nitelikleri gereği (her zaman olmasa bile) çoğu zaman gerçek bir bağın, bir ilişkinin belirtilerini gösterirler. Hatırlanacağı gibi belli bir türdeki bütün araçlar benzeri oldukları bir ilk örnekten türemişlerdir. Birçok başka soyutlamalarda da böyledir bu: Kurt, elma, vb. Doğa yeni bulunan ilişkilerde yansır. Beyin artık her aracı, her deniz kabuğunu eşi olmayan tek bir şey olarak düşünmez. Aynı türden olan bütün araçlar, bütün deniz kabukları, bütün nesneler ve canlı varlıklar için bir işaret bulunmuştur. Dildeki bu toplanma ve sınıflanma süreci insanın bütün öbür insanlarla birlikte yaşadığı dış dünyada daha kolayca bildirişmesi olanağını sağladı.

Aynı şey öbür süreçler, en çok da toplu çalışma süreci için doğrudur. Gelişen toplu yaşama düzeni de aynı süreci yüzlerce kere tekrarladı. Yavaş yavaş bu toplu eyleme bir işaret, bir anlatım aracı buldu. Bir çeşit ritmik düzenlilik düşünülerek bu işaretin çalışma sürecinden ortaya çıkmış olduğu sonucuna varılabilir. Bu işaret belli bir eylemi belirtiyordu ve bu eylemle öylesine doğrudan doğruya bağlıydı ki, duyulması ya da görülmesiyle bu eylemi algılayan bütün beyin merkezleri uyarılıyordu. Bu işaretlerin ilk insan için önemi çok büyüktü; çünkü çalışan bir topluluğun bütün üyeleri için aynı anlamı taşıyan bu işaretler o topluluk içinde bir düzenleme görevini yerine getiriyordu.

Toplu bir çalışma süreci, düzenleştirici bir çalışma ritmi gerektirir. Bu çalışma ritmi bir ağızdan söylenen az çok açık seçik bir ezgiyle desteklenir. Böyle ezgiler ister İngilizlerin *"Heave-o-ho!"*su, ister Almanların *"Horuck"*u, ister Rusların *"E-yukh-nyem"*i olsun, yapılan işin aynı ritimde yerine getirilmesi için gereklidir. Bir büyü yanı olan böylesi nakaratta birey, topluluğun dışında çalışsa bile, topluluk duygusunu korur. George Thomson eski iş türkülerini nakarat (bir ağızdan söylenen bölümler) ve bireylerin duruma göre uydurdukları türkülerin birleşimi olarak inceliyor.[5] Thomson bu konuyla ilgili olarak Junod adlı İsviçreli bir misyonerin kaydetmiş olduğu bir ezgiyi anıyor. Afrika'da yol yapımında çalışan Thonga'lı bir çocuk Avrupalı işveren için şu türküyü söylüyor:

(5) *Studies in Ancient Greek Society: The Prehistoric Aegean*, Lawrence and Wishart, London, 1949. (Bu eşsiz eseri ancak kitabım basılmak üzereyken gördüm. Bu yüzden burada kısaca değinmekle yetiniyorum.)

Ba hi şani-sa, ehe!
Ba ku hi hlupha, ehe!
Ba nva makhofi, ehe!
Ba nga ki njiki, ehe!

Bize kötü davranıyorlar, *ehe!*
Bize hiç acımıyorlar, *ehe!*
Kahvelerini içiyorlar, *ehe!*
Bize hiç vermiyorlar, *ehe!*

Çalışma süreci için kullanılan ilk söz işaretleri – topluca çalışanlara bir tek ritm sağlayan bir ağızdan söylenen ezgi-sesler – aynı zamanda topluluğu harekete geçiren buyruk işaretleriydi (bir uyarı bağrışının birden edilgin bir tepki yaratması, bir sürüyü kaçırması gibi). Böylece her dilsel anlatım aracında insan ve doğa üzerine uygulanacak bir güç birikimi bulunuyordu.

Bu, tarih öncesi insanın sözcüklerin güçlü bir araç olduğuna sadece inanmaları sorunu değildi, çünkü sözcükler yoluyla insanın çevresi üzerinde kurduğu üstünlük gerçekten artmıştı. Dil sadece insan çalışmalarını akla uygun bir yolda düzenleştirmek, yaşantıyı tanımlayıp yaymak böylece de çalışma etkililiğini artırmakla kalmadı, aynı zamanda ayrı ayrı nesnelere belli sözcükler yakıştırarak onları doğanın koruyucu adsızlığından çekip insanların deneti altına soktu. Ormanda yetişen bir ağaca bir çentik yaparsam, o ağaç artık yargılıdır. Bir başkasını gönderip işaretlediğim o ağacı kestirebilirim; gönderdiğim insan çentiği görerek ağacı tanıyacaktır. Bir nesneye verilen ad da aynı etkiyi yaratır: O nesne işaretlenmiş, öbür nesnelerden ayrılmış, insan eline geçmiştir. Araçların yapılmasından işaretlenmesine (çentik, çentikler dizisi ya da ilkel süslerle) ele geçirilmelerine, sonra da adlandırılmalarına böylece topluluğun bütün üyelerince tanınabilir, kavranabilir duruma girmelerine kadar aralıksız bir gelişme vardır.

Örneğe göre araç benzetleme yoluyla türetilmiş, böylece o güne kadar yalnız doğanın gücüne boyun eğmiş olan bir taş, bir çeşit büyü yoluyla öbür taşlardan ayrı tutulmuştur. İlk dilsel anlatım aracının da benzetlemeden başka bir şey olmadığı sonucuna varılabilir. Sözcük genellikle nesneyle özdeş sayılmıştır. Sözcük nesneyi kavrama, anlama, onun üzerinde üstünlük kurma aracıdır. Neredeyse bütün ilkel ırkların bir nesneye, bir kişiye, bir ifrite ad vermekle onun üzerinde üstünlük kuracaklarına (ya da büyüsel düşmanlıklarını ona yöneltececeklerine) inandıklarını görüyoruz. Pek çok halk masalında karşılaşılır bu düşünceyle. Kurnaz Rumpelstiltskin'in şu sevinçli sözlerini hatırlamamız yeter:

Ne iyi kimse bilmiyor
Adımın Rumpelstiltskin olduğunu.

Bir anlatım aracı da – bir hareket, bir imge, bir ses ya da bir sözcük – bir balta ya da bir bıçak kadar önemli bir araçtı. İnsanın anlatım araçlarını bulması doğa üzerinde güç kazanmasının sadece bir başka yoluydu.

Böylece doğada araçları kullanma ve toplu çalışma süreciyle bir varlık çıktı ortaya. Bu varlık – insan – doğanın tümüne etkin bir *özne* olarak karşı çıkan ilk varlıktı. Fakat insan kendi öznesi olmadan, doğa insan için bir *nesne* olmuştu. Doğada bir şey ancak çalışmanın nesnesi, çalışmanın aracı olarak nesne olabilir. Bir özne-nesne ilişkisi ancak çalışma yoluyla ortaya çıkar.

İnsanın zamanla doğadan ayrılması, doğanın bir yaratığı kalsa bile, doğaya her gün biraz daha bir yaratıcı gözüyle bakması, insan varoluşunun en köklü sorunlarından birinin doğmasına yol açtı. İnsanın "çift niteliği"nden kolayca söz açılabilir. İnsan doğanın içindeyken bir "karşı-doğa" yaratmıştır. Çalışması yoluyla yeni bir gerçeklik türü, hem duyusal hem de üstduyusal olan bir gerçeklik ortaya çıkarmıştır.

Gerçeklik hiçbir zaman ayrı ayrı birimlerin aralarında hiçbir bağ olmadan yan yana durup yığılması demek değildir. Her somut "şey" bütün öbür somut "şeyler"e bağlıdır; nesneler arasında oldukça değişik ilişkiler vardır. Bu ilişkiler de somut nesneler ölçüsünde gerçektir ve nesneler ancak aralarındaki ilişkiler yoluyla gerçekliği ortaya koyabilirler. Bu ilişkiler ne denli zengin ve karmaşık olursa, gerçekliğin niteliği de o denli zengin ve karmaşık olur. Emek ürünü bir nesneyi alalım. Nedir bu nesne? Mekanik gerçeklik açısından başka "yığınlar"a doğru yönelen bir "yığın" ("yığın" terimi de bir ilişkiyi gösteriyor). Fiziksel ve kimyasal gerçeklik açısından belli atomların ve moleküllerin bileşiminden oluşmuş ve parçacıklara özgü kurallara uymak zorunda olan somut bir maddenin parçasıdır. İnsan ve toplum gerçekliği açısından bir araç, kullanım değeri ve başka bir şeyle değiştirilebiliyorsa, değişim değeri olan bir nesnedir. İnsanın doğayla ve öbür insanlarla kurduğu yeni ilişkiler bu madde parçasını da etkilemiş, ona daha önce kendisinde olmayan yeni bir öz ve nitelik katmıştır. Böylece, çalışan varlık, yani insan da en önemli ürünü "zihin" olan yeni bir gerçeklik, bir üst-doğa yaratmıştır. Çalışan varlık, emeğiyle kendini düşünen varlığa yüceltiyor, düşünce, yani zihin, insanla doğa arasındaki metabolizmanın gerekli sonucu oluyor.

İnsan varoluşunun ta kökündeki bu büyü – güçsüzlük duygusu ile birlikte güçlülük bilincini, doğa korkusu ile birlikte doğaya üstünlük sağlama yeteneğini yaratma – her türlü sanatın başlıca özüdür. İnsanların kullanabilmesi için taşa yeni bir biçim veren ilk araç yapıcı, ilk sanatçıydı. Bir nesneyi doğanın sonsuzluğu içinden seçip onu işaretleme yoluyla evcilleştirerek öbür insanların kullanabileceği bir araç olarak ortaya çıkaran ilk ad verici de büyük bir sanatçıydı. Ritmik bir ezgi yoluyla çalışma sürecini düzenleştiren, böylece insanın toplu işgücünü artıran ilk örgütleyici de bir sanat yalvacıydı. Hayvan kılığına girip bu benzeşme yoluyla avı yakalamayı kolaylaştıran ilk avcı, belli bir çentik ya da süsle bir aracı ya da silahı işaretleyen ilk taş devri insanı, bir hayvan derisini bir kayaya ya da ağaca gererek aynı cinsten hayvanların yakalanmasını sağlayan ilk oymak beyi – bütün bu insanlar sanatın öncü atalarıydılar.

Büyünün Gücü

Doğal nesnelerden dış dünyayı etkileyip değiştirebilecek araçlar yapılması gibi heyecan verici bir buluş, durmadan deneyler yapan ve düşünmesini öğrenen ilk insanın kafasında yeni bir düşünceyi doğuracaktı: Büyülü araçlarla olamayacak şeylerin de başarılabileceği, doğanın emek çabası olmadan "büyülenebileceği" düşüncesini. Benzerliğin ve benzetlemenin büyük öneminin etkisi altında kalan ilkel insan, birbirine benzeyen şeyler özdeş olduğuna göre, bir şeyin "benzerini yapma" yoluyla doğa üzerinde sınırsız bir üstünlük kurabileceği sonucuna vardı. Nesneleri kavrayıp denetleme, işaretler, imgeler, sözcükler yoluyla toplumsal eylemler, olaylar başlatma gücünü elde edince dildeki büyü gücünün sınırsız olduğu sanısına kapıldı. Ortada olmayıp da yalnız beyinde var olan düşünceleri öngören istemin (iradenin) gücüyle büyülenerek bu gücün ister istemez isteme çok geniş, sınırsız olanaklar sağlayacağı sonucunu çıkardı. Araç yapma büyüsü, sonunda büyüye sonsuz olanaklar yükleme çabasına dönüştü.

Benzetlemenin güç kazandırdığı inancının iyi bir örneği var Ruth Benedict'in *Patterns of Culture* (Routledge, 1935) adlı kitabında. Dobu Adasında bir büyücü, düşmanlarından birinin öldürücü bir hastalığa tutulmasını istiyor.

> Büyücü büyüsünü yaparken vermek istediği hastalığın son saatlerindeki acıyı önceden benzetliyor. Toprağın üzerinde kıvranıyor, acı içinde inliyor. Ancak etkilerinin benzerini yaparak kendinden beklenen işi yerine getirecektir büyü.

Daha sonra da şunları okuyoruz:

> Büyüde söylenen sözler yapılan hareketler kadar açıktır. Aşağıda okuyacağınız, adını ağaçları delik deşik eden ağaçkakan gibi bir kuştan alan ve insanın etini kemiren korkunç "gangosa" hastalığı vermek için okunan bir büyü duasıdır:

Sigasigalı ağaçkakan
lowana ağacı dalında,
keser ha keser,
kemirir durur,
burundan,
şakaklardan,
boğazdan,
kalçadan,
dilin kökünden,
boynun gerisinden,
karından,
arkadan,
böbreklerden,
bağırsaklardan,
kemirir durur,
ayakta kemirir.
Tokukulu ağaçkakan
lowana ağacı dalında,
hasta çömelmiş durur,
çömelmiş sırtını dönmüş,
çömelmiş kollarını bağlamış,
çömelmiş elleri böbrekleri üstünde,
çömelmiş başını ellerine almış.
Acı acı bağırarak
uçup geliyor büyü,
hızla yaklaşıyor büyü.

Sanat bir büyü aracıydı, insanın doğaya üstünlük sağlamasına, toplumsal ilişkilerin gelişmesine yarıyordu. Ne var ki, sanatın başlangıcını yalnız bu özelliğiyle açıklamak yanlış olur. Ortaya çıkan her yeni nitelik, kimi zaman oldukça karmaşık birtakım yeni ilişkilerin sonucudur. Birtakım parlayan ışıldayan şeylerin (yalnız insanlar değil, hayvanlar için de) çekiciliği ile ışığın dayanılmaz çekiciliğinin de payı olmuş olabilir sanatın doğuşunda. Cinsel çekiciliğin – hayvanlarda parlak renkler, etkili kokular, gözalıcı tüyler, insanlarda değerli taşlar, güzel giysiler, kandırıcı sözler ve hareketler – başlatıcı bir etkisi olmuş olabilir. Doğadaki canlı ve cansız varlıklardaki düzenli tekrar – yüreğin atışı, soluma, cinsel birleşme – birtakım biçim özelliklerinin ve süreçlerin ritmik tekrarı ve bundan alınan tat ile çalışma ritmi de önemli bir katkıda bulunmuş olabilir. Ritmik hareketler çalışmaya yardım eder, çabayı düzenleştirir ve bireyle topluluk arasında bağ kurar. Ritmin her bozuluşu yaşama ve çalışma sürecini aksattığı için hoşa gitmeyen bir şeydir; bu yüzden ritmi sanatta orantı ve bakışım gibi bir değişmezin tekrarı olarak özümlenmiş görüyoruz. Sanatın bir başka önemli özelliği de korkutucu, ürkütücü gücüyle düşman üzerinde üstünlük sağlamasıdır. Sanatın başlıca görevi açıkça güç sağlamaktı – doğaya, düşmana, cinsel eşe, gerçeklere karşı güç, toplu yaşama gücü. İnsanlığın başlangıcında sanatın "güzellik"le uzun boylu bir ilintisi yoktu, estetik kaygısı ise hiç yoktu: İnsan topluluğunun yaşama savaşında kullandığı büyülü bir araç, bir silahtı sanat.

İlkel insanın benzetleme, özdeşleme, imge ve dil gücüyle, büyücülükle, toplu ritmik hareketlerle doğayı evcilleştirme çabalarına gülmek çok yanlış olur. İlkel insan doğanın yasalarını daha yeni gözlemeye başladığı, nedenselliği yeni bulduğu, toplumsal işaretlerden, sözcüklerden, kavramlardan, alışkanlıklardan bilinçli bir dünya kurmaya daha yeni başladığı için elbette sayısız yanlış sonuçlara varıyor, örnekseme yüzünden yanılmalara düşüyor ve temelden yanlış düşünceler ediniyordu (bunların birçoğu dilimizde ve düşüncemizde şu ya da bu biçimde yaşamaktadır). Ne var ki, ilkel insan sanatı yaratmakla gücünü artırmada ve yaşayışını zenginleştirmede kendine gerçek bir yol buldu. Ava çıkmadan önceki çılgın toplu dans, topluluğun güven duygusunu gerçekten artırıyordu; yüze sürülen savaş boyaları, atılan savaş çığlıkları savaşçıyı gerçekten daha kararlı yapıyor, düşmanı ürkütebiliyordu. Mağaralara yapılan hayvan resimleri avcıya gerçekten bir güven, avına karşı bir üstünlük duygusu veriyordu. Dinsel törenler katı kurallarıyla topluluğun her üyesine toplumsal yaşantı aşılamaya, bireyi topluluğun bir parçası yapmaya yardım ediyordu. Tehlikeli, anlaşılmaz, ürkütücü Doğa karşısındaki güçsüz yaratık, İnsan, gelişmesinde büyüden büyük destek görüyordu.

Başlangıçtaki büyü zamanla dine, bilime ve sanata dönüştü. Sözsüz hareketlerle öykünmenin görevi belli belirsiz değişti: Büyü gücü sağlamak için yapılan benzetleme kurban kesmedeki törensel hareketler biçimine girdi. Dobu Adasındaki, sözünü ettiğim, ağaçkakan duası daha değişmemiş büyüydü; ama birtakım Avustralyalı ilkel topluluklar kan dökme yoluyla öç alıyorlarmış gibi yaparak aslında ölüyü yatıştırma hareketleri yapınca, bu artık "dram"a, sanat yaratıcılığına bir geçiş oluyordu. Bir başka örnek de Djagga zencilerinin ağaç kesmesidir. Djagga zencileri ağaç kimin toprağında yetişmişse o adamın kız kardeşi sayıyorlar ağacı. Ağacı kesme hazırlığını bir kız kardeşin düğün hazırlığı gibi yapıyorlar. Ağacın kesileceği günden bir gün önce ona süt, bal vb. getirip, "*mana mfu* (giden çocuk), kız kardeşim, sana bir koca veriyorum, seni alacak, benim kızım," diyorlar. Ağaç yere devrilince de sahibi, "Beni kız kardeşimden ettiniz," diye başlıyor dövünmeye. Burada büyüden sanata geçiş açıkça ortadadır. Yaşayan bir varlıktır ağaç. Ağacı kesmekle oymağın üyeleri onun yeniden doğmasını hazırlıyorlar, bireyin bir topluluğa girmesini ve ölümünü topluluğun karnından yeniden doğması saydıkları gibi. Ağırbaşlı törenle sanatsal oyunun dengeli bir ustalık gösterisiydi bu. Ağaç sahibinin acı çekiyormuş gibi yapması eski bir korkuyu, yani kötü büyüleri yankılıyordu. Tapınma törenleri dram sanatında ölümsüzleşmiştir.

İnsanla toprak arasındaki büyülü özdeşlik yaygın kral kurban etme töresinin de kökündeydi. Kralın toplum içindeki yeri, Frazer'in belirttiği gibi, her şeyden önce bereket büyüsüyle belirlenmişti. Nijerya'da krallar önceleri sadece kraliçelere kocalık ederlerdi. Toprağın ürün verebilmesi için kraliçelerin gebe kalmaları gerekirdi. Ay tanrının yeryüzündeki temsilcileri sayılan erkekler görevlerini yerine getirdikten sonra kadınlar tarafından boğulurdu. Hititler öldürülen kralın kanını tarlalara serperler, etlerini de kraliçenin bakıcı kızları, yüzlerine dişi köpek, kısrak ve dişi domuz maskeleri takarak yerlerdi. Anaerkillikten ataerkilliğe geçilince kraliçenin yetkileri de krala geçmeye başladı. Kral yapma memeler takıp uzun etekli giysiler giyerek kraliçenin yerini aldı. Onun yerine bir *sözde kral* kurban edilmeye başlandı ve sonunda *sözde kral*'ın yerini de hayvan kurbanlar aldı. Gerçek, efsaneye; büyücülük törenleri, dinsel tapınmaya; en sonunda büyücülüğün kendisi de sanata dönüştü.

Bireyciliğin ilk belirtileri büyücüde ortaya çıkmış olsa bile, sanat bireysel değil, toplumsal bir üretimdi. İlkel toplum yoğun, birbirine sıkı sıkıya bağlı bir ortak yaşama düzeniydi. Bu toplu yaşayışın dışına atılıp tek başına kalmak kadar korkunç bir şey olamazdı. Bireyin topluluktan, oymaktan ayrılması, ölmesi demekti. Toplu düzen yaşamın kendisi, özü demekti. Sanat dil, dans, ritmik ezgi, büyü törenleri gibi bütün biçimleriyle herkesin katıldığı ve insanların doğaya, hayvanlar dünyasına üstün olmalarını sağlayan tam anlamıyla toplumsal bir eylemdi. İlkel toplu yaşama düzeni bozulup yerine bir sınıflar ve bireyler toplumu geçtikten çok sonra bile, sanat bu toplumsal niteliğini hiçbir zaman bütünüyle yitirmedi.

Sanat ve Sınıflı Toplum

Bachofen ve Morgan'ın buluşlarının öncülüğüyle Marx ve Engels ilkel toplu yaşama düzeninin bozulmasını, gelişen üretim güçlerini, işbölümünün ortaya çıkmasını, değişim yoluyla alışverişin doğmasını, ataerkil yönetime geçilmesini, özel mülkiyetin başlangıcını, toplumsal sınıfların ve Devletin oluşma sürecini açıkladılar. O günden bu yana, sayısız bilim adamı, sayısız kanıtlara dayanarak bu süreci en küçük ayrıntısına dek inceledi. George Thomson'un *Aeschylus and Athens* ve *Studies in Ancient Greek Society* adlı eserleri bu alanda büyük önem taşır.

Eski Yunan uygarlığında emekçilerin üretim güçlerinin artmasıyla toplum için çalışanlar, *demiurgoi*, bir önder, yaşlılar ve toprağı işleyenlerden meydana gelen topluluğun bir parçası sayıldılar. Önderin artık tarım ürünlerini dilediği gibi kullanma yetkisi vardı. Kendilerine düzenli olarak vergi verilirdi. Malların değişim yoluyla alışverişi oymaklar arasındaki dostça ilişkilerin yardımıyla dikkati çekmeden gelişti. Karşılıklı armağanlar giderek mal değişimi niteliğini aldı. Oymak içindeki bağları önce önderlerle emekçiler kopardı: Önderler toprak sahibi oldu, emekçiler de loncalar kurarak örgütlendi. Oymakların oturduğu köyler toprak sahiplerinin yönettiği şehir devletlerine dönüştü. Sınıflı toplum da böylece başlamış oldu.

Büyü nasıl insanla doğa arasındaki birliğin, bütün varlıklar arasındaki özdeşliğin – oymak içinde var olan gizli özdeşliğin – bir karşılığı idiyse, sanat da yabancılaşmanın başlangıcının anlatım aracı oldu. Toteme tapan oymakta bir *bütünlük* vardı. Oymağın totemi, ölümsüz oymağın, bireyin ondan doğup sonra gene ona döndüğü oymağın, bir simgesiydi. Tek düzenli toplumsal yapı, o topluluğu çevreleyen dünyanın bir örneğiydi. Dünya düzeni ile toplum düzeni arasında yakın bir bağ vardı. Birtakım ırklar en küçük toplumsal birim olarak ana karnını gösterirler. Toplu yaşama düzeni bir diriler ve ölüler birliğidir. Rahip van Wing *Etudes Bakongo* adlı incelemesinde şunları yazıyor:

> Toprak hiç bölünmeden bütün oymağın malıdır, yani yalnız dirilerin değil ölülerin de, hatta daha çok ölülerin, yani Bakulu'nun malıdır. Oymak ve oymağın üzerinde yaşadığı toprak bölünmez bir bütündür; bu bütünü de Bakulu yönetir.

G. Strehlow Orta Avustralya'daki Aranda ve Loritja oymaklarıyla ilgili olarak şunları yazıyor:

> Bir kadın gebe kaldığını, yani *ratapa*'nın (totemin) içine girdiğini anlar anlamaz, doğacak çocuğun dedesi... bir *mul-*

> *ga* ağacına gider ve bireyi atalarına ve evrene bağlayan gizli totemden (*tjurunga*'dan) küçük bir parça keser, üstüne bir hayvan dişiyle totem atası ya da kendi totemiyle ilgili işaretler çizer... Totem, totem atası, totemin çocuğu (törelerde özel süsleri ve maskesiyle totemi temsil eden kişi) tjurunga türkülerinde bir tek bütün olarak belirir...

İnsanın, hayvanın, bitkinin, taşın, kaynağın, hayatla ölümün, toplulukla bireyin eksiksiz birliği her büyü töreninin bir öncülüdür.

İnsanlar yavaş yavaş doğadan ayrılıp, işbölümü ve mülkiyet yüzünden oymak birliği zamanla bozulunca, bireyle dış dünya arasındaki denge de biraz daha bozulmuş oldu. Dış dünya ile insan arasında uyuşma olmaması isteriye, esrime ve delirme nöbetlerine yol açar. Şarap tanrısı Diyonizos rahibelerinin gövdeleri yay gibi eğri, başları geriye atılmış duruşları isteriyi en iyi belirten duruştur. Büyük İtalyan Marxisti Antonio Gramsci 15 Şubat 1932'de hapisten yazdığı mektupta psikanaliz yöntemini ancak romantik edebiyatta "aşağılanan ve ezilenler" diye tanımlanan toplumsal kesime uygulamanın yararlı olabileceğini, bunların sanıldığından çok daha kalabalık olduklarını ileri sürüyordu.

> Psikanaliz yöntemi modern hayatın (burada günümüzü söz konusu ediyoruz, ama her çağın geçmişiyle çatışan bir şimdiki zamanı vardır) demir kadar sert çelişmeleri içine düşmüş, yardım görmezse bu çelişmelerle uzlaşamayan, onları alt edip töresel bir rahata ve özgürlüğe kavuşamayan, yani istemin içtepileriyle varılması gereken amaçlar arasında bir denge kuramayan kişilere uygulamak...

Bugünle geçmiş arasındaki karşıtlığın aşırı biçimler aldığı bunalım dönemleri vardır. İlkel toplum düzeninden küçük bir yönetici tabakası ve yığınlarla "aşağılanan ve ezilenler"i olan sınıflı toplum düzeninin "demir çağ"ına geçiş dönemi işte böyle bir dönemdi.

"Kendinden geçme", yani isteri durumu toplu yaşama düzenindeki evrensel birliği zorla yeniden yaratmak demekti. Toplumsal tabakalaşma geliştikçe, bir yandan topluca esrime törenleri ortaya çıkıyor, bir yandan da toplumsal görevi esrime ya da esinlenme olan (çoğu zaman aralarında birlik ya da loncalar kuran) insanlara rastlanıyordu. İster kutsal olsun ister ilençli, bu yalvaçların, bilicilerin, türkücülerin işi dış dünya ile aralarında bozulmuş olan birliği ve dengeyi yeniden kurmaktı. Platon *Ion*'da şöyle diyor:

> Epik ozanlar içinde iyi olanları sanat yetenekleri yüzünden değil, esinlendikleri, esridikleri için o güzel şiirleri okuyorlar. Lirik ozanlar da öyle. Kybele tanrıçanın rahibeleri dans ederken nasıl kendilerinden geçerlerse, lirik ozanlar da bu güzel şiirleri kendilerinden geçerek yazarlar. Evet kendilerini bir kez o titreşime ve uyuma kaptırdılar mı, esrik Diyonizos rahibeleri kendilerinden geçip ırmaklardan nasıl süt ve bal süzerlerse, lirik ozanlar da Diyonizos'un büyüsüne öyle boyun eğerler.

Esrikler Tanrıyı dile getirir, diyor Platon. Burada toplu yaşama düzeninin bir adıdır tanrı. Toplu esrime törenlerinin özü toplu yaşama düzeninin bireyde büyük bir coşkunlukla canlanmasıydı. Böylece sanat, tabakalaşan toplumda büyüden, özellikle de bu tabakalaşmadan ve onun sonucu olarak artan bir yabancılaşmadan doğdu.

Sınıflı toplumda, sınıflar sanatı – topluluğun bu güçlü sesini – kendi yararları için kullanmaya çalışırlar. Pythia'nın kendinden geçerek söylediği coşkun sözleri, soylu sınıfın rahipleri ustalıkla ve bilinçli olarak ayıklamışlardır. Topluluğun korosundan ortaya bir korobaşı çıkmış, kutsal yakarış yöneticilere övgü olmuş, oymağın totemi de soylu sınıfın tanrılarına bölünmüştü. En sonunda, kendisinde bir yaratma ve uydurma gücü olan korobaşı, kralın sarayında, daha sonra da pazar yerinde şiirler okuyan bir ozan olmuştur. Bir yanda güçlülüğün, *kurulu düzenin* – kralların, prenslerin, soylu ailelerin ve bunların kurup da kendi öğretilerine göre evrensel saydıkları düzenin – Apollonsu bir yüceltilmesini görüyoruz. Öbür yanda ise tabandan Diyonizossu bir ayaklanma ile eski, parçalanmış toplu yaşama düzeninin gizli derneklerde, gizli öğretilerde dile gelen, toplumun bölünüp parçalanışına, özel mülkiyet *tutkusuna*, sınıflı toplumun kötülüklerine karşı çıkan, eski düzenin ve eski tanrıların, doğruluğunu ve zenginliğini herkesin paylaşacağı bir altın çağın döneceğini haber veren bir sesle karşılaşıyoruz. Birbiriyle çatışan öğeler, özellikle toplu yaşayış düzeni çok gerilerde kalmadığı ve insanların duyarlığında yaşadığı dönemlerde, bir tek sanatçıda birleşiyordu. Yeni ortaya çıkan sınıfın sözcüsü olan Apollonsu sanatçı bile, başkaldırma ve eski toplu yaşayış düzenine özlem duyma gibi Diyonizossu öğelerden bütün bütüne kurtulamamıştı.

İlkel toplumda büyücü, topluluğun gerçek anlamda bir temsilcisi, bir görevlisiydi. Topluluğun kendisinden beklediği şeyleri büyü gücüyle üst üste birkaç kere gerçekleştiremezse, öldürülme tehlikesiyle karşı karşıya kalırdı. Yeni sınıflı toplumda büyücünün görevi sanatçı ve rahip, daha sonra da hekim, bilgin ve düşünür arasında paylaşıldı. Sanatla tapınma arasındaki yakın bağ ancak zamanla gevşedi ve sonunda tümüyle ortadan kalktı. Ama bundan sonra bile, toplumun bir temsilcisi, bir sözcüsü olarak kaldı sanatçı. Sanatçının halkı kendi özel sorunlarıyla tedirgin etmesi gerekmiyordu, kendi kişiliği önemli değildi, yalnız halkının, sınıfının, çağının ortak yaşantılarını, önemli olay ve düşüncelerini yansıtma yeteneğiyle ölçülüyordu değeri. Bu *toplumsal görev* daha önce büyücü için olduğu gibi, sanatçı için de kaçınılmaz ve karşı konulmaz bir nitelik taşıyordu. Sanatçının görevi birlikte yaşadığı insanlara olayların gerçek anlamını açıklamak, toplumsal ve tarihsel gelişmenin gerekliliğini ve kurallarını anlatmak, insanla doğa ve insanla toplum arasındaki temel ilişkiler sorununu çözümlemekti. Ödevi yaşadığı şehrin, sınıfın, ulusun insanlarına bir kişilik ve yaşama bilinci aşılamak; toplu yaşayış düzeninin güvenliğinden çıkıp işbölümü ve sınıf çatışmasına dayanan bir dünyanın insanlarını belirsiz ve bölünmüş bireyselliğin kaygılarından, güvensiz bir yaşama düzeninin korkularından kurtarmak, bireysel hayatı toplumsal hayata, kişiseli evrensele yöneltmek, *insanın yitirilmiş olan birliğini yeniden kurmaktı.*

Çünkü çok büyük şeyler pahasına daha karmaşık, daha üretken toplum biçimlerine yükselmişti insan. Ayrı işkolları, işbölümü ve sınıf ayrılıkları yüzünden yalnız doğaya değil, kendi kendine de yabancılaşmıştı. Toplumun aldığı bu karmaşık biçim insan ilişkilerinin bölünmesi demekti; toplumsal zenginliğin artması, birçok bakımlardan, insan yoksulluğunun artmasıyla sonuçlanıyordu. Bireyselleşme gizliden gizliye büyük bir suç sayılıyor, yitirilmiş birliğe duyulan özlem giderilemiyor, geçmişin uzak ve karanlık ufkunda bir "altın çağ"ın, günahsız bir "cennet"in düşü parıldıyordu. Sınıflı toplumun gelişme döneminde şiirin tek ya da temel konusu geçmişteki bir düş ülkesine özlemle bakmaktı anlamına gelmez bu. Bunun tersi olan bir eğilim – yani toplum koşullarını desteklemek, "yeni tanrılar"ı övmek – de büyük bir güçle duyuruyordu kendini. Örneğin Aiskhylos'un *Oresteia*'sında temel öğe budur. Bütün toplumsal sorunlar ve çatışmalar, çoğu zaman, değişen önemlerine göre, bir efsane "yabancılaşması" içinde edebiyatta beliriyordu. Geçmişi bir "altın çağ" olarak yüceltenler daha çok ozanlar arasındaki ezilenler ve yeri yurdu ellerinden alınmış kişilerdi. Sonraları, eski dünyanın yıkılmasıyla Vergilius, Horatius, Ovidius gibi ayrıcalıklı ozanlar ve *Germania* adlı eserinde Tacitus, yıkıcı güçlere karşı kullandılar bu temayı. Yalnız, ta başından beri duyulup da sonra tabakalaşma ve sınıflara bölünme sürecinde zaman zaman beliren bir şey varsa, o da aşırı tutku korkusu, insanın bütün denge ve ölçüsünü yitirdiği, bireyin doğuşunun da ister istemez "tragique" suçluluğu getireceği inancıydı.

İnsanlar arasındaki bireyselleşmenin, sonunda sanata da geçmesi kaçınılmaz bir şeydi. Bu geçiş yeni bir sınıfın – insan kişiliğinin evriminde büyük payı olan deniz ticaretiyle uğraşanlar sınıfının – ortaya çıkmasıyla oldu. Toplu yaşayış düzeninin mezarcısı olan soylu toprak sahiplerinin de birtakım katkıları olmuştu bu değişmeye. Ama onların ağır basan özellikleri savaş, serüven ve kahramanlıktı. Bir Akhileus'u, bir Odysseus'u ancak anayurtlarından uzakta birer kahraman olarak düşünebiliriz. Yurtlarında sadece soylu ailelerinin birer temsilcisi, değişmez birer toprak ağası taslağı, uzun bir atalar ve oğullar zincirinin kişiliksiz birer halkasıydılar. Denizaşırı tüccarsa bambaşka bir insandı: Hayatını durmadan tehlikeye atan, kendi kendini yaratmış korkusuz bir adam, tutucu ve değişmez düzenli toprağa değil de, yalnız dalgalarının tepesinde yükselip alçaldığı, güvenilmez, değişen, durmadan kımıldayan denize bağlı adam. Her şey insanın kendi ustalığına, kararlılığına, çevikliğine, beceriklili̇ğine ve talihe bağlıydı denizde. Ama bundan da derin bir ayrılık vardı kara ve deniz insanı arasında. Toprak sahibiyle toprağı birbirlerine yabancı değillerdi; birbirlerine öyle sıkı sıkıya bağlıydılar ki, toprak parçası neredeyse sahibinin bir uzantısıydı. Her şey topraktan gelip toprağa dönüyordu. Tüccarla malı arasındaki ilişki ise bundan çok ayrıydı. Tüccarla malı birbirlerine yabancıydılar. Mal, niteliği gereği, kendi kalmayıp el değiştirmek, bu yüzden de değişmek zorundaydı. Paranın doğal ekonomiye girmesini kötü bir şey sayan eski dünyada, değişim değerinin kullanım değeri üzerinde kapitalist dünyada olduğu ölçüde bir üstünlük kurduğu hiçbir zaman görülmemiştir. El değiştiren nesnenin somut nitelikleri – maden, keten ya da baharat olması – tüccar için önemli değildi; onun için önemli olan o nesnenin soyut niteliği – değeri – ve en soyut mal biçimi olan paraydı. Bir ürün artık sadece bir "meta", kendinden ayrı ve yabancı bir şey olduğu için tüccarın bu ürüne karşı tutumu bağımsız bir bireyin tutumuydu. Malın kişilikten yoksun kalması tüccara bir kişilik olabilmesi için gereken özgürlüğü sağlıyordu. Eski dünyanın ticaret yapan kıyı şehirlerinde soylu ailelere karşı çıkıp, geleneksel ayrıcalıkları hiçe sayan, güçlü, becerikli ve başarılı bir kişilik olarak üstünlük kuran "tüccar-prens"lere, bireysel "tiran"lara hep rastlarız. Zenginlik para biçimini alınca hiçbir geleneksel bağı tanımaz oldu. Ne soyluluğa önem veriyordu para ne de bağlılığa. En güçlünün, en talihlinin harcıydı zenginlik.

Tutucu derebeylik dünyasını para ve ticaretin böylece kaplayışı, insanlar arasındaki ilişkilerin insanlıkdışı bir nitelik alması ve toplum yapısının biraz daha sarsılması sonucunu doğurdu. Hayatta kendine güvenen ve kendi başına buyruk olan "ben" önem kazanmaya başladı. Emeğin saygı gördüğü ve emekçinin eski Yunan uygarlığında olduğu gibi toplumdışı bırakılmadığı Mısır gibi bir ülkede, bireyin alınyazısını dile getiren dindışı şiir, toplu yaşayış düzenindeki dinsel edebiyat ve şiirle birlikte oldukça eski bir çağda ortaya çıkmıştı. Pek çok sayıdaki eski Mısır aşk türkülerinden bir örnek vereyim:

Yerin yüreğimde benim.
Kolların arasında
Ne dilersen yaparım.
İsteğim yüzümü süsler,
Seni görünce ışır gözlerim.
Yanına sokulurum
Sevgini duymak için:
Sen canımın içi, kocam.
Sonsuzluğa dek sürsün
Bu en güzel saati günün.
Yüreğim sevinç içinde
Seninle yattığım için.
Yaslı da, sevinçli de olsa içim
Ne olur beni bırakıp gitme.

Öbür ülkelerde edebiyata öznelliği ilk getiren ticaret olmuştu. Bireysel yaşantı öylesine önem kazanmıştı ki, oymak tarihiyle, kahramanlık destanıyla, dinsel ezgiyle, savaş türküsüyle atbaşı gidebiliyordu. Efsaneye göre Hazreti Süleyman'ın yazdığı söylenen *Ezgiler Ezgisi* işte böyle yeni bir çağı dile getiriyordu. Deniz ticaretiyle uğraşan Yunan dünyasında kendi alınyazısının ve acılarının ağıtını söyleyen Sappho, bireysel tutkuyla dolu şiirler yazmıştı. Daha sonra Euripides kendinden önceki oyun yazarlarının yarattığı toplumsal dram alanında toplumu temsil eden maskeler yerine bireyin alınyazısını çizerek bir devrim yaptı. Bir zamanlar bireyin içinde sadece adsız bir nokta olduğu toplu yaşayış düzenine ayna tutan eski inançlar zamanla bireysel yaşantının biçimsel kalıpları oldu.

Ne var ki, bu yeni bireycilik de daha geniş bir toplu yaşayış düzeninin içine giriyordu. Kişilik yeni toplum koşullarının bir ürünüydü; bireyleşme yalnız bir ya da birkaç kişinin değil, büyük çoğunluğun paylaştığı bir gelişmeydi ve her bildirişme ortak bir öğeyi öngördüğü için de, insanlar arasında bildirişmeye elverişli bir yaşantıydı. Yeryüzünde toplu bir düzene karşı çıkacak yalnız bir tek bilinçli "ben" olsaydı, bu başka örneği olmayan kötü durumu öbür insanlarla paylaşmanın bir anlamı olmazdı. Sappho'nun alınyazısı yalnız kendi alınyazısı olsaydı, Sappho onu dile getirmezdi: Kendisi alabildiğine öznel de olsa, söylediği şey daha önce söylenmemiş de olsa, başkaları için geçerli olan söyleyecek bir şeyi vardı Sappho'nun. Ortak bir yaşantıyı – yalnız olmanın, kırgın ve terk edilmiş olmanın yaşantısını – bütün Yunanlıların ortak diliyle anlatmış oluyordu. Sadece ne idüğü belirsiz bir ağıt değildi bu: Sappho'nun *öznel* yaşantısı bilinen dilde *nesnel*leşiyor, böylece evrensel bir boyut kazanıyordu. Dahası, *Aphrodite'ye Yakarış* adlı ünlü şiiri bir çeşit büyü yoluyla tanrıları etkilemeye, yani gerçek dünya üzerinde bir üstünlük kurmaya araçlık ediyordu. Özü büyücülük olan, dinsel eylem olan bir şiirdi bu. Bu çeşit şiirlerin amacı ya da görevi, ya tanrıları ya da insanları etkilemek, bir durumu açıklamakla yetinmeyip onu etkili bir biçimde değiştirmektir. Öznel şair bu yüzden ölçü ve biçim gibi nesnel kalıplara, büyü törenlerine ve dinsel törelere boyun eğer. Sanatı bireyin toplu yaşayış düzenine dönmesini sağlayan bir yol olarak görmedikçe, insanın alınyazısındaki acılar ve yıkımlar karşısında neden sadece gelişigüzel bir başkaldırış içinde ağlamayıp da dilin düzenine ve törelerin kurallarına uyduğunu bir türlü anlayamayız.

Bu yeni "ben" eski "biz"in bir gelişmesiydi. Bireyin sesi koronun sesinden ayrılmıştı ama her kişilikte o koronun yankısı, bugün bile sürüp gitmektedir. Toplumsal ve ortak öğe "ben"de öznelleşmiştir, kişiliğin özü ise toplumsal olarak yaşamaktadır. Duyguların en özneli olan aşk, aynı zamanda türlerin üremesini sağlayan en evrensel içgüdüdür. Ne var ki, aşkın belli bir çağdaki görünüşü ve açıklanışı cinselliğin daha karmaşık, daha zengin, daha ince ilişkilere doğru gelişmesini sağlayan toplumsal koşulları yansıtır. Ya köleliğe dayanan bir toplumun, ya bir derebeylik düzeninin ya da bir burjuva toplumunun havasını gösterir. Aşkın nasıl dile geldiği, o toplumdaki kadınların eşitlik ölçüsünü, evlilik kurumunun yapısını, geçerli olan aile anlayışını, mülkiyete karşı o çağın tutumunu belirtir. Bir sanatçı ancak yaşadığı çağın ve toplum koşullarının ona bağışladığı olanakları katabilir yaşantısına. Öyleyse sanatçının öznelliği kendi yaşantısının aynı çağda ve sınıftaki öbür insanların yaşantılarından bütün bütüne değişik olmasına değil, daha güçlü, daha bilinçli ve daha yoğun olmasına bağlıdır. Sanatçı yeni toplumsal ilişkileri öyle bir biçimde ortaya çıkarmalıdır ki, başkaları da o ilişkileri görebilsinler. Sanatçının öznelliği *hic tua res agitur* (senin işin buradadır) demelidir. En öznel sanatçı bile toplum adına çalışır. Daha önce betimlenmemiş duyguları, ilişkileri ve koşulları betimlemekle, bunların görünüşteki soyutlanmış "ben"inden "biz"e dönüşmesine yardım eder. Bu "biz"i de öznelliği en yoğun sanatçının kişiliğinde bile görüp tanımak güç değildir. Yalnız bu süreç hiçbir zaman o eski toplu yaşayış düzenine bir dönüş sayılamaz. Tersine, ayrımlarla, gerilimlerle dolu ve bireyin sesinin bir ağızdan çıkan tek bir ses içinde yitip gitmediği yeni bir toplu yaşayış düzenine yöneliş sürecidir bu. Her gerçek sanat eserinde insan gerçekliğinin bireyselliğe ve toplumsallığa, özgüllüğe ve evrenselliğe bölünmesi sorunu ortaya çıkar, ama bu sorun yeniden yaratılmış olan bir birliğin sorunudur.

Yalnız sanat yapabilir bütün bunları. Sanat insanı parçalanmış bir durumdan birleşmiş bir bütüne dönüştürebilir. İnsanın gerçekleri anlamasını sağlar, onları dayanılır bir biçime sokmasında insana yardımcı olmakla kalmaz, gerçekleri daha insanca, insanlığa daha layık kılma kararlılığını da artırır. *Sanatın kendisi bir toplum gerçeğidir.* Sanatçı denen o üstün büyücü gereklidir topluma. Toplumsal görevini unutmaması için sanatçıyı uyarmak da toplumun hakkıdır. Gelişen bir toplumda, çürüyen bir toplumun tersine, bu uyarma hakkından kimsenin kuşkusu olmamıştır. Çağının düşünceleri ve yaşantılarıyla dolu olan bir sanatçı gerçekliği dile getirmekle yetinmez, ona biçim verme amacını da güder. Michelangelo'nun *Musa*'sı Rönesans insanının yalnız sanatsal bir imgesi, yeni, bilinçli bir kişiliğin taşta somutlaşması değil, aynı zamanda Michelangelo'nun çağdaşlarına ve efendilerine taşın diliyle verdiği bir buyruktu: "İşte siz de böyle olmak zorundasınız. İçinde yaşadığımız çağ bunu bekliyor. Doğuşuna tanıklık ettiğimiz dünya bunu gerektiriyor."

Sanatçı genellikle çifte görev yükleniyordu: Birincisi bir şehrin, bir kurumun, toplumsal bir bütünün ona yüklediği dolaysız görev; ikincisi de, kendisi için önemli olan bir yaşantıdan, yani kendi toplumsal duyarlığından doğan dolaylı görev. Bu iki görevin her zaman uyuşması da gerekmiyordu. İki görev arasında sık sık çatışma oluyorsa, bu o toplum içinde gittikçe artan karşıtlıkların bir belirtisiydi. Fakat, genellikle, uyumlu bir toplumun ve ilerlemeyi engellemeyen bir sınıfın sanatçısı kendisine birtakım konuların önerilmesini, yaratma özgürlüğünün kısıtlanması saymaz. Böyle konuların bir sanat koruyucusunun saçma bir isteği gibi önerildiği çok az görülür. Bunlar daha çok halkın köklü geleneklerini ve eğilimlerini yansıtan önerilerdir. Verilen konuyu kendine özgü bir anlayışla işleyen sanatçı hem kendi kişiliğini açıklar hem de toplumdaki yeni gelişmeleri çizmiş olurdu. Sanatçının yaşadığı çağın başlıca özelliklerini belirtmekte ve yeni gerçekleri açıklamaktaki başarısı kendi yaratıcılık değerinin bir ölçüşüydü.

Sanatın önemli dönemlerinin neredeyse değişmeyen özelliklerinden biri yönetici sınıfın ya da gelişen devrimci sınıfın düşünceleriyle yaratıcı güçlerin gelişmesi ve toplumun genel yararı arasında bir çelişme olmamasıdır. Böyle dengeli dönemlerde yeni, uyumlu bir birliğin çok yakında gerçekleşeceği ve tek bir sınıfın çıkarlarının herkesin çıkarı anlamına geldiği inancı vardır. Büyülü bir düş içinde yaşayan sanatçı her şeyi kapsayan bir toplu yaşama düzeninin haberciliğini yapıyordu. Fakat bu bekleyişin düşsel niteliği ortaya çıkınca, görünüşteki birlik bozuluyor, sınıf çatışması yeniden canlanıyor ve bu yeni durumun çelişmeleriyle haksızlıkları yoğun bir tedirginlik yaratıyor, sanatın ve sanatçının durumu da daha güçleşerek bir çıkmaza giriyordu.

Çürüyen bir toplumda, sanat doğru sözlüyse, çürümeyi de yansıtmak zorundadır. Ve toplumsal görevinden kaçmadığı sürece, sanat dünyanın değişebileceğini göstermeli, değişmesine yardım etmelidir.

Üçüncü Bölüm

SANAT VE KAPİTALİZM

Kapitalist çağda kendini oldukça garip bir durumda buldu sanatçı. Kral Midas dokunduğu her şeyi altına çevirmişti: Kapitalizm de her şeyi "meta"ya çevirdi. Üretimde ve verimde o güne değin görülmemiş bir artışla, yeni düzeni, dünyanın ve insan yaşantısının her kesimine hızla yayarak eski dünyayı bir toz bulutuna döndürdü, üretenle yoğaltan arasındaki her türlü doğrudan ilişkiyi ortadan kaldırdı ve bütün ürünleri alınmak ve satılmak üzere belirsiz bir pazara sürdü. Önceleri zanaatçı belli bir alıcının ısmarladığı işe göre çalışırdı. Kapitalist düzendeki meta üreticisi ise bugün bilinmeyen bir alıcı için çalışıyordu. Çıkardığı ürünleri bir yarışma seli yutuyor, belirsizliğe doğru sürüklüyordu. Meta üretimi her yere yayılıyor, işbölümünün artması, işin parçalara bölünmesi, ekonomik güçlerin belirsizliği, bütün bunlar insanlar arasındaki dolaysız ilişkileri ortadan kaldırıyor, insanın toplumsal gerçeklere ve kendisine gittikçe artan bir yabancılaşma duymasını zorunlu kılıyordu. Böyle bir dünyada sanat bir meta, sanatçı da bir meta üreticisi olmuştu. Birtakım adsız yoğaltıcıların bileşimi olan, "kamu" dediğimiz ve nasıl işlediğini ya hiç anlamadığımız ya da çok güç anladığımız açık pazar kişisel destekten daha ağır basıyordu. Sanat ürünü yarışma yasalarına her gün biraz daha çok uymak zorunda kalıyordu.

Sanatçı, insanlık tarihinde ilk olarak "özgür" bir sanatçı, "özgür" bir kişi oldu; saçmalığa, dondurucu bir yalnızlığa varan bir özgürlüğe kavuştu. Yarı düş, yarı ticaret bir uğraş oldu sanat.

Kapitalizm uzun bir süre kuşkulu, saçma, karanlık bir şeymiş gözüyle baktı sanata. "Para getirmiyordu" sanat. Kapitalist öncesi toplum har vurup harman savurma, gösterişli eğlenceler düzenleme ve sanatın desteklenmesi eğilimindeydi. Kapitalizm ise her şeyin titizlikle, başka bir şey görmezcesine, hesaplanması demekti. Kapitalist öncesi dönemde değişmeye, yayılmaya elverişli bir özelliği vardı zenginliğin; kapitalist zenginliğin ise durmadan birikmesi, yoğunlaşması, durmadan kendini çoğaltması gerekiyordu. Karl Marx şöyle tanımlıyor kapitalisti:

> Değerin artmasına bağnazca bağlı olarak insanları durmamacasına üretim için üretime yöneltir, böylece ana ilkesi her bireyin tam ve özgür gelişmesi olan üstün bir toplum türünü ortaya çıkarabilecek toplumsal üretkenlik gücünü geliştirir ve üretimin maddi koşullarını yaratır. Ancak kapitalin kişileşmesi olarak saygı duyulabilir kapitaliste. Böyle olunca da, cimrinin zenginliğe zenginlik olarak duyduğu tutkuyu paylaşır. Ne var ki, cimride sapıklık sayılan şey, kapitalistte dönmesine kendisinin de yardım ettiği toplumsal çarkın ona verdiği bir niteliktir. Ayrıca kapitalist üretimin gelişmesi, bir sanayi girişiminde yatırılan kapitalin durmadan artırılmasını gerektirir. Kapitalizm her kapitalisti, kapitalist üretimin dış yasalarına olduğu gibi, iç yasalarına da uymaya zorlar. Yarışma kuralları, kapitali koruyabilmesi için onu büyütmesini gerektirir; kapitalin büyümesi ise sürekli bir birikime bağlıdır.[6]

Sonra da şunları söylüyor:

> Biriktir! Biriktir! Musa da bütün yalvaçlar da bunu söylüyor. "Birikim yoluyla yığılan gereçleri endüstri kullanır." (Adam Smith, *Ulusların Zenginliği*) Bu yüzden, biriktirmek, biriktirmek, artık değeri ya da artık ürünü en yüksek oranda kapitale çevirmek zorundasınız. Biriktirmek için biriktirmek, üretim için üretim: Burjuva dönemin tarihsel görevini klasik siyasal iktisatçılar bu sözlerle dile getiriyorlardı.

Kapitalistin artan zenginliği elbette birlikte yeni lüksler de getiriyordu, ama Marx'ın belirttiği gibi, "... kapitalistin saçıp sa-

(6) *Kapital.*

vurmasında hiçbir zaman birtakım zengin derebeylere özgü aşırılığı dizginlenmeyen savurganlık yoktur... kapitalistin böyle davranışlarının gerisinde karanlık bir açgözlülük ve sapık bir hesaplılık duygusu gizlidir." Çünkü kapitalist için lüks sadece özel isteklerinin karşılanması olsa bile, bu aynı zamanda ona, saygı görme kaygısıyla zenginliğini gösterme olanağını veren bir araçtır. Sanat için, sanatın gelişmesi için elverişli bir ortam yaratmaz kapitalizm; ortalama bir kapitalist sanata karşı bir gereksinme duyarsa, bu ya özel hayatını süslemek içindir ya da iyi bir yatırım yapmak için. Öbür yandan, kapitalizmin ekonomik üretim için olduğu gibi, sanat üretimi için de sınırsız kaynaklar yarattığı doğrudur. Kapitalizm yeni duygular, yeni düşünceler yaratmış, bunları dile getirmesi için de sanatçıya yeni olanaklar vermişti. Artık kalıplaşmış, çok yavaş değişen bir anlatıma saplanıp kalmak güçtü; bu anlatım türlerine biçim veren yöresel sınırlar aşıldı, sanat genişleyen bir uzayda ve hızlanan bir zamanda gelişmeye başladı. Böylece, kapitalizm gerçekte sanata yabancı olmakla birlikte, sanatın gelişmesine ve çok yanlı, zengin anlatımlı, özgün yapıtların yaratılmasına yardım etti.

Ayrıca, burjuva sınıfı büyüyen bir sınıf, burjuva düşüncelerini destekleyen sanatçı da o zaman için etkin, ilerici bir gücün parçası olduğundan, sanatın kapitalist düzende düşeceği güç durum açıkça ortaya çıkmıyordu.

Burjuva yükselişinin ilk dönemi olan Rönesans zamanında toplumsal ilişkiler açık seçikliğini daha yitirmemiş, işbölümü daha sonraki katı ve dar kalıplarına girmemiş, yeni üretim güçleri burjuva kişiliğinin birikmiş gizilgücü olmaktan daha çıkmamıştı. Yeni başarı kazanmış olan burjuvalar ve onlarla işbirliği yapan prensler eli açık sanat koruyucularıydı. Yaratma yeteneği olan bir insan için yepyeni ufuklar açılmıştı. Bilginlik, gezginlik, mühendislik, mimarlık, yontuculuk, ressamlık, yazarlık çoğu zaman hayat görüşü, "Yaşamak ne büyük mutluluk!" diye özetlenebilen bir çağın değerlerini tutkuyla benimseyen bir tek kişide toplanırdı. İkinci dönem, doruğuna Fransız Devriminde varan demokratik burjuva ayaklanışı ile geldi. Burada da sanatçı onurlu öznelliği için çağının düşüncelerini dile getiriyordu. Çünkü bu çağın bayrağı, gelişen burjuva sınıfının öğreti programı olan özgürlük, eşitlik, kardeşlik duygusu ile insanlık ülküsünün sözcülüğünü etmek ve kendi ülkesini bütün insanlıkla birleştirmek istemek, özgür insanın öznelliğinden başka bir şey değildi.

Gerçi kapitalizmin iç çelişmeleri belirmeye başlamıştı bile. Burjuva sınıfı bir yandan özgürlük istiyor, bir yandan da ücret köleliği gibi garip bir özgürlük anlayışı uyguluyordu. Sözünü ettiği insan yeteneklerinin gelişmesini kapitalist yarışmanın orman yasalarıyla kısıtlıyordu. Çok yanlı insan kişiliğini dar bir alanda ustalaşmaya – uzmanlaşmaya – zorluyordu. Bu çelişmeler daha o günlerde ortaya birtakım sorunlar çıkarıyordu. İçten insancıl bir sanatçının, demokratik-burjuva devriminin tümüyle bayağı, tümüyle ayıltıcı, ama aynı zamanda ürkütücü olan sonuçlarıyla karşılaştığı zaman, büyük bir düş kırıklığına uğraması kaçınılmaz bir şeydi. 1848'den sonra, o yıl yapılan devrimin Avrupa'daki başarısızlığından sonra, sanatta yaygın bir hayal kırıklığından söz edebiliriz. Burjuva düzeninin parlak yaratıcılık dönemi artık sona ermişti. Böylece sanat da, sanatçı da insanın tam yabancılaşması, insan ilişkilerinin tümüyle maddileşmesi, işbölümü, parçalanma, katı bir uzmanlaşma, toplumsal bağların gölgelenmesi, bireyin artan bir yalnızlığa itilmesi ve yadsınması demek olan tam gelişmiş bir kapitalist düzene girmiş oldu.

İçten insancıl bir sanatçı böyle bir dünyanın değerlerini artık benimseyemezdi. Burjuva üstünlüğünün insanlığın mutluluğu olduğuna iç rahatlığıyla inanamazdı.

Romantizm

Romantizm kapitalist burjuva düzenine, "yitirilmiş düşler" düzenine, iş hayatı ve kazancın bayağılığına karşı tutkulu ve çelişmeli bir ayaklanma hareketiydi. Alman romantiklerinden

Novalis'in, Goethe'nin *Wilhelm Meister*'ini sert bir dille eleştirmesi bu tutumun bir özelliğiydi (Başka bir romantik, Friedrich Schlegel ise aşırı bir dille övmüştü bu büyük romanı). Goethe *Wilhelm Meister* romanında burjuva değerlerini olumlu bir açıdan ele alarak güzellik düşkünlüğünden (estetizmden) sıkıcı burjuva düzeninde etkin bir yaşayışa giden yolu anlatır. Novalis kesinlikle karşıydı buna.

> Aylaklar, oyuncular, yosmalar, dükkâncılar ve dar kafalı insanlardan başka bir şey yok bu romanda. Gerçekten etkisi altında kalanlar bir daha başka bir roman okumazlar.

Rousseau'nun *Konuşmalar*'ından Marx ile Engels'in *Bildirisi*'ne kadar, Avrupa sanatının ve edebiyatının ağır basan tutumuydu romantizm. Romantizm küçük burjuva duyarlığının ölçüleri içinde, gelişen kapitalist toplumdaki çelişmelerin felsefede, edebiyatta ve sanatta en eksiksiz bir biçimde yansımasıydı. Ancak Marx'ın ve Engels'in yardımıyla bu çelişmelerin niteliği ve kaynağı görülebildi, toplumsal gelişmenin diyalektiği anlaşılabildi ve bu çelişmeleri ancak emekçi sınıfın yok edebileceği ortaya çıktı. Genel zenginliği paylaşmayı uman ama bu süreç içinde ezilip ölmekten korkan, bir yandan yeni olanakları özleyen, öbür yandan da eski düzenin ast-üst sıralamasının güvenliğinden kurtulamayan, gözleri hem yeni bir geleceğe hem de eski "güzel günlere" özlemle çevrik olan küçük burjuva sınıfı toplumsal çelişmenin somut bir örneğini ortaya koyarken romantik tutumun belirsizliği kaçınılmaz bir nitelikti.

Romantizm başlangıçta soyluların Klasizmine, kural ve ölçülere, soylu biçime, içinden "günlük" konuların ayıklandığı bir öze karşı bir küçük burjuva ayaklanışıydı. Bu romantik başkaldırıcılar için ayrıcalıklı hiçbir konu yoktu, her şey sanat konusu olabilirdi. Stendhal ve Mérimée hayranı Goethe 14 Mart 1830'da, yaşlı bir insan olarak şöyle diyordu:

> Aşırılıklar ve fazlalıklar zamanla ortadan kalkacak ama hiç değilse şu olumlu değişiklik gerçekleşmiş olacak: Daha geniş bir biçim özgürlüğünün yanı sıra daha zengin ve değişik konular ele alınacak, dünyanın genişliği ve hayatın çokyanlılığı içinde hiçbir şey şiirsel değil diye ayıklanmayacak.[7]

Goethe'nin temsil ettiği bütün değerlere karşı olan Novalis bile romantizmin o güne dek şiir için yasaklanmış konuları işleme olanağını getirdiğini görüyordu. "Romantikleştirmek," diyordu Novalis, "bayağı bir şeyi yüceltmek, sıradan bir şeye anlaşılmaz bir görünüm kazandırmak, bilinen bir şeye bilinmeyenin saygıdeğer niteliğini vermek demektir." Shelley ise *The Defence of Poetry*'de (Şiirin Savunması) şunu ileri sürüyordu, "Şiir... bilinen nesneleri bilinmeyen şeylermiş gibi gösterir." Romantizm, klasizmin bakımlı bahçesinden geniş dünyanın yabanıl ormanlarına açılan bir yoldu.

Ne var ki, romantizm yalnız Klasizme değil, Aydınlanmaya da karşıydı. Birçok bakımlardan toptan bir karşı çıkış değil, sadece kalıplaşmış düşüncelere ve iyimser yalınlaştırmalara karşı bir başkaldırıştı. Gerçi Chateaubriand, Burke, Coleridge, Schlegel ve özellikle Alman romantikleri arasında birçokları büyük bir gösterişle yadsımışlardı Aydınlanmayı; ama Shelley, Byron, Stendhal, Heine gibi toplumsal gelişmenin çelişmelerini daha büyük bir keskinlikle sezen sanatçılar Aydınlanma akımını sürdürdüler.

Romantizmin temel yaşantılarından biri gitgide artan bir işbölümü ve uzmanlaşma sonunda hayatın parçalanmasıyla bireyin yalnız ve eksik kalmasıydı. Eski düzende bir insanın toplumdaki yeri öbür insanlarla ve toplumla olan ilişkilerinde aracılık ediyordu. Kapitalist düzende birey toplumun karşısında bir aracıdan yoksun olarak tek başına kalmıştı; yabancılar arasında bir yabancı, "ben-olmayan" yığınlar karşısında bir tek "ben"di artık. Bu durum güçlü bir özduyarlığı, onurlu bir öznellikle bir-

(6) Goethe, *Eckermann'la Konuşmalar*

likte bir şaşkınlık ve boşunalık duygusu da getirdi. Bir yandan Napoléon'su "ben"i kışkırtırken, bir yandan da kutsal putlar önünde yerlere serilen bir "ben"i besledi, hem dünyayı ele geçirmeye hazır bir "ben" hem de yalnızlığın korkusuna yenilen bir "ben" çıkardı ortaya. Yalnızlık içinde kendine dönen yazar ve sanatçı yaşamak için kendini pazara sürerken, bir yandan da bir "dâhi" olarak burjuva düzenine meydan okuyor, yitirilmiş bir birliği düşlüyor, kafasında yarattığı geçmiş ya da gelecek bir toplu yaşayış düzenini özlüyordu. Diyalektiğin üç öğesi – *tez* (başlangıçtaki birlik), *antitez* (yabancılaşma, ayrılma, bölünme) ve *sentez* (çelişmelerin yok edilmesi, gerçeklikle uzlaşma, özne ve nesnenin özdeşliği, cennetin yeniden ele geçirilmesi) – romantizmin özündeydi.

Başlangıcı Amerika'nın Bağımsızlık Savaşı, sonu ise Waterloo Savaşı olan devrimci kaynaşmalar romantizmin önündeki çelişmeleri doruğuna getirdi. Devrim ve devrimin tümüne ve değişik evrelerine karşı benimsenen tutum romantik akımın ana konusuydu. Olayların dönüm noktalarında romantizm sık sık ilerici ve gerici eğilimlere bölündü. Her keresinde de küçük burjuva sınıfı Marx'ın Schweitzer'e yazdığı gibi kendini "çelişmenin somutlaşması" olarak ortaya koydu.

Bütün romantiklerin ortak yanı kapitalizme karşı (kimi soyluluk kimi de halkçılık açısından) duydukları soğukluk, bireyin açgözlülüğüne Faust'ça, Byron'ca bir inanç ve "tutkuyu tutku olarak" (Stendhal) benimsemekti. Meta üretiminin övülecek değerlerin özü olduğu düşüncesi yayıldığı ve aşağılık iş hayatının çevresinde bir saygıdeğerlik kabuğunun belirdiği ölçüde sanatçılar ve yazarlar da artan bir coşkunlukla insanın iç dünyasını açıklama ve görünüşte düzenli olan burjuva dünyasının suratına tutku dinamitini fırlatma işine giriştiler. Kapitalist üretim yöntemleriyle bütün değerlerin göreceliği her gün biraz daha ortaya çıkınca, tutku – yaşantı yoğunluğu – da gittikçe değişmez bir değer olmaya başladı. Keats hiçbir şeye "yüreğindeki sevgi" kadar inanmadığını açıkladı. Shelley *Cenci*'ye yazdığı önsözde,

"Ölümlülerin tutkusunun bağışlanması için ölümsüz Tanrı'nın ete kemiğe bürünmesi gibi bir şeydir hayal gücü," diyordu. Delacroix'ya göre "her konuda aşırı" olan Géricault bir denemesinde, "her şeyi yakıp yıkan bir coşkunluktan, gün ışığına kavuşmak için bir yanardağdan fışkıran yalımlardan" söz ediyordu.

Gerçekten önemli bir aşamaydı romantizm. Yabanıl ve uzak ülkelere, sınırsız ufuklara yöneliyordu: Ama bir yandan da kendi halkına, kendi geçmişine, kendi doğasına bir dönüş olarak beliriyordu. Büyük romantiklerin hepsi Napoléon'a, "evrensel benlik"e, sınırsız kişiliğe hayrandı. Bununla birlikte romantik ayaklanma ulusal bağımsızlık savaşları içinde niteliğini yitirdi. Foscolo, Napoléon için *A Bonaparte Liberatore* (Kurtarıcı Bonaparte'a) adlı bir övgü yazmıştı. 1820'de ise Cisalpine, cumhuriyetinin, yani İtalya'nın, bağımsızlığını vermesi için Napoléon'a yalvardı. Sonunda Napoléon'dan tiksinerek ona karşı çıktı. Fransız kurtarıcısının yurdunu bağımsızlığa kavuşturmaması karşısında aynı hayal kırıklığına ve küskünlüğe düşen Leopardi de *Canzoni* adlı şiirlerinden birinde şöyle diyordu:

> ... l'armi, qua l'armi! io solo
> Combattero, procombero sol io.
> Dammi, o ciel, che sia foco
> Agli italici petti il sangue mio.
>
> ... silah, silah getirin, ben tek başıma
> Vuruşacağım, tek başıma vurulacağım.
> Göklerin yardımıyla, dilerim, İtalyanlara
> Bir esin kaynağı olsun dökülen kanım.

Ama kapitalizmin daha üstünlük kurmadığı ve insanların çökmekte olan bir derebeyliğin boyunduruğu altında köle gibi çalıştığı Doğu Avrupa'da romantizm açıkça başkaldırma anlamına geliyordu. İç ve dış zorbalara karşı halkı ayaklanmaya, derebeyliğe, baskıya ve yabancıların yönetimine karşı savaşmaya, ulusal bilinçlenmeye bir çağrı niteliği taşıyordu. Byron bir fırtına gibi sürükledi bu ülkeleri kendi ardından. Folklorun, halk sanatının romantikçe ülküleştirilmesi halkı aşağılayıcı koşullara karşı ayaklandırma silahı, romantik bireycilik insan kişiliğini derebeyliğin köleliğinden kurtarma aracı oldu. O güne dek Doğu'da gerçekleşmemiş olan demokratik burjuva devrimi romantik Rus, Macar ve Leh sanatçılarının eserlerinde bir şimşek etkisi yaptı.

Çeşitli ülkelerde değişik biçimlerde ortaya çıkmış olmasına rağmen romantizmin belirli birtakım özellikleri vardı: Sanatçının kendini özdeş göremediği bir dünyadaki iç tedirginliği, yeni bir toplumsal birlik özlemi doğuran güvensizlik ve ayrı kalmışlık duygusu, halkla, halkın türküleri ve efsaneleriyle ilgilenme ("halk" sanatçının kafasında neredeyse gizemsel birlik niteliği taşıyan bir kavramdı), ve bireyin kayıtsız şartsız eşsizliği, sınırsız Byron, öznelliğini övme. Bütün bağları bir yana iten, bir yandan kendini burjuva düzeninin düşmanı sayarken, bir yandan da – bilinçli olmadan – burjuvaların "pazar için üretim" ilkesini tanıyan "özgür" yazar, ilk olarak romantizmle birlikte ortaya çıktı. Burjuva değerlerine romantikçe karşı çıkışları, sonunda onları derbeder bir yaşayışa iten özgürlük kaygıları bu yazarların eserlerini en suçladıkları bir şey durumuna, pazara sürülen "meta" durumuna soktu. Ortaçağ kaynaklarından yararlanmış olmasına rağmen, romantizm açıkça bir burjuva hareketiydi; bugün yeni sayılan birçok sorunların tohumlarını daha o zamandan içinde taşıyordu.

Almanya'nın, Batı'nın kapitalist düzeniyle Doğu'nun derebeylik düzeninin arasında olmasından, korkunç tarihsel gelişmeler sonundaki "Alman yoksulluğu", *die deutsche Misére*, yüzünden Alman romantizmi, romantik hareketler içinde en çelişmelisiydi. Sanattaki kapitalist hayal kırıklığı demokratik burjuva devrimi daha Almanya'ya yayılmadan ortaya çıkmış, düşler daha benimsenmeden yitirilmiş, bu yüzden de Alman romantizmi devrim kaynaşmalarının kapitalist sonuçlarına duyduğu tiksintiyle doğrudan doğruya bu kaynaşmalara ve bu kaynaşmaların ilke ve düşüncelerine karşı dönmüştü. Heine bunda kapitalizme karşı bir direniş niteliği görüyordu.

> Almanya'da dürüst amaçlı birtakım romantik şairleri günümüzden kaçıp geçmişe sığınmaya ve ortaçağlara dönme özlemini duymaya yönelten şey, belki de günümüzün paraya tapıcılığından irkilmeleri, bencilliğin her yerde beliren çirkin yüzünden tiksinmeleriydi.

Alman romantikleri çağlarının gelişen toplumsal gerçeklerine karşı çıkıyorlardı. Salt olumsuzluk hiçbir zaman sürekli bir sanatçı tutumu olamaz; verimli olabilmek için, bir nesnenin gölgesi nasıl o nesneye yöneliyorsa, sanatçının tutumu da "evet"e yönelmelidir. Bu "evet" de, aslında, geleceği temsil eden bir sınıfın desteklenmesinden başka bir şey olamaz. Batı ülkelerinde emekçi sınıfı burjuva sınıfının gerisinde gelişmekteydi. Doğu'da ise halk tümüyle – köylüsü, işçisi, burjuvası, aydını ile – yönetim düzenine karşıydı. Oysa Alman romantikleri daha o zaman burjuva işadamından tiksindikleri için, yoksul Alman emekçi sınıfının yarının toplumunu kurabileceğini düşünemiyor, bu yüzden de geçmişin ülküleştirilmiş derebeylik düzenine kaçmayı deniyordu. Böyle yapmakla geçmişin birtakım olumlu değerlerini kapitalizmin olumsuz değerlerinin karşısına çıkarıyordu. Sözgelimi, üretici, zanaatçı, ya da sanatçı ile tüketici arasındaki yakın bağı, toplumsal ilişkilerin daha dolaysız oluşunu, daha köklü bir toplu yaşama duygusunu, daha dengeli ve ölçülü işbölümü yüzünden insan kişiliğindeki daha büyük birliği bu olumlu değerler olarak görüyordu. Ne var ki, bu değerler kapitalizmin haklı olarak eleştirilen korkunç yanlarına karşı çıkarılmadan kendi gerçek ortamlarının dışında ele alınıyor, ülküleştiriliyor, putlaştırılıyordu. Bir yaşama bütünlüğü özleyen romantikler, toplumsal süreçleri bir bütün olarak görmeyi başaramıyorlardı. Bu bakımdan kapitalist burjuva düzeninin gerçek çocuklarıydılar. Toplum dengesini bir yana itmek, temel insan ilişkilerinin tümünü ortadan kaldırmak, toplumu küçük parçalara bölmekle kapitalizmin – kendisi bu parçalardan yeni bir bütün kurma gücünden yoksun olmasına rağmen – yeni bir birliğin kurulma olanaklarını hazırladığını göremiyorlardı. Alman romantiklerinin en özgünü, yetenekli ve anlayışlı bir insan olan Novalis kapitalizmin olumlu yanlarını görebiliyor, şu şaşırtıcı sözleri yazabiliyordu:

> Ticaret ruhu *dünyanın ruhu*'dur. *Göz kamaştırıcı* bir ruhtur, açıkça. Her şeyi harekete getiren ve birleştiren bir ruh. Ülkeler, kentler kurar, uluslar, sanat eserleri yaratır. Kültürün ve insanlığı yetkinleştirmenin ruhudur bu ruh.

Oysa Novalis'in hayatın makineleşmesinden ve her türlü makineden korkması bu düşüncelerin parlaklığını gölgeliyordu. Novalis Almanya'da gelişen yeni tüccar-burjuva devlete karşı çıkmıştı: "Ölçülü yönetim biçimi yarı devlet, yarı doğadır; yapay ve dayanıksız bir çarktır yönetim çarkı – bu yüzden de bütün büyük düşünürlere itici gelir – ama gene de günümüzün en sevilen oyuncağı olmuştur. Bu çark yaşayan, özerkliği olan bir varlığa dönüştürülebilseydi, büyük sorunlar çözümlenmiş olurdu." Bu bütün romantiklerin "mekanik" görüşe karşı ileri sürdükleri "organik" görüştü: "Bütün hayatın başlangıcı makineleşmeye karşı mekanik olmayan bir karşı çıkış olmalı." E. T. A. Hoffmann'ın eserlerinde bu karşıtez, sonunda insanla otomat arasındaki boğuşmayı anlatan bir yoğunluk kazandı. Heine'nin dediği gibi, Hoffmann'ın bütün yazdıkları "yirmi ciltlik bir korku çığlığından başka bir şey değildi." Romantiklerin organik olan, doğal olarak büyüyüp gelişen her şeyi ülküleştirmeleri devrimin sonuçlarına karşı tepkici bir direnişe döndü: eski toplumsal sınıflar ve ilişkiler organik, yeni sınıfların yarattığı akımlar ve koşullarsa mekanik sayıldı. "Dünyanın uykusunda" rahatsız edilmemesi, eski gecenin yerini yeni günün almaması gerekiyordu. Novalis *Geceye Övgüler*'de şunları soruyordu:

Hep yeniden doğmalı mı gün?
Sonu gelmez mi yersel varlıkların?
Yutup tüketiyor bu acımasız çark
Gecenin göksel örtüsünü.

Friedrich Schlegel "Karanlık Çağlar" sözüne karşı çıkarak "insanlık tarihindeki bu önemli dönemin" geceye benzetilebileceğini ileri sürdü;

> ama ne yıldızlı bir geceydi bu! Bugün, bana öyle geliyor ki, bulanık, geçici bir alacakaranlık içinde yaşıyoruz. O geceyi aydınlatan yıldızlar kararmış ve çoğu yerde gözden kaybolmuş ama güneş de daha doğmamış. Yeni bir evrensel anlayış ve mutluluk güneşinin neredeyse doğacağı sık sık bildirilmişti. Oysa gerçekler bu haberi doğrulamadı. Bu haberin gerçekleşmesi yolunda herhangi bir belirti varsa, bu sabahları gün doğmadan önce kendini duyuran soğuktan başka bir şey değildir.

"Düş kırıklığı"nın yanı sıra bir de "soğukluk" teması, ıssız, yabancı bir dünya duygusu çıktı ortaya. İlk olarak romantizmle beliren bu özellik daha sonra hiç kaybolmadı; tersine, kapitalist düzenin gelişmesi boyunca hayatın artan yabancılaşması içinde kendini her gün biraz daha çok duyurur oldu. Bu soğukluk duygusu ile birlikte sıcaklığa ve güvenliğe, hayalimizde ana karnına benzer bir yere dönme özlemi baş gösterdi. Alman romantizmine özgü bir ölme isteği, bir ölüm düşkünlüğü ortaya çıktı. Ölüm, birlik ve her şeyi kapsayan bütünlükle özdeş sayıldı:

Bir gün her şey gövde olacak,
Tek gövde,
Göksel kan içinde yüzen
Mutlu çift.
O deniz kızardı bile,
kokulu tene döndü
büyüyen uçurum!

Friedrich Schlegel "Dionizossu" ve "Apollonsu" kavramıyla, Friedrich Nietzsche'yi nasıl önceden haber verdiyse, romantiklerin evrensel cinselliği ve ölme isteği de öylece Sigmund Freud'u haber veriyordu. "Düşünme organları, doğanın cinsel organları, yeryüzünün üreme organlarıdır," diyordu Novalis. "Cinsel haz, din ve kan dökücülük arasındaki birliğin yakın ilişkilerine nicedir dikkatimizin çekilmemiş olması gariptir."

Romantik görüşe göre toplumsal gerçeklik ortadan kalkmadıysa bile, iyiden iyiye biçim değiştirmiş, ince bir alaycılık içinde erimişti. Friedrich Schlegel şöyle diyordu:

> Alman şiiri her gün biraz daha çok iniyor geçmişin derinliklerine; bu şiirin kökleri efsanelerdedir. Hayal gücü, kaynağından pırıl pırıl akan bir deredir bu efsanelerde. Alman şiiri gerçek dünyanın bugünkü görünümünü kavrasa kavrasa mizah yoluyla kavrar.

Novalis ise şunları yazıyordu:

> Bu dünya romantikleştirilmelidir. Orta malı şeylere yüce anlamlar, sıradan şeylere anlaşılmaz bir görünüş, bilinen şeylere bilinmeyenin önemini, sonu olan şeylere sonsuzun benzerliğini vererek her şeye başlangıçtaki ilk anlamı kazandırılmış olur... Kendimizi bir masal ülkesinde göremiyorsak, fizik organlarımızın ve sezgilerimizin yetersizliğindendir bu.

Gerçek dünyanın gerisindeki bu "masal ülkesi"ne gerçekçi yollardan değil, ancak uykuya dalıp kendimizi düşlerin gücüne bırakarak varabiliriz. Novalis buna dayanarak yeni bir sanat kuramı öneriyor:

> İçinde birbirine bağlı düşünceler yerine, düşlerdeki gibi çağrışımlar olan hikâyeler; sadece müziğe ve kulağa hoş gelen sözcüklere dayanan, tümüyle anlamdan ve düşünce özünden yoksun, en çok bir iki dizesi anlaşılabilen şiirler...

> Bunların hepsi birbirinden bütün bütüne ayrı şeylerin parçaları olmalı.

Önce ilk romantiklerin ileri sürdüğü bu düşünceler – bölünmüş, parçalanmış bir dünyada yaşama duygusu, gerçekliği gizemli bir yoldan kavramak için gerçeklikten düşünce bağlantıları olmayan çağrışımlara kaçış – daha sonra burjuva düzeninin benimsediği sanat ilkeleri oldu.

Romantiklerin kapitalist burjuva düzenine karşı çıkışlarında olsun, geçmişe kaçışlarında olsun olumlu bir yan da yok değildi. Bir "gece" olduğu gibi bir "gün" de vardı. Bu da birliğe duyulan köklü özlemde ve insanın kendi alınyazısını yazabilecek güçte olduğu yolundaki soylu inançta dile geliyordu.

> Topluluk (diyordu Novalis) *çokçuluk* (pluralisme) bizim özümüzün ta kendisidir. Bizi baskı altında tutan zorba güç kendi iç tembelliğimizdir. Biz etkinliğimizi geliştirerek kendi alınyazımızı yaratacağız... Usumuzla dünyamız arasında bir uyum kurabilirsek, *Tanrı'ya eşit* olmuş olacağız.

Bu arada geleceğin haberciliği yapılıyor, "son yargı gününün yeni, gelişmiş ve şiirsel bir çağın başlangıcı" olacağı bildiriliyordu.

Alman romantizminin olumsuz, geriye dönük yanları birçok romantik yazarı Katolik yobazı ve tepkici durumuna soktu. Friedrich Schlegel "salt Hıristiyanca bir duygu güzelliği"nin sözcülüğünü ederken "Lord Byron'un esin perisinin yöneldiği karanlık uçurumu, esinli coşkunluğun yalancı parıltısı" olarak suçluyordu. Öyle ki, bir yanda Byron Yunanlıların özgürlüğü için savaştığı sırada sıtmadan ölürken, Stendhal İtalya'da ulusal kurtuluş hareketini desteklerken, Puşkin Rusya'daki 1825 Meşrutiyetçilerine yakınlık duyarken Alman romantiklerinin pek çoğu Metternich'in kuyruğu olmuş, Heine'nin aşağılayıcı yargısını fazlasıyla hak etmişlerdi: "Bir yalan çetesi onlarınki. Onlar Kutsal

Birliğin cellatları, geçmişteki her türlü kötülüğün, yıldırının ve çılgınlığın yeniden yaratıcılarıdır."

Alman romantizmini ve daha sonra gelen ona benzer akımları ele alırken bu akımların iç çelişkilerini incelemeli, olumlu ve olumsuz yanlarını anlamalıyız. Hep aynı çatışma karşımıza çıkacaktır: Bir yanda burjuva değerlerine ve kapitalist çarka karşı köklü bir direniş; öbür yanda devrimin sonuçlarından korkuya ve ister istemez tepkiciliğe varan bir aldatmacılığa kaçış. Alman romantizmi daha sonra kapitalist dünyanın, bu arada çağımızın, aydınları arasında ortaya çıkan ekspresyonizm, fütürizm ve gerçeküstücülük gibi bütün bölünmüş akımların ilk örneğiydi. Bu akımlardaki çatışmanın bir belirtisi de, akımla ilgili sanatçıların hepsinin tepkici olmayışlarıydı. Alman romantikleri arasında Heinrich Heine ile Nikolaus Lenau devrimciydiler; Uhland ve Eichendriff gibi kimselerinse "yalan çetesi"yle hiçbir ilişkileri yoktu.

Şunu da unutmamalı ki, romantizmin bir yanı da gerçekçi bir toplum eleştirisi olarak gelişti. Byron ve Scott, Kleist ve Grillparzer, Hoffmann ve Heine, Stendhal ve Balzac, Puşkin ve Gogol gibi birçok büyük yazarın yapıtlarında romantizm ve gerçekçilik kimi zaman biri kimi zaman öbürü ağır basar biçimde birbiriyle sıkı sıkıya örülüdür. Çağdaş burjuva dönemin büyük gerçekçi yazarı Thomas Mann'ın, kökleri Alman romantik geleneğine ve özellikle de – Mann'ın "temel içgüdülerin yansıması" olarak tanımladığı alaycılığa – alaycılığın parıltılı anlam zenginliğine uzanıyordu.

Halk Sanatı

"Folklor" ve "halk sanatı" romatizmin – yalnız Alman romantizminin değil, tüm romantik akımın – geliştirdiği bir kavramdı, ayrıca bu akımın da en önemli öğelerinden biriydi. Romantizm yitirilmiş bir birliği, kişilikle topluluk arasında bir bileşimi ararken, kapitalist yabancılaşmaya karşı çıkarken halk türkülerini, halk sanatını, halk bilgilerini ortaya çıkardı ve halk gerçeğini hemen kendiliğinden gelişmiş, türdeş bir bütün saydı. Sınıf bölünmelerinin dışında ve ötesinde bir öz ve toplu yaratma gücü olan bir "halk ruhu" olarak görülen bu romantik *halk* kavramı günümüze kadar süren birtakım karışıklıklar yaratmıştır. Çoğumuz ne demek istediğimizi açık seçik bilmeden sık sık kullanırız bu "halk" sözünü. Halk sanatı bütün öbür sanat türlerinin karşısına onların "yapma" olmalarına karşılık "doğal" bir olay olarak çıkarıldı, halk sanatının adsız insanlarca yapılmış olması da, onun kişiliği ve bilinci olmayan tanınmamış bir toplulukça kendiliğinden yaratılmış olmasının bir tanıtı sayıldı. Şu dizelerdeki gibi sözler yanıltıyordu romantikleri:

> Wer hat das schöne Liedel erdacht?
> Es haben's drei Gäns'übers Wasser gebracht,
> Zwei graue und eine weisse.
>
> *Kim yaktı bu güzel türküyü?*
> *Üç kaz getirdi karşı kıyıdan,*
> *İkisi kül rengi, biri ak tüylü.*

Bu şiirsel olabilir, ama bir "doğru" ve simge olarak geçerli sayılamaz. Kuşkusuz halk sanatı çoğunluğun paylaştığı bir şeyi dile getirir, bir topluluğun düşüncelerini yansıtır böylece; ama bu yalnız halk sanatı için değil, her türlü sanat için böyledir. Toplu bir gereksemenin sonucu olarak doğmuştur sanat. Ama taş devrinde bile topluluğun isteğini sözcüklere ve biçimlere dönüştüren bireydir – büyücüdür. Yalnız mağara resimleri, uzak geçmişin destanları değil, halk türküleri de – elbet sayısız geleneksel örneğin de yardımı ile – ayrı ayrı yaratıcıların eserleridir. Halk türküleri karşısındaki romantik tutum eleştirel olmaktan uzaktı. Brentano ile Arnim'in yaptıkları derleme, *Des Knaben Wunderhorn*, güzel, özgün şiirlerle önemsiz ve değersiz örneklerin bir araya geldiği bir yamalı bohçadır.

Bu şiirlerin pek çoğu halk sanatını "yüksek" sanatın bir yan ürünü sayan romantik karşıtı görüşü doğrulamak için örnek gösterilebilir (birçok çağdaş bilim adamının virüsü cansız varlıktan canlı varlığa bir geçiş değil de, tersine gelişmenin bir sonucu saymaları gibi). Bence bu görüş de romantik görüş kadar tek yanlı. Halk türküleri, çoğu zaman, tersine bir gelişmenin sonuçları – kahramanlık destanlarının, dinsel şiirlerin parçaları, ortaçağ "troubadour" şiirlerinin halk biçimleri alışı – olabilir, ama bunu söylemek de yetmez. Unutmamalıyız ki kahramanlık destanları da eski masallardan, efsanelerden; bunlarsa yönetici bir sınıf olmadığı için bunun karşıtı olan "halk"ın da bulunmadığı toplumsal koşullardan doğmuştu. Sanat o çağda oldukça türdeş bir topluluğu dile getiriyordu. Halk türküleri ve halk sanatı, çoğu zaman, bir yönetici sınıfın gereksinmelerini dile getiren "yüksek" sanatın orta evresinden geçmeksizin, aynı kaynaktan ortaya çıkmıştır. Halk türküleri ve halk sanatı çoğunlukla (ülkesine göre değişir bu ölçü) eski geleneklerin yaşayageldiği köylüler arasında yaratılır; ne var ki, bunların birçoğu da yolcuların, kaçak keşişlerin, gezici öğrencilerin, çırakların, her türlü tiyatrocu ve hokkabazların gelip geçtiği anayolların ürünleridir.

Ne halk türküleri ne de halk oyunları ilk gerçek ve kesin biçimlerini koruyabilirler. Bunlar yayılma sürecinde birçok kereler değişmiş, kimi zaman bu değişmelerle zenginleşmiş ama çoğu zaman da ucuzlaşmış, bayağılaşmış ve iç bayıltıcı bir nitelik edinmişlerdir. Bela Bartok Macar halk havalarını eklerden ve bozulmalardan sıyırıp onlara ilk biçimlerinin tazeliğini ve gücünü vererek bir arıtma yolunu denemişti. Buna benzer bir şey bütün halk sanatına da uygulanabilir. Yalnız şunu da unutmamak gerekir ki, değişik anlatım biçimleriyle ortaya çıkması halk sanatının niteliği gereği olduğu için, şu ya da bu biçimin ilk biçim olduğu kesinlikle söylenemez. Yapılabilecek olan – Bartok'un büyük başarısı da buydu – sonradan eklenen *molozlardan*, kabalık ve kof duygululukları ayıklamaktı. Ama bunlar bile "halk"ın tuttuğu nitelikler olabilirdi.

Halk türkülerinde, uzak bir geçmişteki toplu yaşama geleneği çoğu zaman "halk"la yönetici sınıf arasındaki çatışmadan doğan öğelerle karışır. Geleneksel (burada büyücülük ve kurban kesme töreni izleri) ve köylülerin toprak ağasına karşı giriştikleri sınıf çatışması arasındaki karışımın belirgin bir örneğini Frazer *The Golden Bough*'de veriyor:

> Pomerania'nın bazı kesimlerinde (hasat mevsiminde) yoldan geçen herkes buğday sapından örülmüş bir iple durdurulur. Biçiciler adamı ortalarına alır, tırpanlarını bilerler, önderleri de şu sözleri söyler:
>
> "Adamlar hazır.
> Tırpanlar eğri,
> Buğday irili ufaklı,
> Bu ağayı biçmeli."
>
> Sonra yeniden tırpanlarını bilerler. Ramin'de, Stettin kesiminde, biçicilerin ortasında duran yabancıya şöyle seslenilir:
>
> "Okşayacağız bu beyi
> Yalınkılıcımızla,
> Nasıl biçiyorsak otlağı, çayırı.
> Biçiyoruz beyleri, ağaları.
> Çokluk susuzdur emekçi
> Bey ısmarlarsa konyağı, birayı
> Hemen keseriz bu şakayı.
> Ama kabul edilmezse bu dilek
> Bu kılıç hakkıyla inecek."

Üç özellik açıkça belirli burada: Kapitalizmin daha bozmadığı ilkel bir köylü topluluğunda tarih öncesi büyünün sürmesi; "biçilmesi gereken" ağalara, beylere karşı köylülerin öfkesi; bir de çeşitli köylü ayaklanmalarının başarısızlığından gelen bir boynu büküklük, konyakla birayla satın alınmaya hazır olma durumu, maddi çıkarlara karşı kaba, tehlikeli bir açgözlülük. Halk türkülerinin pek çoğunda, tarih öncesi bir çekirdeğin üstünü daha sonra kimi sınıf çatışmaları ve ayaklanmalardan kimi de sınıflı toplumdaki bozukluk ve çürüklüklerden gelen birtakım kabuklar kaplamıştır. Sözgelimi, Robin Hood türkülerinde ne denli baş eğmez bir yiğitlik, zavallı Schwartenhals'in türküsü gibi Alman halk türkülerinde ne denli büyük bir direniş görüyoruz:

Aldım kılıcımı elime
kuşandım kemerime.
Ama, yoksulum, yürümem gerek
çünkü atım yoktu binmeye.
Az gittim uz gittim,
dere tepe düz gittim.
Bir zengin oğlu çıktı karşıma
boşalttı kesesini cebime.

Ya da inatçı gelinin türküsünde:

Ne arpa yemeği severim
ne de erken kalkmayı.
Şimdi rahibe olacağım
oysa hiç istemezdim.
Kim istiyorsa bu yoksul kızın
bir manastıra kitlenmesini
dilerim bu mutsuzluğa
tez elden uğrasın kendisi.

Ama bunların yanı sıra *Des Knaben Wunderhorn*'da evcil bir uşaklık, boş bir gizemcilik, ağa sofrasının artıklarıyla yetinme duygusuyla dolu nice başka türküler çıkıyor karşımıza. Sözgelimi, "Gizli Kök" adlı şu yavan tekerleme:

Ey mucize! Tanrı'nın öz oğlunda
iki evren bir olmuş onun kişiliğinde.

Ya da "Sonsuzluğun Türküsü":

> Dinle beni, Ey İnsan: Tanrı var oldukça
> cehennem acısı da sürüp gidecek
> cennet sevinci de sürüp gidecek.
> Ey sonsuz acı, ey sonsuz sevinç!

Ya da soyluların çoban türküleri geleneğinden yararlandığı açıkça belli olan "Sevimli Çobanın Hayatı" adlı özentili türkü:

> Hiçbir şey yeryüzünde
> bir tutulamaz
> çobanın sevinciyle.
> Yeşil çayırlarda
> çiçek dolu kırlarda
> gerçek mutluluklar var:
> Bunu biliyorum.

Halk türkülerinin temel tutumu ile nitelikleri arasındaki köklü ayrılıklar romantiklerin birleşmiş tek bir "halk ruhu" görüşünü yalanlıyor ve bu türkülerin yalnız değişik sınıfları ve toplumsal koşulları değil, aynı zamanda değişik yetenek ve ustalıkta ayrı ayrı insanların eserleri olduğunu ortaya çıkarıyor. İnsanlar yüzyıllar boyunca her türlü şeyi özümleyip yeniden yaratmışlardır. İyi, kötü, özgün, bayağı – her türlü şey halkça benimsenmiştir. Her türlü halk sanatı karşısındaki eleştirisiz romantik hayranlığı paylaşamayız. Halk sanatını da ancak herhangi başka bir sanat biçimine uyguladığımız ölçülerle, toplumsal öz ve niteliğiyle, değerlendirebiliriz.

Ayrıca, sanayileşmenin artmasıyla halk sanatının ister istemez ortadan kalktığını da unutmamalıyız. Köylülerin ve gezici el emekçilerinin öz ve anlatım yollarından yararlanarak halk sanatının kendini yenileme olanakları iyice azalmıştır. Emekçi sınıf ile birlikte yeni bir öz oluşmuştur, bunu dile getirmek için yeni anlatım yolları gerekmektedir. Yeni "halk türküleri" –

"Marseillaise", özgürlük savaşlarına katılan çetecilerin türküleri – hep devrimci akımlardan doğmuştur. Bertolt Brecht ve Hanns Eisler'inkiler gibi oldukça bilinçli bir ustalıkla bestelenmiş türküler devrimci emekçi sınıfının yeni "halk türküleri" olmuştur. Gizli yaratıcı bir "halk ruhu" ile donatılmış türdeş bir "halk" düşüncesi kapitalist düzenin romantik bir kavramıdır. Çünkü bir çatışan sınıflar düzenidir kapitalist düzen ve ancak bu çatışma sona erince toplumumuzun parçaları Medea'nın kazanından birleşmiş bir "halk" olarak yükselecektir. Alman romantiklerinin "halk"ı ülküleştirmeleri sadece bir düş değildi: Sonuçları bakımından bir tepkicilikti. Yalnız burjuvalığa değil, sınıf çatışmasının her türlü belirtisine de saldırıyordu. Bu akım sonunda "toplumsal ortaklık" yalanları ve ikiyüzlü bir "kardeşlik" propagandası arasında kuruyup gitti.

Kapitalist-burjuva düzenine romantikçe karşı çıkış, daha önce de söylediğimiz gibi, durmadan ortaya çıkan bir davranıştır. Ama bu bir sanatçının artık destekleyemeyeceği bir gerçeklik karşısında gösterebileceği tepkilerin yalnız bir tanesidir. Burjuva yazar ve sanatçılar şaşırtıcı bir güç ve direnişle gerçekçilik yöntemini geliştirmişler, bu yöntemle çelişmeleri açıklanan bir toplumu eleştirel bir açıdan dile getirmişlerdir. Toplum gerçeklerini diyalektik bir yoldan, aldatmacasız bir biçimde açıklama denemesi en çok İngiltere, Fransa, Rusya ve Amerika'da başarıyla sonuçlanmıştır. Almanya ve Avusturya'daki romantizmin niteliği öbür ülkelerdeki romantizmden nasıl değişik idiyse, gerçekliğin bu iki ülkedeki gelişmesi de kapitalizmin daha önce ortaya çıkıp devrimci biçimlere girdiği ya da aşırı derecede ekonomik ve toplumsal geriliğin bütün sınıfları ve toplum katlarındaki insanları yönetim düzenine karşı birleştirdiği, böylelikle de dayanılmaz baskı altında büyük gerginliklerin ortaya çıktığı ve devrimci güçlerin önüne geçilmez bir yoğunlukta biriktiği ülkelerdekinden daha tutuk ve daha az zengin olmuştur.

Sanat için Sanat (L'art pour L'art)

Sanat için sanat romantizmle ilgili bir akımdı. Devrim sonrası burjuva düzende, amacı toplumu incelemek ve eleştirmek olan gerçekçilikle birlikte doğmuştu. *Sanat için sanat* – temelde gerçekçi olan büyük şair Baudelaire'in benimsediği tutum da burjuva sınıfının kaba yararcılığına, karanlık işlerle uğraşmasına bir karşı çıkıştı. Her şeyin satın alınabilir meta haline geldiği bir dünyada sanatçının "meta" üretmeme kararından doğan bir tutumdu bu. 1940'da Hitler'den kurtulmak için kendi canına kıyan ve yazıları çevrilmeyi bekleyen önemli Alman denemecisi Walter Benjamin, Baudelaire'le ilgili özgün bir yorumunda, bunun tersini ileri sürdü:

> Baudelaire'in edebiyat piyasasındaki davranışı: Baudelaire'in "meta"ların niteliğini gerçekten bilmesi, piyasayı nesnel bir deneme yeri olarak görmesini sağladı ya da onu böyle görmeye zorladı... Baudelaire eserleri için yer açmak istiyordu, bu yüzden başkalarını itmesi gerekti... Şiirleri bütün öbür şairleri gölgeleme amacı güden özel oyunlarla doluydu.

Bu görüşe karşı, yıllarca önce yazdığım şu sözleri yeniden öne sürmek istiyorum:

> Baudelaire burjuva dünyasının kendini beğenmişliğine karşı güzelliğin kutsal yüzünü çıkardı. Kaba, ikiyüzlü insanlar, kansız sanat züppeleri için güzellik, gerçeklerden kaçış; kanıksatan bir dinsel resim, ucuz bir uyuşturucudur: Ama Baudelaire'in şiirinde beliren güzellik koca bir kaya, acımasız bir yazgı tanrıçasıdır. Elinde kızgın kılıcını tutan öfke meleği gibidir. Bu meleğin gözleri, çirkin, bayağı, insanlıkdışı güçlerin kol gezdiği bir dünyayı açığa çıkarıp suçlar. Onun ışıklı çıplaklığı önünde gizli yoksulluk, hastalık ve kötülük ortaya çıkar. Sanki kapitalist uygarlık devrimci bir yargıçlar

kurulu önüne getirilmiş gibidir: Güzellik yargılar ve çelik gibi eğilmez kararını verir.

Ne var ki, Benjamin önemli yorumunu şöyle sürdürüyor:

> Baudelaire'in bilinen kişiliğinde kesin olan özellik burjuva sınıfının artık sanatçıya iş ısmarlamaktan vazgeçmekte olduğunu ilk anlayan kimse olmasıydı – bu da çok önemli sonuçları doğurmuştu. Bunun yerine toplumdan nasıl sürekli bir iş ısmarlama sağlanabilirdi? Hiçbir sınıfın böyle bir eğilimi yoktu; geçim sağlanabilecek yer, olsa olsa yatırım piyasası olabilirdi. Baudelaire'in düşündüğü ortadaki kısa süreli istek değil, görünmeyen uzun süreli istekti... Bu isteğin belireceği piyasanın niteliği, daha önceki şairlerin yaşama düzeninden çok ayrı bir yaşama düzeniyle birlikte bir de üretim biçimi getiriyordu. Baudelaire, verecek hiçbir onuru kalmamış bir toplumda şairlik onurunun tanınmasını istemek zorundaydı.

Buradaki önemli nokta, burjuva dünyasının dolaylı bir yoldan bile Baudelaire'e bir şey ısmarlayamayacağı, Baudelaire'in de olmayan, adsız bir piyasaya ürün verdiği – "sanat için sanat" yaptığı – ama bunu gelecek olan bilinmeyen bir topluluk ya da tüketici için yaptığıdır. Baudelaire'in birtakım sözleri bu konudaki tutumun belirsizliğini ortaya koyuyor, bu yüzden de hem Benjamin'in hem de benim yorumlarımı doğruluyor. Baudelaire'in sanatının burjuva dünyası ile hiçbir ilintisi yoktu, burjuva okura tepeden bakarak onu insan yerine koymuyordu; ama şaşırtıcı irkiltme etkileriyle gene de çekici geliyordu burjuva okura. Baudelaire tiksintisini gerçeklikle dile getiriyor, aynı zamanda da "rahatsız etmenin soylu tadı"ndan söz ediyordu. Kendisinin gerçeklerden tiksinmesi *sanat için sanat*'a sığınması, sözünü ettiği "soylu eğlence" de küçümsediği burjuva kafasını korkunç bir güzellikle, parlak işkence araçlarıyla ürkütmek anlamına geliyordu. Baudelaire burjuva alıcı için ürün vermiyor, ama gene de bir edebiyat piyasasının son değer ölçüsü olduğuna inanıyor, o piyasa için ürün veriyordu. Burada, Marx'ın anmış olduğu ve kapitalist iktisatçıların getirdikleri bir ilke geliyor aklımıza, birer başka karşılığı da "bilim için bilim" ve *"sanat için sanat"* olan "üretim için üretim" ilkesi. Bunların hepsinin gerisinde piyasa gizlenmektedir. Bu yüzden *sanat için sanat* akımında, tek kolla kapitalist düzenden kopmanın aldatıcı çabasını ve o düzenin "üretim için üretim" ilkesinin doğrulanmasını görüyoruz.

Baudelaire'in sanatında romantik karşı çıkış öğesiyle keskin suçlama açıkça ortadadır. Ayrıca Novalis'in ilk olarak belirttiği düşünceler de Baudelaire'in sanat kuramlarında sık sık karşımıza çıkmaktadır. Novalis'in "sadece kulağa tatlı gelen, güzel sözcüklerle dolu... en çok bir iki dizesi anlaşılabilen şiirleri..." sözleriyle özetlediği romantik ilkeyi, *sanat için sanat* akımının en tutarlı sözcüsü Mallarmé şiirlerinde uyguladı. Hugo Friedrich, Mallarmé'nin şiirini büyük bir başarıyla incelediği, *Modern Lirik Şiirin Yapısı*'nda şöyle diyor:

> Mallarmé'nin lirik şiiri yalnızlığın tümüyle belirmesidir. Bu şiir ne Hıristiyan, ne hümanist ne de edebi gelenekten bir şey ister. Yaşanan günden etkilenmeye karşıdır. Okurla arasına bir boşluk koyar ve kendisine insanlaşma olanağı tanımaz.

Mallarmé, Hugo Friedrich'in belirttiği gibi, şiirini beylik sözlere boğmaktan kaçınıyordu:

> Alacakaranlıkta bulutlar, yıldızlar neyse, benim şiirim de odur başkalarının gözünde: Bir işe yaramaz... Gerçeği çıkar at türkünden, bayağıdır çünkü... Şairin yapacağı tek şey sözünü "hiçbir zaman"a çevirerek anlaşılmadan çalışmaktır.

Bu *arı şiir*de (poésie pure), bu her türlü gerçekten ayıklanmış şiirde, Baudelaire'in başkaldırısından hiçbir şey kalmamıştır; karşı çıkış sessiz bir geri çekilişe dönmüştür; Baudelaire'in o "eski kaptanı", ölümü çağırışında, hiçliğe atılışında bir yeniye ve bilinmeyene yönelme olmasına karşılık, Mallarmé'nin sanatında belli belirsiz bir hiçlik ve karmaşık süslerle karşılaşırız. Novalis'in sözünü ettiği "düş ülkesi" de gitmiş, yerini masalsı yaratıkların bile yaşayamayacağı buz soğukluğunda bir dünya almıştır. Burada sanat için sanat tam bir boşluğa yönelir. Alman romantizmindeki aynı süreç yürürlüktedir. Zaman geçtikçe olumsuz öğe daha ağır basar. *Sanat için sanat* Mallarmé'nin can veren ezgilerinde, Heredia'nın ince lirizminde ve dar bir hayranlar çevresine çekilip bayağı yığınlara karşı seçkin kişileri yücelten Stefan Georg'un soylu tiksintisinde doruğuna varır.

İzlenimcilik (Empresyonizm)

İzlenimcilik de kalıplaşmış beylik sanatın soluğunu yitirmiş gösterişçiliğine karşı bir başkaldırış, üstün sanatçıların bir saldırısıydı. Francis Jourdain *Büyük Sanatın Yirmi Yılı ya da Alıklıktan Alınacak Dersler* başlığı altında Fransa'da on dokuzuncu yüzyılın son çeyreğinde resmi olarak ödül kazanan resimleri bir araya getirdi. Jourdain bu kitaba ödül kazanmayan ve resmi çevrelerde saygı görmeyen Fransız sanatçılarının adlarını da ekledi. Liste Degas, Sisley, Pissaro, Cezanne, Monet, Renoir, Rousseau, Gauguin, Toulouse-Lautrec, Bonnard, Matisse, Rouault ve Dufy'nin adlarını kapsıyordu. Bu sanatçıların yapıtları o dönemi aştı. Akademili sanatçıların yapıtları ise – beğenilen, sayılan kişilerin yapıtları – kendini beğenmiş bir özentinin, kof bir kurumlanışın, besili bir ikiyüzlülüğün sessiz bir cehennemi olarak duruyor. Toz tutmuş tarihsel manzaraların yanında "çığır" açmış sahneler, saygı duruşunda askerler, etleri tutkal yumuşaklığında çıplak kadınlar, her gözeneğinden görevinin önemi yayılan saygıdeğer devlet adamları, esin perilerinin Moulin Rouge'dan Parnassus'a uçurdukları sakallı "değerler", nazlı peri kızları, çarmıha gerilecek berberden çıkma ermişler görülür.

Bu türden akademik sanat boş klasikliği, özünü çoktan yitirmiş eski aşırma biçimleri, ısmarlama ülkücülüğü, arada bir ustaca göğüs ve bacak gösterme, göz yaşartma yoluyla giriştiği duygu sömürücülüğüyle çökmekte olan burjuva düzeninin en iğrenç ürünlerinden biriydi. Düpedüz "esnaflıkla" düzmece bir "kibarlığın" oynaştığı bu düzende yalanlardan, boş sözlerden, klasik ve Rönesans geleneklerine ikiyüzlü övgülerden yapılan bir sanattı bu. Yalnız sanat değil her şey böyleydi: Bir pazar günü, üç renkli devrim bayrağını boynuna peşkir gibi asıp "özgürlük, eşitlik, kardeşlik" diye haykıran gerici devlet adamı ile yaşadıkları dünyanın özü konusunda halkı aldatmak için klasik sanatın biçimini ve özünü aşıran ressam arasındaki ayrılık sadece saygısızlıklarının derecesine bağlıdır. Tiziano ile Racine'i birer "kalıpçı" durumuna düşüren, "güzel" ve "eşsiz" kavramları dudaklarından ve resimlerinden eksilmeyen, durmadan başkalarının "yozlaşma"sına karşı kükreyen bu akademi aslanlarının gerçekte kendileri en kötü, en aşağılık birer yozlaşma örneğiydiler. Çünkü düzeni bozulmuş bir dünyada, her şey yolundaymış gibi davranmak, yapacak başka şey yokmuş gibi, eskilerin bir zamanlar yaratıcılıklarının olanca gücüyle dile getirdikleri çağlarının gerçek yaşantılarını süsleyerek yeniden söylemek, yozlaşmanın ta kendisidir. İşte bu göğsü madalyalı, gizli yerleri defne dallarıyla örtülü sanat kalpazanlığına karşı bir başkaldırmaydı izlenimcilik. Daha sonraları Paris Komünü hareketine katılacak olan Courbet kendisine verilen "Legion d'honneour" nişanını geri çevirmek için Güzel Sanatlar Bakanına o onurlu mektubu yazarken sanki bir başlangıç notası çalınıyordu.

> Hiçbir zaman, hiçbir durumda bunu kabul edemezdim. Hainliğin her yanda çoğaldığı, çıkarcılığın herkesi böylesine sardığı bir günde ise hiç kabul edemem... Bu onuru bana bağışlayanın hükümet eli olması da bir sanatçı olarak içimi rahatlatmıyor. Sanat konularında devleti yetkili görmüyorum.

Courbet mektupta daha sonra sanatın "resmi saygıdeğerliğe ve kısır bir ılımlılığa" itilmesinin öldürücü bir etkisi olacağını söylüyor. Resmi, akademik sanata savaş açmaktı bu. "Resmi saygıdeğerliğe karşı çıkan; köylülerin, işçilerin, kırların, meyvelerin ve çiçeklerin resimlerini canlı bir doğallıkla yapan, fırçasını mala gibi kullanan Courbet izlenimci değildi, ama müze duvarından doğaya, insanların arasına, ışık ve rengin tazeliğine atlaması izlenimcilere bir örnek oldu. Cézanne şunları söylüyordu Courbet için:

> Bir duvarcı. Kaba ama becerikli bir sıvacı. Renk öğütücüsü... Onu gölgeleyebilecek kimse yok bu yüzyılda. Kollarını sıvayıp şapkasını kulağı üstüne eğdi mi, Vendôme sütununu devirebilir; eski ustaların gücü var fırçasında... Anlamlı, dingin, iyi yürekli. Öyle çıplakları var ki, olgun başaklar gibi sapsarı: Bayılıyorum o çıplaklara. Başakların kokusu var renklerinde... O kızlar! Bir atılış, bir soluk, mutlu bir gevşeklik, Manet'nin *Kır Yemeği*'nde bize veremediği bir dinlenme var.

Bir doğa ve halk ressamıydı Courbet. Ondan sonra gelen İzlenimciler de yeni gerçekleri araştırdılar, resimlerinde kendi çağlarının insanlarını ve nesnelerini gösterme kaygısını duydular. Baudelaire'in, daha sonra da Zola'nın arkadaşı olan Manet, Paris valisine, belediye sarayındaki toplantı odalarının duvarlarını tarihsel, akademik resimlerin değil, pazar yerleri, tren istasyonları, Seine üzerindeki köprüleri, insan dolu parklarıyla yeni bir çağı gösteren resimlerin süslemesi gerektiğini söyledi. Edebiyat alanındaki çağdaşı doğalcılık *(natüralizm)* gibi izlenimcilik de gözlerini yaşanan güne çevirdi, günlük yaşayışa karışan şeyleri, çirkin de olsalar, ürkmeden ele aldı. Manet bu tutumu şöyle açıklıyordu:

> "Kusursuz yapıtlara bakın," demiyor bugünün ressamı. "İçten yapıtlara bakın," diyor. Ressam sadece izlenimini res-

mine geçirmekle yetinse bile, resimlere bir başkaldırma niteliği kazandıran, işte bu içtenliktir.

Manet'nin daha sonra söylediğine göre kendisi herhangi bir şeye karşı çıkmak için işe başlamamış ama akademililerin ve onların yozlaştırdığı halkın sert tepkisi onu böyle bir bağnazlığa karşı çıkmaya zorlamış. 1874'de, Claude Monet *Soleil Levant Impression* (Doğan Güneş İzlenim) adını verdiği bir resmini sergilemiş Salon des Refusés'de. "İzlenimcilik" adı alıkça bir öfke gürültüsü koparan bu resimden geliyor. Yeni akımın başkaldırıcı özelliği açıkça ortadaydı.

Ne var ki, izlenimcilik de iki yanlı bir olaydı, anlayışı yeteneğine eş olan bu yeni akımı doruğuna, sonra da sonuna ulaştıran Cézanne bu iç çelişmeyi sezmişti. Eski ustalar üstüne şöyle diyordu:

> Ayrıntıya hayranlıkla bakmak onların ellerinden geliyor. Resmin geri kalan yanı hep izler sizi, hep kalır. Hangi ayrıntıyı incelerseniz inceleyin sanki resmin bütün havasını kafanızda duyarsınız. Hiçbir parçayı ayıramazsınız bütünden... Bizim gibi yama yama resimler yapmıyordu onlar...

Delacroix'nın *Cezayirli Kadınlar*'ına bakarken de, Cézanne, "Hepimiz şu Delacroix denen adamın içindeyiz işte!.. Her şey birbirine bağlı, bir bütünün parçası olarak işlenmiş," demişti. Artık bir bütün değil de, yalnız yama yama işlenen konular: Yalnız sanatta değil, toplum gerçeklerinde de o büyük birliğin yitirildiğini anlamıştı Cézanne. Devrim ateşi daha sönmeyen, romantik acıma duygusu güçlüklerle boğuşan insanlığa olan yakınlığını dile getiren Delacroix, Rönesans'a özgü o tüm insan kavramının özgün bir biçim ve büyük bir heyecanla belirdiği son ressamdı. Baudelaire şöyle diyordu onun için:

> Delacroix'nın başarısı kimi zaman insanın yüceliğini ve doğal tutkusunu bir çeşit hatırlama sanatı olarak görünüyor

bana... İyi bir resim, onu yaratan görüşten şaşmayan bir resim, bir dünya gibi konmalıdır ortaya... Delacroix'nın dehasının başlıca özelliği yozlaşmadan kesinlikle uzak oluşu, yalnız ilerlemeyi göstermesidir. Eugéne Delacroix başlangıçtaki devrimciliğini hiç yitirmemiştir.

Baudelaire daha sonra Delacroix'yı aydınlanma, devrim ve romantizmin sıkı sıkıya birbirine bağlı olduğu; tutkuyla usun, bireysel onurla toplumsal bilincin, duygusal sıcaklıkla biçim kesinliğinin gerilim dolu bir birlik yarattığı Stendhal ile karşılaştırıyor. Bu birlik Delacroix'dan sonra yitirilir ve Cézanne'ın sözünü ettiği "yamalı" sanat parçalanmış bir dünyayı yansıtır. Yeni İzlenimci ilkeyi sık sık açıklamıştır Cézanne:

> Sanatçı sadece bir duyusal algıları kaydetme aracıdır... Kuram değil! Yapıtlar... Kuramlar soysuzlaştırır kişiyi... Titreyen bir kaosuz biz. İşleyeceğim konuyla karşı karşıya geliyorum, dalıp kendimi yitiriyorum... Doğa herkese konuşuyor. Yazık! Daha hiç resmi yapılmadı kırların. İnsan hiç ortada olmamalı, o kır görünümünde özümlenmeli. O büyük Budist buluşu, Nirvana, tutkusuz, hikâyesiz, renksiz avuntu!.. Ne demek izlenimcilik? Renklerin görsel karışımı, anlıyor musunuz? Renkleri resimde birbirinden ayırıp sonra yeniden birleştirmek... Biliyor musunuz, bir resim için edebiyata bulaşmak kadar tehlikeli bir şey yoktur. [Ama Delacroix büyük bir tutkuyla "bulaşmıştı" edebiyata!] Bir resim hiçbir şeyi betimlemez, hiç değilse başlangıçta, renklerden başka hiçbir şeyi betimlememeli. [bk. Mallarmé: "Şiiri düşünceler değil, sözcükler ortaya çıkarır."]

İzlenimcilik, dünyayı ışık içinde eriterek, onu renklere bölerek, birtakım duyusal algılarmış gibi kaydederek çok kısa süreli bir özne-nesne ilişkisinin dile getirilmesi oldu. Yalnızlığına kapanan birey, kendi içine dönerek, dünyayı birtakım sinir uyarıcıları, duyuşları, titreşen bir karışıklık, "benim" yaşantım, "benim" duyuşum olarak algılar. Resimde izlenimcilik, felsefede Olguculuğun karşılığıdır. Olguculuk da dünyanın, bireyin duyuları dışında var olan nesnel bir gerçeklik değil de, sadece "benim" yaşantım, "benim" duyuşum olmasını öngörür. İzlenimciliğin başkaldırma öğesine başka bir öğe, kuşkucu, kaçak, savaşçı olmayan bir bireycilik öğesi, karşı çıkar. Yalnız izlenimleriyle ilgilenen, dünyayı değiştirme kaygısı olmayan, bir kan damlasını sadece bir renk lekesi, bir bayrağı sadece buğday tarlasında açmış bir gelincik sayan bir gözlemcinin tutumudur bu.

İşte bu yüzden izlenimcilik, dünyanın parçalandığını, insansızlaştığını gösteren bir çökme belirtisiydi bir bakıma. Ama aynı zamanda, burjuva kapitalizminin 1871-1914 arasındaki uzun "kapalı dönemi"nde burjuva sanatının parlak bir doruğu, altın güzü, bereketli bir hasadı, sanatçının elindeki anlatım araçlarının sınırsız bir zenginleşmesiydi. Bu çatışmanın, bu iç çelişmenin iki yüzünü de görmek zorundayız, İzlenimciliğe haksızlık etmemek için, onun hem toplumla koşullu niteliğini tanımalı hem de ölümsüz başarısı karşısında saygı duymalıyız.

Doğalcılık

Edebiyatta doğalcılık *(literary naturalism)* izlenimcilikten çok daha kesin bir karşı çıkma ve başkaldırma akımıydı, ama aynı iç çelişmeler doğalcılıkta da vardı. Zola "doğalcılık" sözünü özel ve kesin bir gerçekçilik biçimini, yazdıklarını "gerçekçi" diye öne süren iyi niyetli şaşkınlardan ayırmak için ortaya attı. Ama doğalcılığın ilk başlatıcısı *Madame Bovary*'siyle yeni akımın yolunu aydınlatan Flaubert'di. Zola şöyle diyordu Flaubert için:

> Flaubert edebiyatta yeniden yol almak için herkesin beklediği o doğru, tam gerekli olan kelimeyi bulmaya yardım etti. *Madame Bovary* öyle açık seçik, öyle yetkin bir ro-

man ki, bu sanat biçimi için belli bir örnek, bir ana örnek olarak ortaya çıkıyor.

Güzelliğe Baudelaire kadar tutkun olan ve bu romanın konusunu kendisi için bir işkence sayan Flaubert'in, küçük burjuvaların sıkıcı, durgun taşra hayatını böylesine bir kesinlikle ve sanatçının kendini adamışlığıyla vermesi ilk bakışta şaşırtıcı gelebilir. Ama Flaubert'in aldırmazlığı da burjuva dünyasının bayağılığı, aptallığı, kötülüğüne duyduğu tiksintiyle Baudelaire'in eşsiz güzellikte şiirler yazarak burjuvaları yargılaması gibiydi. Flaubert, George Sand'a yazdığı bir mektupta, "Sanatçının, ne olursa olsun, hiçbir konuda kendi düşüncesini" açıklayamayacağını söylüyordu.

> Tanrı hiç düşüncesini açıklamış mıdır?.. Önemli sanatın bilimsel olduğuna, kişisel olmadığına inanıyorum... Ne sevgi, ne nefret, ne acıma ne de öfke istiyorum. Sanata doğruluğu getirmenin zamanı gelmedi mi? Böyle olsa, betimlemenin tarafsızlığı yasanın yüceliğine eşit olurdu.

Ne var ki, bu görünüşteki tarafsızlık sağı, solu, dükkâncısı, işçisiyle bütün olarak burjuva toplumuna karşı duyulan sınırsız bir tiksintiden öteye gitmiyordu. Sonuç insanlar karşısında, insanlık karşısında tam bir düş kırıklığıydı.

> İnsanlığın değişmez barbarlığı karamsarlık içinde bırakıyor beni. Çağdaşlarıma duyduğum yoğun tiksinti beni geçmişe itiyor.

Kalan şu oluyor sonunda:

> Bir sanatçı için yapacak tek şey var: Sanat için her şeyden vazgeçmek. Sanatçı hayatı sadece bir araç olarak görmeli, önce de kendisini gözden çıkarmalı... Yeryüzünün sınırları var ama insanların budalalığı uçsuz bucaksız.

Bu tutumun sonucu, *Madame Bovary*'nin umutsuzluğu, sonsuz yılgınlığıdır: Bu durumdan Emma Bovary romantik isterinin düş ülkesine kaçmak ister ama çevresi onu salıvermez ve acımasız bir özenle boğar. Bu başarılı ve uzlaşmasız roman doğalcılığın ilk örneğidir.

Zola da "bilimsel roman" anlayışını benimsedi, yalnız "dünyanın tam bir soğukkanlılıkla ele alınması" gerekmediğini "gerçekte alınamayacağını" ileri sürdü. "Yüzyılımız bilim yüzyılıdır," diyordu Zola. Yazar "Darwin'in, Claude Bernard'ın buluşlarını" uygulamak zorundadır: "Türlerin başlangıcı öğretisi, çevrenin belirleyen etkisi yasası..." Marx ile Engels'i bilmiyordu, bu yüzden sınıf çatışmasından ya da toplumsal gelişme eğilimlerinden haberi yoktu; sadece önceden belirli bir alınyazısından kurtulamayan, soyaçekime ve çevreye bağlı, edilgin bir canlı yaratık olarak insanı biliyordu. İnsan onun için var olan koşulların öznesi olmaktan çok bir nesnesiydi. "Arı şiir"in temsilcisi Mallarmé'nin onun *Katil* adlı romanını ve Zola'nın bu romanda kişisellikten uzaklaşmasını beğenmesi oldukça ilginçtir. Mallarmé bu konudaki sözlerini şöyle bitiriyor: "Doğrunun herkesçe güzelin anlatımı sayıldığı bir çağda yaşıyoruz." Doğalcılıkla *sanat için sanat* arasında aşırı bir karşıtlık olmasına rağmen, ikisi arasında gizli bir ilişki de bulup çıkarılabilir.

Toplumsal yoksulluğu tam bir acımasızlıkla ortaya çıkaran, İkinci İmparatorluğu en gizli köşelerine kadar göz önüne seren Zola yıllar boyunca bunlardan siyasal sonuçlar çıkarmaktan kaçındı.

> Daha yeni yeni inceleme düzeyine vardık, bileşime varmamıza daha çok zaman ister... Böyle bir işe girişmek yasacılara düşer; düşünüp durumu onlar düzeltsin. Benimle hiçbir ilgisi yok bu işin.

Ancak çok sonra, Dreyfus duruşması ve ünlü *J'Accuse*'ünden sonra, Zola'nın tutumu değişti ve "Bugünün gerçeklerinin ayrıntılarıyla incelenmesinin ardından yarının gelişmesine bir göz atma gerekir," diyebildi ve toplumcu gerçekçilik gibi köklü bir öğretinin haberciliğini yaptı. Ancak, toplumculuğun gerekliliğini gördükten sonra defterine şunları yazdı:

> Burjuva sınıfı kapitalist ayrıcalıklarını korumak ve kendini yönetici sınıf olarak sürdürmek için devrimci geçmişinden uzaklaşmış oluyor. Yönetimi ele geçirdikten sonra onu halka aktarmaya istekli görünmüyor. Burjuva sınıfının böylece fosilleşmesi gerekiyor. Gericiliğin, dinciliğin, ordunun yandaşı oluyor. Burjuva sınıfının işinin bitmiş olmadığını yeniden söylemem gerekir; bu sınıf gücünü ve zenginliğini korumak için gericilerin yanına geçmiştir. Bütün umut, halktan yana olan, yarının güçlerindedir.

Bütün bunları – burjuva sınıfının yozlaşmasını, halkın yoksulluğunu, emekçi sınıfın direnişini – Zola romanlarında bir çözüm umudu olmadan, silkip atılması gereken bir karabasan gibi anlattı. İşte doğalcılığın güçlü ve zayıf yanları korkunç toplumsal koşulların bu "nesnel" betimlenişinde ve bu koşulların değişebileceğini göstermeme direnişindedir. İkiliği burada ortaya çıkmaktadır. Belli bir süreden sonra doğalcılığın ya kendini aşarak toplumculuğa dönüşmeye ya da kaderciliğe, simgeciliğe, gizemciliğe, dinciliğe ve tepkiciliğe dönüşüp ortadan kalkmaya karar vermesi gerekir. Zola birinci yolu seçti; arkadaşlarından pek çoğu da ikinci yolu. Komün hareketi karşısında korkudan neredeyse aklını kaçıran Taine "saygıdeğer" dinci sanatın sözcüsü oldu. Huysmans, önce hastalıklı bir dünyaya sonra da Katolik kilisesinin kucağına sığındı. Paul Bourget duygulu bir Hıristiyanlığın alacakaranlığına çekildi. Ibsen ile Gerhard Hauptmann'ın da simgeciliği ve gizemciliği benimsediklerini, Strindberg'in ise yeni romantizme ve aşırı, boş inanlara kapıldığını düşünürsek, doğalcılığın karmaşık sorunlarını ve oldukça belirsiz durumunu daha iyi anlarız. Bu durumdan şu ya da bu yöne, ileri ya da geri gidilebilir.

Simgecilik ve Gizemcilik

Doğalcılık simgeciliğe (sembolizm) ve gizemciliğe (mistisizm) dönüştüğü zaman bunun toplumsal nedenleri vardı, fakat aynı zamanda kendi yöntemi ile de belirlenmişti bu değişme. Burjuva dünyasındaki bütün düşünsel ve sanatsal başkaldırışlarda devrimci bir hareketin – sadece bir karşı çıkış hareketinin değil – yığınları etkilediği, yani sınıfların eyleme geçtiği, bir karar zamanıyla karşılaşılır. Fransız Devrimi, 1848 Devrimi ve Paris Komünü hareketi politikada olduğu gibi edebiyatta ve sanatta da birer dönüm noktasıydı. Sanatçılar her keresinde yan tutmak, ilericileri ya da gericileri desteklemek zorunda kalıyorlardı. İlk emekçi devriminin, Paris Komünü'nün önderliğinde işçi sınıfının, geçici de olsa, yönetimi ilk ele geçirişinin kalıcı etkileri oldu. Burjuva sınıfının ürküye kapılması terazinin bir kefesinde yaşlı Hippolyte Taine'i, öbür kefesinde ise Komünün üzerinde unutulmaz irkilti yarattığı genç Friedrich Nietzsche'yi etkiledi. Emekçi sınıfı daha kesinlikle öne çıktıkça, çelişmelerle kendini baltalayan burjuva sınıfı *içindeki* başkaldırmalarla yetinmek de o denli güçleşti. Sınıf çatışması ise aydın başkaldırıcıların bir seçme zorunluğunu daha açıkça ortaya koydu. Ya emekçi sınıfla birleşmeleri gerekiyordu ya tepkiciliğe katılmaları; üçüncü yol aldatıcı bir yoldu – toplumsal nihilizmin sözde bağımsızlığını seçmekle aslında geleceğin güçlerine karşı kurulu düzeni desteklemiş oluyorlardı.

Doğalcılık toplumsal koşulları "bilimsel nesnellik"le ele aldığına inanıyordu. Fakat bu "nesnellik" aldatıcıydı. İzlenimcilik gibi, doğalcılık da bu koşulları geçmişle gelecek arasında bir çatışma olarak değil de değişmez bir yaşanan zaman olarak, diyalektik çerçevesi içinde değil de, zaman içinde belirli bir an olarak görüyordu. Taine daha ilerici olduğu günlerde, genç Zola'ya şunları yazıyordu:

> Kendini bir boşluğa kapar da, okura bir canavarın, bir delinin ya da hastalıklı bir zavallının umutsuz hikâyesini an-

latırsan, ancak okuru yadırgatmayı başarırsın... Gerçek sanatçının bütün yapıyı anlamasına yardım edecek geniş bilgisi ve üstün bir davranışı olması gerekir. Günümüzün yazarları konularını sınırlayıp derinlemesine işliyorlar, kendilerini dünyaya kapıyorlar ve gözlerini bütüne çevirecekleri yerde tek tek parçalar üzerinde ayrıntılı incelemeler yapıyorlar.

Cézanne'ın da belirttiği gibi sanatçı "bütünü" yitirmişti. Doğalcılık için gerçeklikte bir öncelik sırası yoktu; önemsiz bir ayrıntı ile belirgin bir özellik aynı dikkatle ele alınıyordu. Önemli bir konuşma ya da olayla bir arı vızıltısı ya da yumurta satan bir kadının odaya girerek o konuşmaya ya da olaya ara vermesi eşit ölçüde "gerçek", bu yüzden de eşit ölçüde önemli sayılıyordu. Koşulların böyle bir fotoğraf gibi, diyalektik değil de duruk bir biçimde, kâğıt üzerine geçirilmesi bir anlamsızlık duygusu, boğucu, umut kırıcı bir edilginlik havası yaratıyordu. Bir bakıma doğalcılık daha sonra sanatta çarpıcı bir anlatımla ortaya çıkacak olan insansızlaşmanın – kapitalist üretimin insanlıkdışı yasalarıyla tüm güçlü olan şeylere umutsuzca boyun eğmenin – habercilığini yapıyordu. Doğalcılık kapitalist burjuva dünyasının parçalanışını, çirkinliğini, yüzeye çıkan pisliğini açıklıyor, ama daha ileri ve derine gidip bu dünyayı değiştirmeye ve toplumculuğu kurmaya hazırlanan güçleri tanımıyordu.

Doğalcı yazar bu yüzden burjuva dünyasının bölük pörçük bayağılığından ötesini göremiyor – toplumculuğa yönelmedikçe de – simgeciliği ve gizemciliği benimsemek, gizli bütünü ve hayatın anlamını toplum gerçeklerinin gerisinde ve ötesinde arama isteğine boyun eğmek zorunda kalıyordu.

Yabancılaşma

"Yabancılaşma" kavramını ilk kullanan Jean-Jacques Rousseau olmuştur. Calvinci Cenevre Cumhuriyetinde gördüklerinden bir halkın milletvekilleriyle temsil edilince kendi toplu yaşayışına yabancılaştığı, halk olmaktan çıktığı sonucuna varmıştı. Topluluk bir hükümetin aracı olabilirdi ama hiçbir zaman ortak istemin aracı olamazdı. Olunca devlet içinde kendine yabancılaşmak zorunda kalırdı.

> Halk... milletvekilleriyle temsil edilemez. Egemenlik... temsil edilemez; daha çok genel oyun elindedir egemenlik, ve temsil edilme olanağı vermez; ya aynıdır ya da değildir; ikisi ortası bir yol yoktur. [*Toplum Sözleşmesi*].

Ne var ki, koşullar çok karmaşıklaşmış, devletler çok genişlemişti; devlet gücünün bölünmesi ve "halkın temsili" varsayımı bu yüzden bir yana bırakılamaz ama bu da yabancılaşmayı, gücün yoğunlaşmasını, özgürlüğün ve demokrasinin yitirilmesini doğurur.

Hegel ve genç Marx yabancılaşma kavramını felsefe açısından geliştirdiler. İnsanın yabancılaşması çalışma ve üretim yüzünden doğadan ayrılmasıyla başlar. İnsan çalışarak, "kendi bilincinde olduğu gibi yalnız düşünsel açıdan değil, gerçek hayatında da kendini iki yanlı yapar ve kendini kendi yarattığı bir dünya içinde düşünür..." (Karl Marx). İnsan, doğayı ve çevresindeki bütün dünyayı üstünlüğü altına alma ve değiştirme olanağı arttıkça, kendini, yaptığı işte gitgide bir yabancı olarak görür, kendi emeğinin ürünü olan nesnelerle çevrili olduğunu, bu nesnelerin de artık onun denetinden çıkma, kendi başlarına buyruk olma eğiliminde olduklarını anlar.

İnsanlar çalışma süreci içinde ve emeklerinin ürünlerinde kendilerini bulmak ve kendilerini üretimlerinin kölesi değil de efendisi yapabilecek toplumsal koşulları yaratmak için, insanın gelişmesinde gerekli olan bu yabancılaşmayı durmadan yenmek zorundadırlar. Yaratıcı bir el sanatçısı işine bir yakınlık, ortaya çıkardığı ürüne kişisel bir bağ duyar. Oysa endüstri üretimindeki işbölümüyle bu olanak ortadan kalkar. Ücretli işçinin, "yabancılaşma"ya karşı kullanabileceği işiyle ya da kendisiyle kurduğu bir birlik duygusu olamaz. Bu işçinin kendi emeğinin ürününe karşı tutumu, kendi üzerinde üstünlük kuran yabancı bir nesne karşısındaki tutumdur. Kendisi üretim işinde kişiliğini yitirmiş, yaptığı şeye ve kendisine yabancılaşmıştır. Bu, Marx'ın dediği gibi,

> boyun eğmek olan bir canlılık, güçsüzlük olan bir güçlülük, kısırlık olan bir üretim, işçinin *kendi* kol ve kafa gücünün, kişisel yaşayışının – yaşayış da çalışmaktan başka bir şey olmadığına göre – kendine karşı dönmesi, kendi dışında bir etkinlik kazanmasıdır.

İlkel toplumsal koşullarda, sözgelimi, ortaçağların başındaki doğal ekonomide, halk arasındaki toplumsal ilişkiler (toprak sahibi ile köylü, alıcı ile el sanatçısı, vb.) kendi *kişisel* ilişkileri olarak görünür. Meta üreten gelişmiş bir toplumda ise bunlar nesneler, yani emek ürünleri arasındaki toplumsal ilişkiler olarak gizlenir. Bir el sanatçısı belli bir nesneyi belli bir alıcı için yapar. Oysa bir fabrika sahibinin gözünde fabrikasının kimin için ne yaptığı önemli değildir; onun için her ürün sadece bir kazanç aracıdır. Ticaretle uğraşanlar bütün bütüne yabancılaşmışlardır birbirlerine; piyasaya sürülen ürün de onu piyasaya sürene bütün bütüne yabancılaşmıştır. Bertolt Brecht *Die Massnahme* oyunundaki "Tüccarın Türküsü"yle açıkça belirtiyor bu noktayı:

> Ben nereden bileyim pirincin ne olduğunu?
> Bilen kimdir, ben nereden bileyim?
> Hiç bilmiyorum pirincin ne olduğunu.
> Pirinç kaça satılır, bir onu biliyorum.

Fiyat dalgalanmalarından, borsa fiyatlarından söz ederiz, böylece nesnelerin insanlıkdışı, kendi başına buyruk hareketlerini, bir akarsu tahta parçalarını nasıl alıp götürürse, nesnelerin de insanları öyle sürükleyen hareketlerini tanımış oluruz. Meta üretimi ile yönetilen bir dünyada ürün, üreteni denetler ve nesneler insanlar üzerinde bir üstünlük kurar. Nesneler uzun gölgeleri olan garip şeylere döner, "kader" ve *daemon ex machina* (makineden çıkan ifrit) olurlar.

Sanayileşmiş toplum yalnız toplumsal ilişkilerin bu nesnelleşmesiyle değil, aynı zamanda işbölümünün ve uzmanlaşmanın artmasıyla da kendini belirler. Çalıştıkça parçalanır insan. Bütünle olan bağı kopar; bir araç, büyük bir makinenin küçük bir parçası olur. Bu işbölümü insanın önemini azaltırken, görüş açısını da daraltır; çalışma süreci ne kadar iyi düzenlenirse, bireyin yaptığı işten o kadar az ustalık beklenir ve kendisinin bütüne yabancılaşması o ölçüde derin olur. Terentius'un *"Nihil humanum mihi alienum est"* (insanla ilgili hiçbir şey bana yabancı değildir) sözü tersine döner ve üretimdeki aşırı büyüme kişiliğin sınırlanmasıyla sonuçlanır.

İnsanların yabancılaşmasını kendinden önceki sanatçıların hepsinden daha çok duyan Franz Kafka, bir konuşma sırasında Janouch'a "Taylorizm" üstüne şöyle der (Taylorizm, işçinin zincirleme üretim düzeni içinde bir makine parçası haline gelmesini ve böylece bütünüyle değişmesini öngören bir sistemdir): "Yalnız çalışmayı değil, her şeyden önce onun bir öğesi olan insanı bozar ve aşağı görür Taylorizm. Bu ölçüde Taylorlaştırılmış bir hayat, özlenen zenginlik ve kazancı değil, ancak açlığı ve yoksulluğu getiren bir beladır. İşte ilerleme sana..." "Dünyanın sonuna doğru bir ilerleme," der Janouch. Kafka başını sallar, "Hiç değilse bu kesin olsa!" der. "Ama kesin değil... Hayatın üretim kayışı alıp kimsenin bilmediği bir yöne sürüklüyor seni. İnsan artık yaşayan bir varlık değil, bir nesne, bir şey."

İnsan kendi özel bilgisi ve uzmanlığıyla – bir ayrıntı olarak yaşamasıyla – her gün biraz daha ezilip silinmekle kalmıyor, çevresindeki toplumsal ilişkiler ve koşullar da daha güç anlaşılır bir nitelik kazanıyordu. Robert Musil, *Niteliksiz Adam* adlı romanında şöyle diyordu:

> İnsanların birlikte yaşamaları öylesine yaygınlaştı, öylesine yoğunlaştı, ilişkileri öylesine arapsaçına döndü ki, artık kimsenin gözü ve sezgisi belli genişlikte bir alanı kavramaya yetmiyor; artık herkes kendi uğraşının o en dar çemberinin dışında, bir çocuk gibi başkalarına bağlı olmak zorunda. Bu bağımlı varlığın aklı hiçbir zaman, her şeyi yönettiği bugünkü kadar sınırlı olmamıştır.

Musil, Rousseau ile ilgili olarak şunları söylüyordu:

> O büyük, bölünmez hayat gücü korunmalı... Bu bütünlüğü sayısız parçalara bölme eğilimi, emeği toplumsal ve ruhsal diye ayırma eğilimi, ruh için en büyük tehlikedir.

"Niteliksiz adam" Ulrich, eskiden insanın bir kişi olma konusunda içinin bugünkünden daha rahat olduğunu söyler. Günümüzdeki "sorumluluk duygusunun ağırlık merkezini insanda değil, nesneler arasındaki ilişkilerde" görür. Başka bir yerde de şöyle sözler eder: "İçimizdeki o çoraklık, ayrıntı düşkünlüğü ve bütün karşısındaki aldırışsızlığın o ürkütücü karışımı, bir ayrıntı çölünde insanoğlunun alabildiğine başıboş bırakılmışlığı..."

Her şeyi belli belirsiz bir adsızlık kaplar. Büyük ortaklıkların ve örgütlerin kısaltılmış adları anlaşılmaz bir gücün kullandığı hiyerogliflerin etkisini bırakır insanın üstünde. Birey, gücü ve büyüklüğüyle ona bir yetersizlik duygusu veren büyük, anlaşılmaz, insanlıkdışı makinelerle karşı karşıya kalır. Kim karar verir? Kimin sözü geçer? Hakkını aramak, yardım istemek için kime başvurmak gerekir? Kafka'nın *Dava* ve *Şato* gibi büyük yapıtlarında durmadan sorulan sorulardır bunlar. Kim oldukları, ne yaptıkları bilinmeyen birtakım güçlü kişiler Joseph K.'yı çağırır, yargılar, ölüm kararı verip bu kararı yerine getirirler. K.'nın boşuna varmaya çalışıp da bir türlü varamadığı şatonun sahibi Kont West-West'in kırtasiyeciliği hiç anlaşılır gibi değildir. Kırtasiyeci için hiçbir insan ilişkisi yoktur, sadece dosyalar, yan nesneler vardır. İnsanın kendisi de bir dosyaya döner. Ölüler dosya numaralarıyla belirlenir. İnsan doğrudan doğruya çağrıldığı zaman bile, bir "kişi" değil, bir "dava"dır.

Dava'da Avukat, K.'ya ilk savunmanın mahkemede okunmadığını, sadece dosyalandığını açıklar. Bu savunma daha sonra incelenecektir,

> ama ne yazık ki, birçok davalarda bu bile yapılmaz, ilk savunma ya yanlış bir yere konur, ya kaybolur ya da sonuna kadar korunsa bile, okunmadan geçilir; bu, Avukatın da kabul ettiği gibi, sadece bir söylentiydi. Tutanaklar yalnız halktan değil, sanıktan da gizli tutuluyordu...

Tutanaklar küçük memurlardan da gizli tutuluyordu, öyle ki bu adamlar işlemleriyle baştan sona kadar uğraştıkları davaların ne olduklarını izleyemiyorlardı bile. "En önemli olan şey Avukat'ın kişisel ilişkileriydi; savunmanın başlıca dayanağı onlardı."

"Dava" konusu olan kimse düzenin ancak küçük memurlarıyla yüz yüze gelebilir; yüksek memurlar erişilmez bir uzaklık ve aşılmaz bir gizlilik içindedirler. *Şato*'daki Klamm gibi önemli bir görevli hiç ortaya çıkmaz. Onun hizmetinde çalışan Barnabas, Klamm'la konuşup konuşmadığını hiçbir zaman bilemez. "Klamm'la konuşuyor ama gerçekten Klamm mı konuştuğu? Yoksa biraz Klamm'a benzeyen biri mi?" Bilmeden "belirsiz bir kurala karşı gelip işinden olmaktan korktuğu için soramaz Barnabas." Şato'nun yabancıyı gözlemek için gönderdiği "yardımcılar" gibi küçük görevliler, yalnız görevleri için ortada görünürler; onun dışında bir kişilikleri, bir varlıkları yoktur. K. onların yüzlerini karşılaştırır:

> "Peki sizi nasıl ayırt edeceğim birbirinizden? Aranızdaki tek ayrılık adlarınız, yoksa ikiniz de..." Sustu, sonra isteksizce devam etti sözüne, "ikiniz de yılan gibisiniz."

Salt görevdir bu yardımcılar, verilen işin gölgeleri, geride beliren korkunç gizli bir kuvvetin uşaklarıdır. "Dava" aşılmaz bir karanlık içinde karara bağlanır.

Bireyin – daha başlangıçta ezici çarkla karşılaşır karşılaşmaz, neyle suçlandığını, suçunun ne olduğunu bilmeden sanık sayılan, suçlu sayılan bireyin – bu güçsüzlük duygusu, Habsburg Krallığında herhangi bir insana özgü bu duygu, o günden bu yana bütün kıtalara yayıldı. Büyük kararlar halkın seçtiği temsilcilerin elinden alınıp sayıca çok sınırlı bir yöneticiler kuruluna verildi. Devlet sıradan yurttaşa yabancılaştı, yurttaş da devleti "biz" diye değil de, "şu büyükler" ya da "yukardakiler" olarak düşünmeye başladı. Yurttaşın yabancılaşması politika ve politikacılar hakkında pek iyi şeyler düşünmemesiyle de ortaya çıktı. Yurttaş bütün bu işin pis, aşağılık bir iş olduğunu görüyor da, bu yolda bir şey yapılabileceğine pek inanmıyor – onu öylece kabul etmesi gerektiğini sanıyor. "Etliye, sütlüye karışmamak" kısa zamanda yaygın bir toplum görüşü oluyor. *Yurttaş*, etkin yurttaş, hızla ortadan kalkıyor. Özel hayata çekilmek günün düzeni oluyor.

Çağdaş bilimin buluşlarıyla toplumsal anlaşmadaki geriliğin çelişmesi de yabancılaşma duygusunu ayrıca besliyor. Atomun yapısı, *Quantum* ve Bağıntılık (izafiyet) kuramları üstüne elde edilen bilgiler, yeni ortaya çıkan sibernetik adlı bilim (canlı varlıklarla teknikleşen hayata bir düzen veren bilim) dünyayı sokaktaki insan için güç yaşanan bir yer yaptı. Galileo'nun, Copernicus'un ve Kepler'in buluşları ortaçağ insanı için bu kadar güçlükler yaratmamıştı. Elle tutulabilen şey tutulamaz, gözle görülebilen şey görülemez oldu; duyuların algıladığı gerçeklerin gerisinde hayal gücünü aşan ve ancak matematik formüllerle açıklanabilen uçsuz bucaksız gerçekler olduğu ortaya çıktı. Bütün biçim ve renkleriyle diri ve güçlü bir gerçeklik – Goethe'nin şair ve bilim adamı olarak gördüğü "doğa" – sonsuz bir soyutlama oldu. Sıradan insanları tedirgin eden bir dünyadır bu. Anlaşılmayanın soğuk soluğu ürpertir bu insanları. Yalnız bilim adamlarının anlayabildikleri bir dünyaya kendilerinin yabancılaştıklarını görürler.

Çok eski tılsımlı bir düşün gerçekleşmesi olan uzaya gitme olayı gibi birtakım teknik başarılar insanları büyüleyebilir. Oysa insanın çaresizlik duygusunu yoğunlaştıran, onda kıyamet korkuları yaratan da gene bu doğa güçleri üzerindeki üstünlüktür. Toplumsal bilinçle teknik başarı arasındaki çelişme gerçekten ürkütücüdür. Bir radar raporunun yanlış okunması, önemsiz bir teknikerin yapacağı ufak bir yanlışlık dünyanın yıkımıyla sonuçlanabilir. İnsanlık kimse istemeden de ortadan kalkabilir.

Yabancılaşmanın yirminci yüzyıl sanatında ve edebiyatında belirli bir etkisi olmuştur. Kafka'nın önemli yapıtlarını, Schönberg'in müziğini, gerçeküstücüleri, birçok soyut sanatçıyı, "anti-romancıları", "anti-oyun yazarlarını", Samuel Beckett'in ürpertici güldürülerini, Amerikan "beatnik"lerinin şiirlerini etkilemiştir. Bu şiirlerden biri şöyle başlar:

Şimdi şunu dinle
  kendin kullanabileceğin bir karın deşme aygıtı
    hidrojen serpintisi
görülmemiş ölçüde.
  Garip oğulcukların değişmesini düşün
  eli açık, sevinçli, ırkların kırımını.
Üstelik demokratik de
  alacak parçalanmış insanı
    yükselecek herkes yukarı doğru
    özgür dünyada
      herkes eşit
        o son aydınlanmada...

(Carl Forsberg: *Lines on a Tijuana John*)

Bu tam yabancılaşma duygusu giderek tam bir umutsuzluğa, yani nihilizme dönüşür.

Nihilizm

Yozlaşmanın anlamını en iyi bilenlerden biri olan Nietzsche, nihilizmin yozlaşmanın önemli bir niteliği olduğunu da gördü.

"Nihilizmin doğuşunu" dünyaya bildirdi: "Avrupa kültürümüz bütünüyle, yıldan yıla artan çapraşık bir gerilimle nice zamandır yıkıma doğru tedirginlik içinde hızla ilerliyor..." İçine "atıldığımız" zamanı da şöyle betimliyordu (kişinin yaşadığı zamana atılması düşüncesi daha sonra varoluşçuluğun ele alacağı sorunlardan biri olacaktır):

> ... büyük iç yozlaşma ve çözülmelerle dolu bir zaman... Kesin nihilizm demek varoluşun kesin olarak hiçbir anlamı olmadığına inanmak demektir. Nihilizm bir geçiş dönemi hastalığıdır (o aşırı genelleme, *hiçbir anlamı yoktur*, sonucu açıkça bir sapıklıktır): Üretici güçler şimdilik yeterli olmasa bile – yozlaşma şimdilik duraklasa, yardımcı araçlarını daha bulmamış olsa bile... Nihilizm bir neden değil, yozlaşmanın mantıksal sonucudur olsa olsa.

Burada nihilizm açıkça yozlaşmanın bir sonucu, bir açıklanışı olarak tanımlanıyor. Oysa, toplumsal diyalektiğe kör olan Nietzsche aşınmış kapitalizmle olan ilişkiyi göremiyordu. Flaubert'de belirtileri görülen nihilizm çağdaş burjuva dünyasındaki birçok sanatçı ve yazarın gerçek tutumuydu. Yalnız şunu da unutmamalıyız ki, bu tutum pek çok tedirgin aydının haksız koşullarla uzlaşmasına yardım etmiş, kesin niteliğiyle çoğu zaman sadece gösterişçi bir fırsatçılık olarak belirmiştir. Nihilist yazar bize: "Kapitalist burjuva dünyası aşağılıktır," der. "Bunu acımadan söylüyorum, düşüncelerime doğurabilecekleri en aşırı sonuçları göze alacak kadar bağlıyım. Sınırı yoktur bu barbarlığın. Bu dünyada uğrunda yaşanmaya değer, insanlığa layık bir şey vardır, diyen varsa, ya delidir ya da dolandırıcı. Bütün insanlar alık ve kötüdür, ezenler de, ezilenler de, özgürlük için savaşanlar da, zorbalar da. Bunu söylemek için yürek ister." Şimdi de Gottfried Benn'in gerçekten yazmış olduğu sözlerle devam ediyorum:

> Güçlü kuvvetli, sağlam bir insanın, insanlığa dönüp, "İşte siz böylesiniz, hiçbir zaman da başka türlü olamayacaksınız; böyle yaşıyorsunuz, böyle yaşadınız ve hep böyle yaşayacaksınız," demesi belki de çok daha kökten dönüşümcü, çok daha devrimci, çok daha önemli bir davranıştır gibi geliyor bana. Paranız varsa, sağlığınızı korursunuz; dişliyseniz, yalan yere yemin etmeniz gerekmez; güçlüyseniz, işleriniz yolunda demektir. Tarih böyledir! *Ecce historia!..* Kim dayanamıyorsa bu düşünceye, kumdaki böceklerin arasında yatıyor demektir. Kim çocuklarının gözlerine bakıp da umutlu olmakla övünüyorsa, güneşi balçıkla sıvamaya kalkıyor, ulusları yurtlarından alıp götüren geceden kendini kurtaramıyordur... Bütün bu yıkımlar alınyazısının, özgürlüğün sonucu: işe yaramayan tomurcuklar, ısıtmayan yalımlar, bunların gerisinde de aşılmayan, uçsuz bucaksız Hayır.

Bu sözler herhangi bir devrim bildirisindeki sözlerden çok daha kesin – ama yönetici sınıfın böyle bir "kesinlik"e aldırdığı yoktur pek. Üstelik, devrimci kaynaşmalar sırasında böyle bir nihilizm, yönetici sınıf için vazgeçilmez bir araç, burjuva dünyasının doğrudan doğruya övülmesinden çok daha yararlı bir araç olur. Dolaysız övgüler kuşku yaratır. Oysa, nihilistin suçlamalarındaki kesinlikte bir devrimcilik yankısı vardır, böylece ayaklanmayı amaçsızlığa yöneltip edilgin bir karamsarlık doğurabilir. Yönetici sınıf ancak kendine çok güvendiği zamanlarda, özellikle bir savaşa hazırlanırken kapitalizm düşmanı bir nihilizme gösterdiği yumuşaklık hemen ortadan kalkar: Böyle zamanlarda gerçek savunucular ve "ölümsüz değerler"in sözcülerini ister. Böyle olunca da nihilist dönüşümcülük "soysuz sanat" olarak damgalanma tehlikesiyle karşı karşıya kalır.

Nihilist sanatçı gerçekte burjuva kapitalist düzenin kucağına düştüğünü, *her şeyi* suçlayıp yadsımakla dünyanın evrensel bir yoksulluğa elverişli bir yer oluşuna aldırmadığını genellikle düşünemez. Kendilerine göre içten olan bu sanatçıların çoğu için tam olarak oluşmamış şeyleri kavramaları, bunları sanata dönüştürmeleri kolay değildir. Bunun kolay olmayışının iki önemli nedeni var: Birincisi, kapitalist düzende emekçi sınıfının sömürücülük etkisinden bütünüyle kurtulamamış olması; ikincisi, kapitalizmin yalnız ekonomik ve toplumsal bir düzen olarak değil, aynı zamanda "manevi" bir tutum olarak da üstünlük kazanmasının uzun ve acı süreci, yeni düzeninse pırıl pırıl bir yetkinlikle değil de, geçmişin açtığı yaralarla gelmesi. Eski düzenin can çekişmesiyle yeni düzenin doğum sancılarını, yıkıntılarla daha tamamlanmamış yapıyı ayırt edebilmek için, gelişmiş bir toplumsal bilinç gerekmektedir. Yeniyi anlatırken onun kötü yanlarını görmezlikten gelmeden, daha kötüsü ülküleştirmeden, bütünüyle verebilmek için de aynı derecede gelişmiş bir toplumsal bilinç gerekir. Yalnız korkunç ve insana aykırı olan şey, çağın yalnız yaralı dış görünüşünü alıp onu kötülemek, doğmakta olanın özünü kavramaktan çok daha kolaydır. Çünkü bir dünyanın çöküşü, yeni bir dünyanın yorucu kuruluşundan çok daha renkli, çarpıcı ve göz boyayıcıdır. Son bir söz daha: Hiçbir sorumluluğu yoktur nihilizmin.

İnsansızlaştırma

İnsansızlaştırma, bütün biçimleriyle, çağdaş burjuva sanatının bir başka özelliğidir. Böyle bir sanatı insanlığa karşı diye tanımlamak hiç de Marxçı bir önyargı değildir; Marxçı görüşün tam karşısında olan sanat kuramcıları da aynı noktayı belirtiyor, çoğu zaman bu insansızlaştırmayı bir ilerleme belirtisi olarak alkışlıyorlar. André Malraux şöyle diyor:

> Sanat yeniden hayata dönmek istiyorsa, herhangi bir kültür düşüncesini zorla benimsetmemeli bize, çünkü "hümanizma" daha başlangıçta bir yana bırakılmalı. "Hümanist" sanat kendisini besleyen kültürün bir süsüydü; insan dışı bir sanatın ortaya çıkmasıyla... sanatçılar yaşadıkları çağın kültü-

ründen ve toplumundan kopmaları daha açıkça ortaya çıktığı için kendi sınıflarını dışarıya daha çok kapadılar.

Böyle bir yargı sanatçının yabancılaşması, toplum ve hümanizmadan üzülerek değil de, neredeyse bir iç rahatlığıyla yüz çevirmesi anlamına geliyor. Rönesans'ın ve demokrat-burjuva devriminin ilkeleri – akıl ve hümanizma, insanın "her şeyin ölçüsü", kendisinin ve gelişen toplumsal gerçeklerin yaratıcısı olması düşüncesi – geçerli sayılmayarak bir yana itiliyor. Malraux doğaüstü güçlerin dönüşümünden söz açarak şunları söylüyordu:

> Doğaüstü güçler dünyası, yani insanda insanın yok edilmesini özleyen her şey. Kilisenin, Freud'un, Bikini'nin doğaüstü güçlerinin hepsinin aynı niteliği var. Avrupa'da yeni doğaüstü güçler ortaya çıktıkça, Avrupa sanatı eski doğaüstü güçleri tanıyan eski uygarlıklardaki atalarını çok daha iyi tanımak zorundadır... Müzeler yanıp yıkıldıkça, bu müzelerde birer kader tanrısı gibi çömelmiş duran yalvaçsı putlar, kendilerine kardeş kadar yakın bir Batı'yı seyrediyorlar.

İçinde yalnız *nesnelerin* değeri olan yabancılaşmış bir dünyada, insan da nesneler arasında bir nesne olmuştur: Gerçekten, görünüşte nesnelerin en güçsüzü, en aşağılığı durumuna düşmüştür. Daha izlenimcilik döneminde ışık ve renge indirgenmiş, öbür olaylardan ayrı olmayan doğal bir olay olarak ele alınmıştır. "İnsan ortada olmamalı," diyordu Cézanne. İnsan önemini her gün biraz daha yitiriyor, ya renk lekeleri arasında bir başka leke oluyor ya da ıssız kırlarda, kimsesiz şehir sokaklarında artık hiç görünmüyordu. Bir de Gotik sanatta (ekspresyonizmin bir yönüyle beslendiği bu sanat akımında) olduğu gibi coşkunluk içinde değil de, sökülebilen bir makine parçası gibi biçim değiştiriyor, bozuluyor, teknik araçlara benzeyen bir kukla, anlamsız, doğaüstü bir *nesne* oluyordu. Kendine yabancılaşan insan, kendisini bir "fetiş", bir maske, ürkütücü bir yaratık olarak görmeye başlıyordu. Marx'ın sözünü ettiği "meta'ların fetiş niteliği" böylece insana geçiyor ve insanı baskısı altına alıyordu.

İnsansızlaşmayı, birçok eleştirmenin modern lirik şiirin başlıca özelliklerinden biri saydığı kişisizleştirmede de görüyoruz. Özne, yani şairin kişiliği, sahneden çekiliyor (bu çekilişi Flaubert bir ilke saymıştı kendine), şiir de kişisel olmayan, görünüşte "nesnel" bir nitelik kazanıyor. Ne var ki, bu nesnellik ne toplu bir yaşama düzenini, belli bir topluluğu, bir sınıfı dile getiren bir yazış oluyor ne de şair yaşayan bir topluluğun sözcülüğünü ediyor; tersine, bilincin dışında bir "ben", Freud'un "id" dediği bir "ben" buluyor ve kökü eski inançlara giden bu "id" şiirin açıkladığı olayın öznesi oluyor. Rimbaud'nun, "Benim üstünlüğüm, kalbim olmayışındandır," dediği söylenir. Rimbaud'nun şiir konusunda bir de şu sözü var:

> "Ben" bir başkasıdır. Teneke, boru olarak ses verirse, bu onun hüneri değildir. Ben düşüncemin doğmasında varımdır: Onu görürüm: Onu dinlerim: Yayımla bir dokunurum: Senfoni hemen duyulur derinden. *Düşünüyorum* demek yanlıştır. *Düşünülüyorum* demek daha doğru olur.

Kişisizleştirme, "id"e güvenerek dilsiz nesnelerin konuşturulabileceği yanılsamasına dayanır – sözgelimi Joyce'un anlaşılması güç *Finnegans Wake*'inde rüzgârın ve suyun dili olarak yarattığı dil gibi. Ne var ki, burada konuşan nesneler değil, bilincin yerine bilinçaltının çağrışımlarına güvenen, kendini nesne yerine koyan insandır. Gottfried Benn, Levy-Bruhl'un bir kuramına değiniyor. Bu kurama göre mantık öncesi düşünce çok daha derinden ve uzaklardan gelen bir düşünce olması bakımından mantıktan daha üstündür. Gottfried Benn sonra da şiir organı olarak çok eskiye uzanan ve kişinin dokunsal yapısını dile getiren bir "ben"i anıyor: "İn yükseklerden, ey Ben, birleş Her Şeyle; gelin bana siz ey büyülenenler sürüsü: Görüntüler, esrimeler, sabahın yurttaşları." Yozlaşan şair artık inanmadığı toplu yaşayış düzeni yerine her türlü şiirin gerçek kaynağı olan çok eski bir ortak inançlar düzeni uyduruyor.

Sanatta ve edebiyatta insansızlaşma sadece insanın ortadan kalkması ya da değiştirime uğramasıyla, "ben"in değerden düşmesiyle değil, kimi zaman da çok sert bir toplumsal eleştiri niteliğine bürünen insana karşı bir tutumla ortaya çıkıyor. Açık bir örnek vereyim: Amerika'daki yaygın dehşet romanları. Başarılı "olumlu kahraman"ın her türlü heyecan verici durumda üstün gelen, hiçbir ruhsal incelemeye girişmeden bol bol olaya yer veren ve bugün artık rastlanmayan kahramanlık destanlarının yerini alan dehşet romanlarının görevini burada tartışacak değilim. Bunu sadece edebiyatta insansızlaşmanın açık bir örneği olduğu için anıyorum. Korkunç Spillane'i bir yana bırakarak yeni bir dehşet romanı türü yaratan özgün bir yazarın, Dashiell Hammett'in sözünü etmek istiyorum. Hammett'in *Malta Şahini* romanının sonunda, hiçbir bakımdan ülküleştirilmemiş bir polis hafiyesi metresini adalete ve elektrik sandalyesine teslim eder. Bunu niçin yaptığını kadına büyük bir soğukkanlılıkla açıklar: Çünkü para, başarı, kendi hayatı her türlü duygudan daha değerlidir onun için. Kadın, "Artık beni sevmiyor musun?" diye sorunca, polis hafiyesi, "Bunun neye yaradığını bilmiyorum," der. "Hiç bilen var mı? Hem bilsem de ne çıkar bundan? Belki gelecek ay sevmeyeceğim... O zaman ne olacak? Enayilik ettiğimi sanacağım. Diyelim ki seni seviyorum, bu yüzden de yakalanıyorum. İşte o zaman gerçekten enayilik etmiş olacağım. Ama seni şimdi polise verirsem elbette çok üzüleceğim – ama zamanla geçecek bu." Dashiell Hammett bunda ve öbür romanlarında acımasız bir doğru sözlülükle, giderek nefret ve tiksintiyle göz önüne seriyor Amerikan kapitalizmini. Ama onun bu "işte dünya böyle" tutumu insana karşı olmayı bir başlangıç noktası olarak alıyor ve insansızlaşma sürecini bütün çıplaklığıyla, hiçbir düşünsel değerlendirme yapmadan ortaya koyuyor. Yalnız dehşet romanlarında değil, çağdaş burjuva sanatının öbür türlerinde de pek çok örneği var bunun. İnsan hiçtir. Başarı her şeydir.

Parçalanma

İnsanın ve dünyasının parçalanmasını (fragmentation) sık sık dile getirmiştir çağımızın sanatı. Artık insanda bir birlik, bir bütünlük kalmamıştır. Günümüzün Amerikan Tiyatrosu üstüne Arthur Miller'in şöyle konuştuğu söyleniyor: "Amerika'da bir gelişmenin sonuna geldiğimizi sanıyorum, çünkü her yıl durmadan kendimizi tekrar ediyoruz. Kimse de farkında değil bunun." Bir "görüş açısının daralması"ndan, "kavramada bir gevşeme"den, "bütün dünyayı sahneye getirip, büyük oyun yazarlığının her zaman amaçladığı gibi, onu sarsıp temeline oturtma gücünden yoksun oluş"dan söz ediyor Miller. "Bugün büyük ve küçük konuları, geniş ve dar görüşlü olmayı birbirinden ayıramıyorsak, bu konularla ilgili duygulardan da kurtaramıyoruz kendimizi." Bu, her şeyi "kendi gerçek boyutları içinde" görememekten ileri gelmektedir. Önemli bir yozlaşma belirtisidir bu. Eskiyle yeni dünyanın çatışmasında bütün engellere rağmen toplumculuğun gelişmesini, "dünyayı temeline oturtacak" tek önemli güç olduğunu görme yürekliliğini kendinde bulamayan bir tutumun sonucudur.

Ne var ki, bundan da önemli bir sorundur parçalanma sorunu. Parçalanma, çağdaş dünyanın büyük ölçüde makineleşmesine, uzmanlığa gitmesine, makinelerin insan üzerinde güç kazanmasına ve çoğumuzun anlamını ve işleyişini kavrayacak durumda olmadığımız büyük bir sürecin ancak çok küçük bir parçası olan işlerle uğraşmamıza sıkı sıkıya bağlıdır. Burjuva dünyasının parçalanmışlığını romantikler daha kendi çağlarında anlamışlardı bile; Heine, "Dünya ve hayat çok bölük pörçük..." diyordu. Bu bilinç, kapitalizmin ve sorunlarının gelişmesi sonunda bütün dünyanın bir parçalar kargaşası – insan ve nesne, kaldıraçlar ve eller, tekerlekler ve sinirler, günlük tekdüze yaşantılar ve uçucu duyuşlar kargaşası – olmasına kadar arttı. Bir yığın değişik ayrıntıların saldırısına uğrayan hayal gücü, bu ayrıntıları bir bütün olarak özümleyemez oldu. Modern büyük şehirlerin ilk şairleri olan Edgar Allan Poe ve Baudelaire hayal güçlerini çevrelerindeki parçalanmış gerçeklere uydurma yolunu seçtiler; dünyayı sonradan kendi bilinçlerine göre yeniden kurmak için önce kendi kafalarında parça parça ettiler. Baudelaire şöyle diyordu: "Hayal gücü yaradılışı bütünüyle parçalara ayırır; sonra kökü ruhun ta derinliklerinde olan yasalara göre parçaları bir araya getirerek bunlardan yeni bir dünya yaratır." Bu bileşik yönteme rağmen, Baudelaire'in şiiri dışta geleneksel biçimi koruyordu. Sağlam bir yapısı, uyumlu bir biçimi vardı bu şiirin. Şiirin geleneksel biçimini ve yapısını ilk sarsan, gerçekte, Rimbaud'ydu. "Fırtına," diyordu Rimbaud, "duvarlarda gedikler açar, evleri yıkar." Günlük gerçeklerden kopan yeni şiir kendine yepyeni bir dünya yarattı. *Sarhoş Gemi*'de *(Le Bateau ivre)* imgeler sel gibi akıyor, başı sonu olmayan bir ırmak, karşısına çıkan her şeyi, parçalanan gerçekleri gözden ve düşüncelerden ötelere sürüklüyordu:

...Qui courais taché de lunules électriques,
Planche folle, escorté des hippocampes noirs,
Quand les Juillets faisaient crouler à coups de triques
Les cieux ultramarins aux ardents entonnoirs,

Moi qui tremblais, sentant geindre à cinquante lieus
Le rut des Béhémots et des maelstroms èpais,
Fileur éternel des immobilités bleues,
Je regrette l'Europe aux anciens parapets!

J'ai vu des archipels sidéraux! et des îles
Dont les cieux délirants sont ouverts au vogueur:
Est-ce en ces nuits sans fond que tu dors et t'exiles,
Million d'oiseaux d'or, ô future Vigueur?

Koştum benek benek ışıkla sarılı teknem,
Çılgın teknem, ardımda yağız denizatları;
Temmuz güneşinde sapır sapır dökülürken
Kızgın hunilere koyu mavi gök kanatları.

Titredim uzaklardan geldikçe iniltisi
Azgın Behemotların, korkunç Maelstromların.
Ama ben o mavi dünyaların serserisi
Özledim eski hisarlarını Avrupa'nın!

Yıldız yıldız adalar, kıtalar gördüm; coşkun
Göklerinde gez gezebildiğin kadar, serbest:
O sonsuz gecelerde mi saklanmış uyursun,
Milyonlarla altın kuş, sen ey Gelecek Kudret?

Türkçesi : Sabahattin Eyuboğlu

Böyle şiir yazılmamıştı daha önce. Baudelaire'in o çarpıcı *Yolculuk (Le Voyage)* şiiri bile böyle bir aşırılığın yanında Ronsard ya da Racine geleneğinde kuralcı bir şiir olarak görünür. Rimbaud'nun bulduğu bu dağınık bir dünyanın güzel-çirkin, parlak-bayağı, masalsı-gerçek parçalarını bir düş sıralamasıyla birleştirme ve bir bilim adamı korkusuzluğuyla yeni bir "madde" yaratma yöntemi yerleşmiş şiir anlayışında bir devrim yaptı. Modern şiir, değişik parçaların kurgusuyla, Rilke'de ya da Gottfried Benn'de, Ezra Pound'da, Eliot'da, Eluard'da, Auden'da ya da Alberti'deki düşünsel mantık-aşıcılığı ile doğrudan doğruya Rimbaud'dan filizlenen bir akımdı. Geleneksel şiirin böyle yıkılmasına, biçimin böyle bir yana bırakılmasına, çağrışımsal hayal gücünün böyle bir özgürlük kazanmasına burada üzülmek hem dar kafalılık, hem de bilgiçlik olur. Gerçi bu gelişme bir yozlaşmanın sonucuydu, ama unutmamalı ki, bu gelişme aynı zamanda birçok yeni olanakların ve anlatım yollarının da kapısını açıyordu. Mayakovski de bir biçim yıkıcısıydı, şiir yöntemi ise devrim gerçeğini büyük bir başarıyla dile getirmeye çok elverişliydi. Daha sonra Brecht de, daha biçimsel bir ölçülülük içinde de olsa, yaratıcı hayal gücü yöntemini uyguladı – ne var ki, Brecht'in şiir anlayışı mantıkdışı değil de, mantıkçı bir tutumu yansıtıyordu. Bu da biçimsel olmaktan çok düşünsel bir tutumdu. Mayakovski ile Brecht devrim ve sınıf çatışması özünü yeni anlatım biçimleriyle bağdaştırmasını bildiler, böylece "parçalanma"nın anlamsızlığını da aşmış oldular.

Gizemleme

Çağdaş burjuva dünyasında edebiyat ve sanat gizemlemeye (mystification) yönelmiştir. Gizemleme gerçekleri gizlerle örtmek demektir.

Bu eğilim her şeyden çok yabancılaşmanın sonucudur. Sanayileşmiş, *nesnelleşmiş* çağdaş burjuva dünyası, içinde yaşayan insanlara öylesine yabancılaşmış, toplumsal gerçekler öylesine anlaşılmaz olmuş, bu gerçekliklerin bayağılığı öyle aşırı boyutlar kazanmıştı ki, yazarlar ve sanatçılar her şeyin dış kabuklarını kırabilmek için her olanağı kullanmak zorunda kalmışlardır. Bir yandan dayanılmaz derecede karmaşık bir gerçekliği yalınlaştırma, onu temel özüne indirgeme isteği, bir yandan da insanları maddi değil de temel insan ilişkileriyle bağlıymış gibi gösterme isteği *sanatta mit*'i, efsaneyi yaratır. Klasik sanatın eski mitlerden yararlanışı sadece biçimseldi. Romantik sanat ise burjuva toplumunun yavanlığına başkaldırırken "salt tutku"yu, aşırı, özgün ve değişik olan her şeyi anlatmak için mitlerden yararlanmayı seçti. Gerçekte geçerli olan bu yöntemin sakıncası, daha başlangıçta, tarih içinde gelişen insana karşı tarihdışı "öz insan"ı; "zamanla koşullu"nun karşısına "değişmez"i çıkarmasıdır.

Çağdaş burjuva dünyasındaki gizemleme ve mit yaratma toplumsal kararlardan az çok bir iç rahatlığı içinde kaçmayı sağlıyordu. Toplumsal koşullar, zamanımızda olup bitenler ve her türlü çelişme, zamandışı, gerçekdışı, süresiz, uydurulmuş, değişmez bir "ilk varoluş" düzeyine aktarılıyordu. Tarihsel bir anın belirli niteliği genel bir "var olma" düşüncesi olarak gösteriliyordu. Toplumla koşullu dünya, evren içinde koşulsuz bir dünya olarak tanımlanıyordu. Böylece "yabancı" yalnız toplumsal sürece katılma ödevinden sıyrılmakla kalmıyor, "bayağı" insanların arasından kurtulup "benzerleri" arasına yükseliyor ve "ödev sorumluluğunu" benimsemiş olan kardeşlerinin beceriksiz çabalarına alaycı bir üstünlükle tepeden bakıyordu.

Colin Wilson *The Outsider* adlı gülünç derecede tumturaklı kitabında sanatçıya hiçbir şeye bağlanmamasını, kendisini bütün toplumsal sorumlulukların "bela"sından kurtarmasını ve sadece varoluşçu "ben"ini temize çıkarmaya adamasını salık veriyor. "Yeni bir insanlık karşıtı çağ"ın gelmesi gerekiyor, çünkü uygarlığımız daha şimdiden Marxçı tutumu aşırı ölçüde benimsemiştir. Kitap bir çeşit gelecek haberciliğiyle bitiyor: "Birey bu uzun yola bir Yabancı olarak çıkar; sonunda bir ermiş olarak yolun sonuna gelir." Wilson'dan daha akıllı bir yazar olan Günther Blöker böyle bir sonucun kuşkusuz "gerçek bir mit bilincine" uyduğunu söyleyebilir. Blöker *Yeni Gerçeklikler* adlı kitabında toplum koşullarını değiştirmek isteyen bağımlı sanatçıları "olgunlaşmamakla" suçluyor:

> Bir insan bu dünyadaki kötülüklerin nedenini belli birtakım insanların ve kurumların başarısızlığında görüyorsa, o insan kafaca çocukluktan kurtulamamış demektir. Olgunluk, insanın dünyadaki yanlışları, azaltılabilen, ama bütünüyle yok edilemeyen yanlışlar olarak görmesiyle başlar.

Hermann Broch bütün edebiyatın "mit"e yöneldiğini söylüyordu. Ama mit nedir? Broch miti sık sık tanımlamaktan bıkmıyor:

> Mit ilkelliğin *çocuksuluğudur,* her çağın kendi için yeniden bulması gereken ilk sözcüklerin, ilk simgelerin dilidir; dolaysız ve mantıkdışı bir dünya görüşüdür; ilk varoluşun göze ilk görünüşüdür; bütün dünyanın bölünmez bir görüntü oluşudur.

Bu "ilk sözcüklerin dili"yle gazete yazıları yazmak, Heidegger'i şöyle bir karıştırmanın, "ilk varoluşun göze ilk görünüşü" yerine geçeceğini sanmak bugün dünyanın her yerinde moda oldu. Bu çok karmaşık bildirilerin durmadan duyulan bir ara nağmesi var, o da "yapma"nın değil, "olma"nın önemli oluşu. "İnsanlar artık olaylarla ilgilenmiyorlar," demişti Gertrude Stein bir konuşmasında, "insanlar varoluşla ilgileniyorlar." Yapmak devrimseldir, olmaksa duraldır. "Yapma" yerine "olma"yı, değişebilen toplumsal gerçek yerine miti seçen, çoğu zaman – bilinçaltından – toplumsal bir kaynaşmadan korktuğu için yapıyordur bunu. "Her şey böyle olduğu için, böyle kalmayacaktır," diyordu Brecht. "Uydurulmuş varoluş" işte doğrudan doğruya bu gerçeği yadsımak için ortaya çıkmaktadır.

Romantizm "salt tutku"yu benimsenecek bir yol sayıyordu. Mit yaratıcı yeni romantikler ise yalnız tümüyle mantıkdışı olanı insanın "varoluşu" saydılar – böyle yapmakla da kendi amaçlarının bilincine varmadan toplumsal mantıkdışı kuralı doğrulamış oldular. "İnsanın varlığı," diyor Blöker, "uzayıp giden bir yankı, çok eski bir inleyiş, insan özünün biçim almadan kendini duyurduğu bir kekeleme gibidir." Modern gizemcinin bu inleyişi ve kekeleyişi – üstün bir yalınlıkla – daha önce de söylenmedi mi?

> Doğmanın zamanı, ölmenin zamanı; ekmenin zamanı, ekileni biçmenin zamanı... öldürmenin, iyileştirmenin... yıkmanın, yapmanın... ağlamanın, gülmenin... yas tutmanın, şenlik yapmanın... taş atmanın, taşları toplamanın... sarılmanın, sarılmaktan kaçmanın... almanın, yitirmenin... tutmanın, atmanın... sökmenin, dikmenin... susmanın, konuşmanın... sevmenin, tiksinmenin... savaşmanın, barışmanın... her şeyin bir mevsimi, her işin bir zamanı vardır göğün altında.

Ya da *Kutsal Kitap*'taki Eyub bölümünde:

> İnsan ki kadından doğmuştur, günleri kısadır ve sıkıntıya doyar. Çiçek gibi çıkar ve solar; ve gölge gibi kaçar ve durmaz. Böyle olana mı sen gözlerini açıyorsun da beni kendinle yargılıyorsun? Kirliden temizi kim çıkarabilir? Hiç kim-

se. Mademki onun günleri tayin olunmuştur, ayların sayısı senin nezdindedir, ve mademki onun sınırını sen koydun ve öte geçemez; ondan göz çevir de, gününü bitirinceye kadar rahat etsin, bir gündelikçi gibi. Çünkü bir ağaç için ümit vardır, kesilse yine sürer ve onun filizleri eksik olmaz. Kökü yerde kocasa ve kütüğü toprakta ölse bile; su kokusunu alınca filizlenir ve bir fidan gibi dal salar. Fakat insan ölür ve çöker; ve adam son soluğunu verir, hani o nerede?

Doğumun ve ölümün, öldürmenin ve diriltmenin, bulmanın ve yitirmenin açık seçik bir dille söylenmiş ağırbaşlı türküsüdür bu: İnsanın varlığıyla, insanlığın durumuyla ilgili söylenmesi gereken ne varsa, özentisizce söylenmiştir burada.

Ama durmadan değişen gerçeklerin tümü üstüne bundan da fazlasını söylemek gerekir. İnsan yalnızca bir doğum ve ölüm, üretme ve yaşlanma çevrimi değildir: Yaratılmış ve kendini yaratmakta olan, yetkinlikten uzak, eksik, hiç tamamlanmayacak, ama durmadan kendine ve bu arada çevresindeki dünyaya biçim veren bir varlıktır insan. Bir sürü roman, oyun, film vardır ki, insanın toplumsal yaşayışı aşırı derecede basitleştirildiği için, bunlardaki kişiler toplumsal güçlerin elinde, iç çelişmelerden uzak, kişisel düşlerden ve acılardan yoksun birer kukla gibi görünürler. İnsanları yalnızca toplumsal varlıklarmış gibi gösteren bu tutuma karşı çıkmak yerinde bir davranıştır. Ne var ki, mitlere dönmeyi salık verenler gerçekliğin zenginliğiyle ilgili değildirler: Tersine, onlar gerçekliği başka bir yoldan yoksullaştırmayı düşünürler. Onlar insanı toplumdan koparmak, onu yalnız, alınyazısı karşısında güçsüz, herkesten uzaklaştırılmış, benzeri daha önce yaşamamış bir varlık durumuna indirgemek isterler.

"Dünyanın uykusu"na, eski, tamamlanmamış, açık seçik olmayan bir dünyaya dalmak çoğu zaman sorumsuzluğa kaçmaktır. Şu da var ki, doğalcılığa tepki ve yeni anlatım yollarının aranması da Kafka'nın toplumsal gerçekliği *görünüşte* bir mite dönüştürmesine yol açtı. Kafka'nın yazdıklarını koruduğu için dünya çok şey borçludur Max Brod'a: Ama pek çok insan da

Brod'un Kafka'yı yanlış yorumlaması yüzünden yanılgıya düşmüştür. Kafka insanın evren içindeki ya da nesnelerin başlangıcındaki acısını değil, belli bir toplumsal durum içindeki acısını anlatıyordu. Yabancı bir dünyada bilinmeyen birtakım güçlerle umutsuzca boğuşan, ne olduğu anlaşılmayan Şato'yla bile bir çeşit ilişki kurmayı özleyen kimsesiz bireyin başkaldırışını anlatmak için düşle gerçeğin birbirine karıştığı benzeri olmayan bir düşsel taşlama biçimi bulmuştu Kafka. Bu toplumsal koşulların imgelerini Brod sözde "değişmeyen" koşulların simgeleri olarak yorumladı. Kafka'nın yapıtlarındaki birkaç gizemci öğeyi gizemli bir bütün olarak açıkladı ve Kafka'nın Habsburg Krallığı dönemindeki – hem gerçek hem karaltılarla dolu – hayatı betimlemek için bulduğu yeni anlatım yolunu bir çeşit gizli mezhebin, dinsel yaşantıların ve tanrısal esinlenmenin gizli bir dille kaleme alınması olarak gösterdi. Böylece yanlış yorumlanan Kafka'nın oldukça büyük zararı dokundu ve birtakım gizemleyicilerin yetişmesine yol açtı.

Brecht'in toplumsal çelişmeleri mesellerin yalın biçimiyle verme yöntemi ile Kafka'nın yöntemi arasında büyük bir yakınlık var. Oysa bu iki büyük yazarın tutumları birbirinden oldukça ayrı. Kafka'nınki kararsız bir tutumdu. Aşağılanan ve ezilenden yana, zorbalara karşıydı Kafka. Ama tuttuğu insanların dünyayı değiştirebilme yeteneğine inanmıyordu. Kafasındaki her yeni umudun gerisinde yeni bir korku, her yeni cevabın gerisinde yeni bir soru vardı. Brecht cevap verme yürekliliğini gösteriyordu. Onun meselleri öğretici yapıtlardı. Dünyanın değişebileceğine, daha iyi, daha çok akla dayanan bir yer olacağına sarsılmaz bir inancı vardı Brecht'in. Elbet her cevabın bir soruyu da birlikte getirdiğini, yeryüzünde hiçbir şeyin kesin olmadığını o da biliyordu. Ama bu bilgi onu Kafka gibi karamsarlığa değil, yürekliliğe itiyordu. Umutsuz bir yalnızlık içinde olan Kafka ilerlemeye değil, aynı şeylerin kendilerini durmamacasına yinelemelerine inanıyordu, Brecht ise, her şeye rağmen, yeni şeylerin doğacağına.

Kafka da Brecht de mesellerinde toplumsal gerçekleri ele aldılar. Bu "gerçekler"i "yabancılaştırdılar" ve eski mitler nasıl tarihsel geçmişin özünü veriyorduysa, onların yapıtları da yaşanan tarihsel zamanın özünü verme çabasını gösteriyordu. Ama insanı toplumdan koparan, insanın kişiliğini yok edip "sonsuz bir varlık"ın ve "biçimden yoksun ilk güçlerin" bir temsilcisiymiş gibi karanlığa gömen Camus'den Beckett'e uzanan yazarların yapıtları için aynı şey söylenemez. Hiçbir insan yalnızca toplumsal kişiliğinin bir dış görünüşü değildir. Ama insanı evrensel gizlerle dolu bir oyun içindeki bir hiyeroglife döndürmek, bireysel yüzüyle birlikte toplumsal yüzünü de gizemci bir sis içinde yok etmek eğilimi, insanı hiçliğe ve boşluğa götürür. Hiçbir topluma bağlı olmayan bir insan bütün kimliğini yitirir, hiçlik içinde sürünen bir yaratık olur. Böylece gerçek gerçeklikten, insan da insanlıktan uzaklaşır.

Toplumdan Kaçış

Sanatın ve edebiyatın toplumsallıktan çıkması durmadan kaçış konusunu işlemesiyle sonuçlanıyor: "Arı", "çıplak" bir varoluşa ulaşmak için yaşanılmayacak gibi gelen toplumdan kaçış konusunu işlemesiyle. Gertrude Stein tekdüze, tılsımlı bir dua okur gibi, "Bir gül bir güldür bir güldür bir güldür" dediği zaman bu etkiyi yaratmak istiyor üzerimizde: Her türlü toplumsal gerçeği bir yana bırakmamızı, bütün bağları koparmamızı, tılsım yoluyla "kendi başına bir şey"e dönüşen tek bir nesne üzerinde durmamızı istiyor. Gertrude Stein'ın başarılı çırağı Ernest Hemingway *In Our Time* adlı kitabındaki ilk on beş hikâyesinde bu gerçekten kaçış tekniğini açıkça gösteriyor. Hikâyeler arasındaki kısa bölümlerde, savaş, insan öldürme, işkence, kan dökme, korku, acımazlık gibi, zamanımızda halkın gözünü boyayanlarca "tarihin anlamsızlığı" diye bir yana itilen çağımızın korkunç olaylarına değiniliyordu. Hikâyelerin kendileri ise dünyaya yön veren güçlerin ötesinde ve onlardan ayrı olarak yaşanan, özsüz, önemsiz olayları ele alıyor, bu "öte"lik ve "ayrı"lık gerçek "varoluş" sayılıyordu. Şiirselliğiyle unutulmayan bir hikâyede Nick'in geceleyin yalnız başına çadırını kuruşu anlatılıyor:

> Çadırını kurmuştu. Yerleşmişti. Hiçbir şey dokunamazdı ona. Çadır kurmak için iyi bir yerdi. O da işte bu iyi yerdeydi. Kendi yapmış olduğu evindeydi... Dışarısı oldukça karanlıktı. Çadırın içi daha aydınlıktı.

Bir bakıma bunun "bir gül bir güldür bir güldür"den hiçbir ayrılığı yok. Bu parça da toplumdan kaçan bir insanın düşünüşünü yansıtıyor. İnsanlardan uzağa kurun çadırınızı. Başka hiçbir yol benimsenmeye değmez. Dünya karanlık. Sen gir çadırına. Çadırın içi daha aydınlıktır.

Hemingway'in tutumu çağdaş burjuva dünyasında yaygın bir özlemin açık bir örneğidir. Milyonlarca insan, özellikle gençler, sevmedikleri işlerinden, boşluğunu duydukları günlük yaşayışlarından, Baudelaire'in önceden haberini verdiği bir bunalıştan, her türlü toplumsal bağlardan ve öğretilerden gürültülü motosikletlere binip, her türlü duygu ve düşünceyi yutan bir hızın esrikliği içinde kendilerinden kurtularak uzaklaşmak, kendilerini hayatın anlamının bir çeşit yoğunlaştığı bir pazar gününe, bir tatile atmak istiyorlar. Kapitalist dünyadaki kuşaklarca insan yaklaşan bir yıkımın itişiyle, patlamak üzere olan fırtınayı sezmişcesine kendilerinden kaçıp bilinmeyen bir dünyada çerden çöpten yapılmış bir yere, içerisinin aydınlığı dışardaki karanlıktan fazla olan bir çadıra sığınmak istiyor.

Sanatta toplumsallıktan çıkmanın ve insansızlaşmanın sorunlarını daha açıkça duyuran olaylardan biri de, sanat alanındaki yığınlarla yoğaltıcının (tüketicinin) isteklerini karşılayan fotoğraf ve plaklarla başlayan makineli üretim tekniğinin gelişmesiydi. Kapitalist düzende yığınların yoğaltımı için meydana getirilen sanatla ilgili ürünlerin heyecan sömürücülüğü, vahşi niteliği ve insandışı özü bugün iyice bilinmektedir. Bu ürünleri ve etkilerini incelemek için ayrı bir kitap yazmak gerekir. Bu konuyla ilgili olarak yalnız iki noktayı belirtmek istiyorum. Birincisi, az çok önemi olan yazarlar, çoğu zaman daha sonra sanat yapıtlarını çoğaltan sanayi tarafından çok daha kaba ve ucuz bir biçimde taklit edilecek örnekleri sağlıyorlar – öyle ki, insanlığa karşı olan bir akımın moda yaratıcıları seri yapımı etkilemiş oluyor. İkincisi de, yığınları göz önünde tutmayıp, sadece seçkin bir azınlıkça anlaşıldığı için övünen sanatçı, oyalama sanayiinin ortaya sürdüğü aşağılık örneklere yol açmış olur. Sanatçılar ve yazarlar toplumdan kaçtıkları ölçüde aşağının bayağısı bir oyalama sanatı da halkın önüne sürülür. Birtakım sanat düşünürlerinin yeni sanatın üstün niteliklerinden biri saydıkları bu "yeni kabalık" gerçekte çağdaş burjuva dünyasında sürümü artıran niteliklerden biridir.

Gerçekçilik

Kapitalist dünyadaki önemli sanatçıların ortak yanı, çevrelerindeki toplumsal gerçeklerle uzlaşmayı becerememeleridir. Her düzenin sanat alanında (başkaldırıcılar ve suçlayıcılarla birlikte) büyük savunucuları da olmuştur: Yalnız kapitalizmde belli bir düzeyin üstüne çıkan her türlü sanat bir karşı çıkma, eleştirme ve başkaldırma sanatı olmuştur. İnsanın çevresine ve kendisine yabancılaşması kapitalizmde öylesine ağır basmış, loncalara ve sınıflara dayanan ortaçağ düzeninin zincirlerinden kurtulan insan kişiliğinin hakkı olan özgürlük ve yaşama zenginliği konusunda öylesine aldatılmış, bütün malların piyasa "meta"sına dönüşmesi, her şeyi kapsayan yararcılık, dünyanın tümüyle ticaret üstüne dönmesi hayal gücü olan herkesi öylesine tiksindirmiştir ki, yaratıcı insanlar başarılı kapitalist düzene büyük bir tepkiyle karşı çıkmışlardır.

Bu süreç romantik başkaldırışla ve Rousseau'nun burjuva uygarlığına saldırmasıyla başlamıştı. Hegel, "yabancılaşmanın artan gücü"nden söz etmiş ve şunları eklemişti: "Birleştirici güç insanların hayatından uzaklaşır, çelişmeler doğdukları çevreden kopup bağımsızlık kazanırlarsa, felsefe için bir gereksinme doğmuş olur." Shelley de *The Defence of Poetry*'de şiirin gerekliliğini aynı temele dayanarak savundu: "Şiirin gelişmesi en çok, aşırı bencil ve hesapçı bir ilkeyle dış hayatla ilgili zenginlik birikimi, bu zenginliği insan yaradılışının iç yasalarına uydurma gücünü aştığı dönemlerde gereklidir." Burjuva yaşayışının yavanlığına karşı yalnız "ben" en çok işlenen bir tema oldu. Öyle ki Byron *Manfred*'de,

> İnsanlarla, insanların düşünceleriyle, dedim,
> İlgilendiğim yoktu uzun boylu; mutluluğu
> Daha çok doğada buldum – solumak
> Buzlu dağ doruklarının sert havasını...
> Bunlarla oyalandım, sonra yalnız olmak...
> Kaçındım sürülere karışmaktan.
> Önderleri olmaktan – kurtların bile.
> Aslan yalnız gezer, ben de öyle...

diyordu. Franz Grillparzer de *Libbussa*'sında şöyle diyordu:

> Sunağın oluyor kendi çıkarın,
> Kendini sevmen yaradılışının dili...
> Bilinmedik denizlere açılacaksın,
> Sömürerek dünyanın sunduğu nimetleri
> Her şeyi tüketecek, her şeyce tüketileceksin...

Stendhal ise şunları yazıyordu:

> Herkes kendi için, bu hayat denen kendini sevme çölünde... Bu kitabı *[De l'amour]* açmadan önceki yıl içinde yüz bin frank kazanmış olan kaba zevkli varlıklı kişiler, hele bunlar banker, fabrika sahibi, saygıdeğer sanayicilerse, yani üstün, olumlu düşünceli insanlarsa, hemen kapatsınlar bu kitabı...

Heine ise:

> Bir şeyler yapıldığını görelim artık,
> Korkunç kanlı suçlar işlensin,
> Bıktık bu besili iyilikten
> Her şeyi yutup eriten törelerden!

diyordu.

Kimsesiz "ben"in romantik başkaldırısından, burjuva değerlerine karşı soyluların ve halkın tepkilerinin garip karışımından eleştirel gerçekçilik ortaya çıktı. Burjuva topluma romantikçe karşı çıkış, zamanla, karşı çıkan "ben"in niteliğini yitirmeden, o toplumun bir eleştirisine dönüştü. Romantizmle gerçekçilik doğrudan doğruya birbirine aykırı olan görüşler değildir; romantizm, daha çok, eleştirel gerçekçiliğin ilk evrelerinden biridir. Tutum tümüyle değişmemiş, sadece yöntem daha soğukkanlı, daha "nesnel", daha uzaktan bakan bir yöntem olmuştur.

Byron'un en önemli yapıtı, bitirmemiş olduğu *Don Juan*, romantik bir karşı çıkışla gerçekçi toplumsal eleştiriyi birleştirir. Bu artık kendi kendine konuşan bir şairin yapıtı değildir: Başkişinin karşısına bir karşı kişi çıkarılmış ve başkişi ile toplumsal gerçekler arasındaki çelişme belirtilmiştir. "Ben" artık sınırsız değildir. Ölçülü bir alaycılık romantik aşırılığı denetlemeye başlamıştır. Don Juan, korkusuzluğu, yaşama susuzluğu, töre düşmanlığı ile gene o eski romantik kahramandır ama artık Tanrı'yla ve şeytanla savaşmayı bırakmıştır. Bütün yaşantıları ile çevresindeki ikiyüzlülüğün, bayağılığın canlı bir eleştirisi, içten ve lekesiz tutkuları özlemenin somut bir örneği olmuştur.

Balzac ile Stendhal ise ister devrim sonrası burjuva dünyasıyla, ister soyluların, zenginlerin ve kilisenin denetimi altındaki devletle herhangi bir uzlaşmayı, Byron kadar bile, düşünmüyorlardı. Balzac son romanlarında kapitalist burjuva toplumunun üstünlüğünü kabul ettiyse de, bu toplumun temsilcilerine duyduğu tiksintiyi sürdürmekten kendini alamadı. Dünyanın kalabalığından elini eteğini çeken insanlar, kendilerini yalnız yapıtlarına veren sanatçılar sık sık – *La Cousine Bette* romanında, kafasında kendini sanki büyük bir hayal gücüne bırakmış bir yosmanın hayatını yaşayan Wenceslaus gibi – burjuva sınıfına karşı çıkan kişiler olarak gösterilir. Gerçekçi eleştiri sık sık romantik bir karşı çıkış olarak belirirdi.

Romantizmin sınırlarını yıkan romanların en korkusuzu ve en tutarlısı Stendhal'ın *Lucien Leuwen*'ıydı. Toplumsal sezgisi ve eleştirisinin acımasızlığıyla bu bitmemiş roman Balzac'ın bütün yapıtlarını aşıyordu. Burjuva devrimi tamamlanmıştı. Aşırı cumhuriyetçi Jacobin'lere ya da genç Napoléon'a dönüş yoktu. Peki ya ilerdekiler? Lucien cumhuriyetçilere ve Saint-Simon'culara bir yakınlık duyuyordu, ama onların yolu da umutsuz görünüyordu ona. Kapitalizmin bir üstyapısı olan burjuva-demokrat cumhuriyeti ise o keskin görüşlü tutucu Alexis de Tocqueville'e olduğu kadar ona da çekici gelmiyordu. "New York'ta devlet arabası sokağın bizim değil, karşı kaldırımın hendeğine yuvarlanmış. Herkese tanınan oy hakkı bir zorba yönetimi kurmuş, elleri kirli bir zorba yönetimi hem de." *Lucien Leuwen*'de her türlü ham hayalden arınmış acımasız bir olgunluk, yalnız töresel değil, aynı zamanda sanatsal olan çelişik bir eleştiriyle karşı karşıya geliyoruz. Roman, Lucien'in Paris'in "soğukluğundan" önce Cenevre gölüne, *La Nouvelle Heloise*'in ün kazandırdığı yerlere, sonra da "yumuşak bir içe kapanışın" ruhunu sanata açtığı İtalya'ya kaçmasıyla yarıda kalıyor. Son cümleler çok garip:

> Bologna ile Floransa ona, en ufak ayrıntı karşısında, üç yıl önce onu derin bir pişmanlık içinde bırakacak bir yumuşaklık ve duyarlık sağladı.
>
> Öyle ki, Capel'deki görevinin başına geldiği zaman, görüşmek üzere olduğu insanlara karşı göstereceği soğukluğun derecesi üstüne kendi kendini uyarması gerekti.

Hem romantizme karşı bir roman hem de romantik duyuşa böyle bir dönüş? Stendhal'ın sonunda Lucien'i nereye götürmek istediğini bilmiyoruz. Oysa bu parçadan anlaşılıyor ki romantik görüş (Marx'ın deyimiyle) "doğrulanabilir bir karşıtlık" olarak her zaman burjuva görüşle yan yana ortaya çıkacaktır.

Sanatta gerçekçilik kavramı, ne yazık ki, esnek ve belirsizdir. Gerçekçilik kimi zaman nesnel bir gerçekliği tanıyan bir tutum kimi zaman da bir anlatım yolu ya da bir yöntem olarak tanımlanır. Bu ikisini ayıran çizgi de her zaman kesin değildir. "Gerçekçi" deyimi kimi zaman Homeros, Phidias, Sophokles, Polykletus, Shakespeare, Michelangelo, Milton ve El Greco için kullanılır; kimi zaman da yalnız Fielding ile Smollet'den Tolstoy ile Gorki'ye, Géricault ile Courbet'den Manet ile Cézanne'a uzanan belli bir yazar ve ressam türünü tanımlamak için kullanılır. Sanatta gerçekçiliğin özünü belli nesnel bir gerçekliğin tanınması sayacaksak, bu gerçekliği sadece bizim duyarlığımızın dışında kendi başına var olan bir dış dünyaya indirgememeliyiz. Bizim duyarlığımızın dışında kendi başına var olan şey *maddedir.* Oysa gerçeklik insanın yaşantı ve anlayış yeteneğiyle katılabileceği sayısız ilişkileri kapsar. Manzara resmi yapan bir ressam fizikçilerin, kimyacıların, biyoloji uzmanlarının bulmuş olduğu doğa yasalarına uyar. Oysa sanat olarak ortaya koyduğu resim kendi dışında olan bir doğa değildir. Kendi duyuşlarının, kendi yaşantılarının aracılığı ile görmüş olduğu bir manzaradır. O ressam dış dünyayı kavrayan bir duyu organının sadece yardımcı bir parçası değil, aynı zamanda belli bir çağın, bir sınıfın, bir ulusun insanıdır. Ressamın bütün bu özelliklerinin, yaradılışının ve kişiliğinin manzarayı görüşünü, yaşayışını ve çizişini belirlemede büyük bir payı vardır. Bütün bu öğeler birleşerek ağaçların, kayaların, bulutların, ölçülüp tartılabilecek şeylerin toplamından daha geniş bir gerçeklik yaratırlar. Bu gerçekliği, az çok, sanatçının bireysel ve toplumsal görüşü belirler. Gerçekliğin bütünü, özne ve nesne arasındaki bütün ilişkilerin toplamıdır: Yalnız geçmişteki değil, gelecekteki ilişkilerin; yalnız olayların değil, bireysel yaşantıların, düşlerin, sezgilerin, heyecanların, hayallerin toplamıdır. Sanat yapıtı gerçeklikle hayal gücünü birleştirir.

Shakespeare'in, Goya'nın cadıları günlük hayatı yansıtan birçok resimlerdeki ülküleştirilmiş köylülerden ve el emekçilerinden daha gerçektir. Gogol'ün ve Kafka'nın günlük yaşayışın yavanlığını şaşırtıcı bir titreşimle vermeleri gerçek hayatı açıklamada birçok doğalcı betimlemeden daha başarılıdır. Don Quijote ile Sancho Panza bugün bile, örneği "hayattan alınmış" ve titizlikle çizilmiş, tekdüze yüzlerce roman kişisinden daha gerçektir bizim için. Gerçekliği bir yöntem değil de, bir tutum – sanatta gerçekliğin betimlenmesi – olarak tanımlarsak, göreceğiz ki (taşizm gibi birtakım soyut sanatların dışında) bütün sanat gerçekçi sanattır.

Bu yüzden sanatta gerçekçilik kavramını belli bir yöntem olarak sınırlamamız çok daha yararlı olur. Ama bu tanımı nitel bir değerlendirmeye döndürmekten de her zaman sakınmalıyız. Gerçekçi roman ve gerçekçi oyun belli bir toplumsal gelişmeyi yansıtır. Bu sanat anlayışı aşama sırasına dayanan "kapalı" bir toplumun değil, açık bir burjuva toplumunun sanat anlayışıdır. Bilim geliştikçe daha yüksek bir yetkinlik derecesine ulaşır. Ama sanatta aynı şey olmaz. Sanatta öz zenginleşir, görüş açısı genişler ama ne Stendhal ile Tolstoy, Homeros'dan daha yetkindir ne de Géricault ile Constable, Giotto ile El Greco'dan. Ibsen gibi tek bir sanatçının yapıtları içinde bile gerçekçilik açısından tutarlı olan *Bir Bebek Evi* çok daha hayalci bir oyun olan *Peer Gynt*'den daha yetkin değildir. Bunun gibi, aynı tarihsel dönem içinde çağımızın her bakımdan gerçekçi oyunlarının Brecht'in dramatik mesellerinden daha yetkin olduğu söylenemez. Dar anlamıyla gerçekçilik, var olan tek anlatım biçimi değil, sadece anlatım biçimlerinden biridir.

Eleştirel gerçekçiliğin kapsamı içinde de değişik birçok görüşler vardır (burada "eleştirel" bir tutum, "gerçekçilik" de bir yöntem anlamında kullanılıyor): Fielding'in gelişen burjuva sınıfına soyluca bir aşağılamayla bakışından (Byron, Stendhal ve Balzac'da da görülen bir tutum) devrim sonrası toplumu kökten suçlamasına (Stendhal, Flaubert); Dickens'in, Ibsen'in, Tolstoy'un dönüşümcü umutlarına ve tasarılarına kadar. Bütün bu görüşlerde toplumun o günkü durumuna karşı eleştirel bir tutum vardır, ama bu tutum ya aşağılayıcı, ya alaycı, ya dönüşümcü ya da nihilist olarak belirir. Her kişisel görüşün belli bir anlatım biçimine bağlı olması gerekmez. Sözgelimi, Thomas Mann'ın büyük tutuculardan biri olduğu yıllarda yazdığı ilk romanları, özellikle *Buddenbrooks*, Tolstoy'u ve Fontane'ı örnek alan gerçekçi bir üslupla yazılmıştır. Mann'ın yeni toplumsal düşüncelerle ilgilenmeye başladığı, Schopenhauer ve Nietzsche'nin etkisinden kurtulduğu son romanları ise (eşsiz *Doktor Faustus* ile *Der Erwaehlte*) genellikle gerçekçiliğe tanınan sınırları aşıyor. Thomas Mann *Doktor Faustus*'un nasıl yazıldığını açıklarken, bu romanın James Joyce'un romanlarıyla olan yakınlığına dikkatimizi çekiyor. "Eleştirel gerçekçi" yazarların en belirgin yanları burjuva toplumuna karşı bireysel, romantik bir tutumları oluşudur. Bu romantik öğeyi yalnız Stendhal ile Balzac'da değil, Dickens'de, Flaubert'de, Tolstoy'da, Dostoyevski'de, Ibsen'de, Strindberg'de, Gerhard Hauptmann'da da kolayca görebiliriz.

Toplumcu Gerçekçilik

"Eleştirel gerçekçilik"e karşı "toplumcu gerçekçilik" deyimini Gorki bulmuştu; bu karşıtlığı bugün Marxçı bilginler ve eleştirmenler benimsemiş bulunuyorlar.

Kendi başına tutarlı bir kavram olan "toplumcu gerçekçilik" sık sık yanlış anlaşılmış ve günlük hayattan, tarihten esinlenmiş basmakalıp resimlerle, propagandacı bir ülküleştirmeye dayanan romanlar ve oyunlar için kullanılmıştır. Bu ve buna benzer nedenler yüzünden "toplumcu sanat" deyimi bana daha yerinde bir deyimmiş gibi geliyor. Çünkü "toplumcu sanat" bir üslubu değil bir tutumu akla getiriyor ve gerçekçi yöntemden çok, toplumcu görüşe önem veriyor. "Eleştirel gerçekçilik", daha genel söylersek, bir bütün olarak burjuva edebiyatı ve sanatı (yani bütün büyük burjuva edebiyatı ve sanatı) bulunduğu çevrenin toplumsal gerçekliğinin bir eleştirisini de birlikte getiriyor. "Toplumcu gerçekçilik", daha genel söylersek, bir bütün olarak toplumcu sanat ve edebiyat, sanatçının ya da yazarın, emekçi sınıfın ve doğmakta olan toplumcu düzenin amaçlarıyla temelde anlaşmış olduğunu gösteriyor. Bu ayrılığın sadece yeni anlatım biçimlerinin değil de, yeni bir tutumun sonucu olduğu gerçeği, Stalin zamanında yöneticilerin sanat işlerine sık sık karışmaları yüzünden gölgeleniyordu. Yirminci Kongre'den sonra sert bir "Marxçı sanat kuramı"na körü körüne bağlanmak zorunluğu ortadan kalktı, bugün birtakım tutucu eğilimler yılmadan dirense ler bile, temel Marxçı öğreti içinde değişik sanat görüşleri birbirlerine karşı çıkabiliyor.

İşte bir örneği: Genç Sovyet kuramcısı Ilya Fradkin *Sanat ve Edebiyat* dergisinde (Sayı 1, Moskova, 1962) şu düşünceleri ileri sürüyor:

> Birtakım kalıplaşmış düşüncelerin sadece kişilerin putlaştırıldığı yıllarda durmadan tekrarlanması yüzünden değişmez doğrular sayılacağına inanmak yanlış olur... O yıllarda Batı'da birbirinden çok ayrı birçok sanat olayı nasıl üstünkörü, haksız, acımasız bir tutumla "yozlaşmışlık"la suçlanmıştı! 1848'den sonraki dönemin, özellikle yirminci yüzyılın sanatı baştan aşağı "yoz" sayılmış, bütün "izm"ler kesinlikle bir yana itilmişti... Yirminci yüzyılın sanat akımları sorunu, gerçekçilikle öbür sanat akımları ve yöntemleri arasındaki karşılıklı ilişki gibi daha geniş bir soruna bağlıdır. Bu alanda da kişiyi putlaştırma yıllarında, her şey çoğu zaman göz boyayacak kadar yalın ama temelde bağnaz, bilimsel açıdan kaba bir kalıba indirgenmişti: Bir yanda ilerici gerçekçi sanat, öbür yanda gerçekçiliğe karşı, genellikle gerici değişik eğilimler. Peki, bu durumda büyüklükleri yadsınamayacak olan Molière ve Racine gibi klasik oyun yazarları, Hölderlin ve Walter Scott gibi romantikler ya da Van Gogh ve Gauguin

gibi izlenimcilik sonrası ressamlara ne denecekti? Çoğu zaman bu güç durumdan kurtulmanın bir kolayı bulunurdu: Yapıtlarının yukarıda sözünü ettiğimiz akımlarla ilintilerine rağmen, bu yapıtlarda gerçekçi öğelerin bulunma ölçüsüne göre, bu yazarların büyüklüğü de tanınırdı. Oysa böyle bir anlayış, sorunu tam bir doğrulukla ele almak olabilir mi? Klasizmin, romantizmin, izlenimciliğin kendi tarihsel, estetik sınırlılıklarının yanı sıra gene kendi sanatsal doğruları yok muydu? Racine'in büyüklüğü aynı zamanda tragedyalarında sanatlaşan klasik ahlak ülkülerinin ve hümanizmanın da büyüklüğü değil miydi? Hölderlin'in büyüklüğü devrimci romantizmin şiirli düşlerinin büyüsüne bağlı değil miydi?

Bu derginin bir sonraki sayısında, Demokratik Alman Cumhuriyeti'nin kültür politikasını yöneten önemli kişilerden biri Fradkin'e karşılık vererek genç yazarın konunun çevresinde büyük bir yuvarlak çizdiğini ama sorunun özüne değinmediğini ileri sürdü.

> Bu yazı, yazarının, yumuşak bir deyimle, oldukça öznel düşüncelerini ortaya koyuyor... Daha önceki yargıların gerçeklere göre yeniden gözden geçirilmesi gerekçesiyle geriye bakıyor. Sözgelimi, o zavallı, günahsız küçük çiçeği, yozlaşmayı, ele alıyor... Yanılmıyorsak Saltikof-Şçedrin, Stassof, Plekhanof ve hatta Maksim Gorki gibi önemli Rus sanatçıları ve düşünürleri yozlaşma olayının ne olduğunu açıklamak ve onu suçlamak için yaşadıkları yıllarda çaba göstermişlerdi... Burjuva sanatında, geçen yüzyılın sonuna doğru Fransa'da baş gösteren yozlaşmanın çeşitli nedenler yüzünden Almanya'da sanatın gelişmesinde oldukça korkunç ve yıkıcı bir etkisi olmuştu... Bu yozlaşmanın tam bilimsel bir çözümlemesine varmamızda bize yardım eden sanat tarihçilerine teşekkür borçluyuz. Sanat tarihçiliği sanat yapıtlarını öğretisel ve siyasal özene ve estetik niteliğine göre değerlendirme hakkından vazgeçmemeli. Resmi kültür politikası da bu düşüncelere dayanarak sanat ürünleri üzerinde doğrudan doğ-

ruya etkin olmalı, yapıtlarındaki yanlışlıklar ve eksiklikler konusunda sanatçıyı uyarmalı, gerekirse, Boris Pasternak'ın romanları konusunda olduğu gibi, devlet yöneticileri araya girmeli...

Bu örneği bugünkü Marxçı düzende birbirinin karşıtı olan iki ayrı görüşü açıkça belirttiği için seçtim. Ehrenburg'un değerleri Gerassimof'unkilerden ayrılıyor. İtalyan, Fransız ve Polonyalı toplumcuların yayımladıkları dergilerle Demokratik Alman Cumhuriyeti'nde yayımlananlar arasında büyük bir ayrım var. Sovyetler Birliği'nde, Neizvestni gibi modern bir yontucu eski akademik ressamlara karşı çıkıyor. Sanat görüşlerinin yasalarla sınırlanması yerine, bunların çalışma süreci içinde, akımların ve yöntemlerin özgürce birbirlerini etkilemesi, değişik düşüncelerin tartışılması sonucunda biçimlenip gelişmesi eğilimi her gün biraz daha ağır basıyor. Yeni bir sanat öğretilerle değil, yapıtlarla doğar. Aristoteles, örneğin, Homeros, Hesiodos, Aiskhylos ve Sophokles'in yapıtlarından önce gelmemiş, sanat kuramını bu yapıtlara dayanarak ortaya çıkarmıştır.

Elimizdeki anlatım yolları zenginleştikçe, yaygın bir gerçek açıkça belirecektir. "Eleştirel gerçekçilik - toplumcu gerçekçilik" karşıtlığı bir yalınlaştırma olsa bile, köklü bir doğruyu da içeriyor. Toplumcu gerçekçiliğin bir yöntem, bir anlatım olarak tanımlanması karşısında, hemen şu soru geliyor akla: Kimin anlatımı, kimin yöntemi? Gorki'nin mi, Brecht'in mi? Mayakovski'nin mi, Eluard'ın mı? Makarenko'nun mu, Aragon'un mu? Şolohof'un mu, O'Casey'nin mi? Bu yazarların yöntemleri olabildiğince birbirinden ayrı ama temelde ortak bir tutumları var. Bu yeni toplumcu tutum, hepsinin emekçi sınıfının tarihsel görüşünü ve bütün çelişmeleriyle toplumcu düzeni ilke olarak benimsemelerinin sonucudur.

Toplumu bütün ayrıntılarıyla ve gerçekliğiyle "olduğu gibi" gösterme konusunda en uzlaşma tanımayan nesnel olma isteği bile ancak belli bir noktaya kadar gerçekleştirilebilir; hatta bu noktanın bile kesin bir kanıtı gösterilemez. Franz Kafka, "Bir davada ancak bir yanı tutan kişi yargılayabilir ama yan tuttuğu için de yargılayamaz. Bu yüzden dünyada yargılama olanağı değil, sadece bu olanağın bir parıltısı vardır," derken bu gerçeği biliyordu. Kişinin ancak belli bir görüş açısından algılayabileceğini ya da yargılayabileceğini, bir görüş açısını isteyerek ya da istemeyerek benimsemenin de yan tutmak olduğunu görmekte haklıydı Kafka. Bu yüzden bir anlaşmazlıkta ancak iki yandan biri gerçekten bir yargıya varabilirdi. Oysa Kafka bir kimsenin yan tuttuğu için yargılayamayacağını söylerken, güdümlü olmakla birlikte kaba çizgileriyle toplumsal gerçeklere uyan bir görüş olabileceğini görmezlikten geliyor. Seçtiğiniz görüş açısına göre ya yalnız unutulmaya yargılı parçaların akışını görebilirsiniz ya da yeni gerçekler yaratma sürecinde olan geniş kapsamlı gerçekleri görebilirsiniz. Kafka'nın sözünü ettiği "yargılama olanağı parıltısı" ya ölmekte olan bir gece ışığı olabilir ya da doğan günün ilk ışığı. Böylece, ışığın kaynağı varılan yargının değerini ve gerçeğe yakınlık derecesini belirleyecektir.

Sözgelimi, devrimci demokrat Stendhal'ın zamanının devrim sonrası toplum gerçeklerini değerlendirmesi yalnız daha yetenekli bir yazar olmasından değil, aynı zamanda seçtiği görüş noktasının kendisine daha ileriyi görmeyi, olayları daha açık seçik görmeyi sağlaması yüzünden geriye dönük romantiklerin değerlendirmesinden çok daha gerçeğe yakın olmuştur. Zamanının en ilerici yazarı olan Stendhal'ın bile gerçekliğin sürecini tümüyle veremediği ve zaman zaman bilinçli olarak öznelliğe sığındığı elbette bir gerçektir. Bu konuda en çok umabileceğimiz şey, sanatçının seçtiği görüş açısının bir yere kadar toplumsal gerçeklerin gelişmesine uymasıdır.

Çağımızda geniş ölçüde bir nesnellik olanağını emekçi sınıftan ve ulusal bağımsızlık hareketlerinden yana çıkmak – kuralcı olmayan Marxçı görüş açısını benimsemek – sağlayabilir. Elbette bu çıkar yollardan sadece biridir: Gelişme sürecinde olan gerçekleri verebilmek için toplumculuğun zaferine inanmak ya da genel toplumsal ilkeleri bilmek yetmez. Geçişin – değişimin – biçimlerini bütün çelişik somutluğu içinde vermek gerekir. Doğru yargıya varmak için gerekli olan parıltıyı sağlama yolunda her ne kadar yüce bir inanç söz konusu ise de, yazarın yarını ve yarından sonraki günleri önceden tasarlanmış bir kalıba uydurma isteği bugünü gölgeliyorsa, görüş açısını sağlamlaştırmak için dayandığı bağnaz kurallar duvarı aslında görüşünü kısıtlıyorsa, her türlü nesnellik ölçüsü tehlikeye düşer.

Toplumcu gerçekçilik, daha doğrusu toplumcu sanat, geleceğin habercisidir. Bu sanatın dokusunda yalnız geçmiş olan belli bir tarihsel dönem değil, aynı zamanda gelecek olan dönem de vardır. Olgular değişmez, oysa bir anın gerçekliği kişinin görüş açısına göre değişir. Bir zamanlar "gelecek" olan, usumuzda geçmiş bir olayla birleşir, böylece yalnız belleği etkilemekle kalmaz, o zamanlar bütünüyle belirmemiş olan gerçekliği de tamamlar. Çoğu zaman gerçekçilik adına aşağılanan yalvaçsı öğe yeni bir güç ve onur kazanmış olur toplumcu sanatta. Johannes R. Becher şu sözleri yazmakta haklıydı:

> Toplumcu gerçekçiliğin sözünü ettiğimiz, onun bir tanımını yaptığımız zaman, konuyu karıştırarak anlaşılmaz bir biçime sokmamalıyız. Toplumcu gerçekçilik kavramı, bu kavramın kuramı doğmadan önce birçok yazar tarafından dile getirilmiştir. İşte Schiller'in şu dizelerinin de toplumcu gerçekçi bir görüşü yansıttığı söylenebilir:
>
> Yiğitçe kanat çırparak
> Yüksel çağımın üstüne,
> Yansısın yarının şavkı
> Aynandan belli belirsiz.

Brecht de şunları yazıyordu:

> Düşler ve o altın "eğer"
> Çağırıyor muştulanan

Yeşeren buğday denizini.
Orakçı, söyle bugünden
Yarınki hasadın
Senin olacağını.

Yalnız bu sözler bile toplumcu gerçekçiliğin özünü tanımlamaya yeter.

Becher sorunu biraz yalınlaştırıyor, çünkü Brecht'in somut anlatımı toplumcu sanatın gerçekçi bakışını ortaya koysa bile, aynı şeyi Schiller'in evrensel düşçülüğü için söyleyemeyiz. Romantik çağ toplumsal hayaller ve yalvaçsı bildirilerle doluydu, oysa "bugün"le "yarından sonraki günler" arasında kalan her şey tam bir belirsizlik içindeydi. Toplumcu sanat bulanık düşlerle yetinemez. Toplumcu sanatın işi "yarın"ın "bugün"den doğmasını bütün sorunlarıyla ele almaktır. Toplumculuğa geçiş, karşılıklı etkilerin karmaşıklığı ve beklenmedik durumların çeşitliliğiyle hiç de birtakım yalınlaştırıcı kişilerin bizi inandırmaya çalıştıkları gibi dikensiz bir yol değildir.

Toplumcu sanatçı, emekçi sınıfının tarihsel görüş açısını benimser. Ama bu, sanatçının işinde, emekçi sınıfını temsil eden her partinin ya da kişinin alacağı kararı ya da davranışı doğru bulmakla görevli olduğu anlamına gelmez. Sanatçı, emekçi sınıfında, kapitalizmi yenecek, sınıfsız bir toplumu geliştirecek, insan kişiliğini özgürlüğe kavuşturacak her türlü üretim güçlerini geliştirecek, tek değilse bile, başlıca güç kaynağını görür. Başka bir deyişle, toplumcu sanatçı büyüme sürecinde olan toplumcu düzenle kendi arasında köklü bir özdeşlik kurar; öbür yandan, az çok önemi olan burjuva sanatçılar ve yazarlar, üstün burjuva sınıfı ile olan bağlarını ister istemez koparırlar. Toplumcu sanatçı insanın gelişme yeteneğinin sınırsız olduğuna, bir "cennet düzen"in gerçekleşeceğine inanmaksızın, çatışmaların verimli diyalektiğinin sona ermesini istemeksizin inanır:

Sen hiç gelmeyeceksin, ey Altın Çağ! Gene de uçarak
yeryüzünde sürükle bizi de ardından!

Fışkırdığı kaynağa dönsün deniz de.
Dünyanın şafağının derin düşlerinde ışısın gelecek günler
ve efsane amacı olsun olgun bir ırkın.
(E. Fischer: *Elegien aus dem Nachlass des Ovid*)

Yeni toplumun böyle temelden benimsenmesi eleştirel öğeden yoksun olamaz. Marx'ın emekçi devrimleri için söylediği sözler kurulmakta olan toplumcu düzen için de geçerlidir: "Bu devrimler... kendilerini eleştirirler; durmadan ilerlemelerinde aksarlar, yeniden başlamak için, atmış oldukları adımları gözden geçirirler..." Gerçek "toplumcu gerçekçilik" bu yüzden aynı zamanda sanatçının temelde toplumu benimsemesiyle ve olumlu bir toplumsal görüş açısıyla zenginleşmiş eleştirel gerçekçiliktir. Sanatçı, çevresindeki dünyaya karşı romantik bir ayaklanma içinde değildir artık. Ne var ki, "ben"le toplum arasındaki denge de hiçbir zaman dural değildir; bu denge sürekli çatışmalar ve çelişmelerle sık sık yeniden kurulmak zorundadır.

Tutumu kapitalist düzenin sanatından ayrı olan toplumcu sanatın kendine her zaman yeni anlatım yolları bulması gerekir. Biçimcilik konusunda şöyle diyor Bertolt Brecht:

> Sanatta biçime ve biçimin gelişmesine önem vermenin gerekmediğini söylemek, saçmalamaktan başka bir şey değildir. Biçimsel yenilikler getirmeden edebiyat yeni toplum katlarına yeni konular ve yeni görüşler de getiremez. Evlerimizi Elizabeth çağındaki evlerden değişik biçimde yapıyoruz, oyunlarımızı kuruşumuz da değişik. Shakespeare'in oyun kurma yönteminde direnseydik, Birinci Dünya Savaşının nedenlerini, sözgelimi, bir bireyin (Kaiser Wilhelm'in) kendi üstünlüğünü gerçekleştirme isteğine, bu isteği de bir kolunun öbüründen kısa olmasına bağlayacaktık. Bu da saçma bir şey olacaktı. Asıl biçimcilik bu olacaktı: Belli bir yapı yöntemini korumak için, değişen bir dünyanın getirdiği yeni görüş açısını benimsememek için direnmiş olacaktık. Böyle olunca, yeni konuları eski biçimlere sokmaya kalk-

> mak, yeni biçimlere sokmaya kalkmak kadar biçimciliktir... İnsanlığın gözlerine atılan tozu silmesinin en önemli şey olduğu bir dönemde düzmece birtakım yeniliklere karşı çıkmak gerektiği de açıkça ortadadır. Gene açıkça ortadadır ki, artık geçmişe dönemeyiz, bu yüzden gerçek yeniliklere doğru ilerlemek zorundayız. Ne büyük yenilikler hazırlanıyor çevremizde... Sanatçılar nasıl çizecekler bütün bu yenilikleri sanatın eski anlatım araçlarıyla?

Yeni gerçekleri açıklayabilmek için yeni anlatım yolları gereklidir. Toplumcu sanatın, burjuva sanatının, özellikle Rönesans ve on dokuzuncu yüzyıl Rus gerçekçiliğinin biçimlerini sürdürmesini istemek bağnazlık olur. Rönesans eşsiz sanatçılar yaratmıştı; ama toplumcu sanat Mısır ya da Aztek yontularından, Doğu Afrika'nın desen ve resminden, Gotik sanattan, ikonlardan, Manet'den, Cézanne'dan, Moore'dan, Picasso'dan da niye bir şeyler öğrenmesin? Tolstoy'un, Dostoyevski'nin gerçekçiliği eksiksiz olabilir; ama toplumcu yazar Homeros'la *Kutsal Kitap*'tan, Shakespeare'le Strindberg'den, Stendhal'la Proust'dan, Brecht'le O'Casey'den, Rimbaud'yla Yeats'den niye bir şeyler öğrenmesin? Amaç herhangi bir üsluba öykünmek değil, biçim ve anlatımın en değişik öğelerini sanatta birleştirmek, böylece sonsuz farklılaşmalarla dolu olan gerçekliğin bir parçası yapmaktı. Birtakım sanat yöntemlerine; bunlar ne olursa olsun, bağnazlıkla bağlı kalmak, binlerce yıllık insan gelişmesinin sonucundan bir bileşime varma ve yeni biçimlerde yeni özleri ele alma işiyle bağdaşamaz.

Toplumcu düzende bu konuların tartışılmasına artık önlenemeyecek bir yolda başlanmıştır. Görüşlerin çatışmasıyla özgürlüğe kavuşan sanat, yani özüyle toplumcu olan sanat, inanıyorum ki, biçimiyle, çabasıyla, değişik akımlarıyla, geçmişteki her türlü sanattan daha zengin, daha korkusuz, daha tümü kapsayan bir sanat olacaktır. Direnmelerden, yanlışlardan, engellerden, dönüşlerden yılmayalım. Her duruma olduğu gibi, bu duruma da uygulanabilir Brecht'in "Diyalektiğe Övgü"sü:

Yaşadığın sürece hiç deme hiçbir zaman.
Kesin değildir kesin olan.
Bu işler böyle sürüp gitmeyecek...
ve
Gün Bitmeden olacak hiçbir zaman.

Dördüncü Bölüm

ÖZ VE BİÇİM

Özle biçimin birbirine olan karşılıklı etkisi sanatta da, sanat dışında da önemli bir sorundur. Bu sorunu ilk ortaya atan ve yaptığı açıklama parlak olduğu ölçüde yanlış da olan Aristoteles'den bu yana pek çok düşünür ve düşünür-sanatçı "biçim"i sanatın ana öğesi, üstün ve iç öğesi, "öz"ü ise tam gerçekliği yansıtmaya yetecek ölçüde arınmamış yardımcı bir öğesi saydılar. Salt biçim gerçekliğin özüdür, bu düşünürlere göre; bütün madde olabildiğince bir biçimde erir, biçim olur, biçim yetkinliğine ve böylece salt yetkinliğe erişir. Yeryüzünde her şey bir biçim ve madde bileşimidir; biçim ne denli ağır basarsa, maddenin pürüzlerinden o ölçüde kurtulur, eriştiği yetkinlik o ölçüde büyük olur. Matematik bilimlerin, müzik de sanatların en yetkinidir böyle düşünenlere göre. Çünkü ikisinde de biçim kendi özü olmuştur aynı zamanda. Biçim, Platon'un "idea"sı gibi, maddeyi içermesi gereken bir temel, maddeyi yöneten bir düzenin iç ilkesi olarak görülüyor. İlkel çömlekçinin düşüncelerini yansıtan bir görüş bu: "Önce bir biçim hazırladım, sonra da şekilsiz maddeyi o hazır biçimin içine döktüm."

Bu görüş ortaçağ düşüncesinde ve fizikötesi bir dünya düzeni düşüncesini ileri süren Aquino'lu Thomas'ın öğretisinde gelişti. Aquino'luya göre her varlık fizikötesi belirli bir amaçla hareket ediyordu. Düzen – değişikliğin birleşircesine düzenlenişi – kesinliği öngörür; düzen düşüncesi kesin bir ilkedir. Her varlık kendi kesin amacına varmaya çabalar; bütün yaratıkların arasında, onları Tanrı yarattığı için, bir düzen vardır. Tanrı'nın dışında hiçbir varlık yetkin değildir, ama her varlığın içinde bir yetkinlik özlemi vardır. Bu yetkinlik bu dünyadaki nesnelere içten bir güç olarak verilmiştir, eyleme ya da gerçeğe dönmek için çabalamaksa bu iç gücün yapısının özelliğidir. Bu yüzden yetkin olmayan varlık yetkinliğe erişebilmek için etkin olmak zorundadır. Her maddi bütünün eylemi biçimdir: Biçim eylem ilkesidir. Her eylem biçim yoluyla gerçekleşir ve her eylem o eyleme girişenin yetkinliğe erişmesi amacını güder. Her varlık, belirli düzeni içinde, kendi yapısına uyan bir eylemle, yani kendi doğal biçimine uyan bir çabayla, erişebileceği en yüksek yetkinliğe erişir. Biçimsel nedenle kesin neden birbirinin aynıdır; bir amaca yönelen biçim kesinlik'tir, yetkinliğin ilk kaynağıdır. Böylece biçimle öz aynı olur ve maddenin önemi ikinci dereceye düşer.

Son burjuva dünyasının birçok sanat kuramcısı günümüzün sanat, bilim ve düşünce hayatı üzerindeki etkilerini çeşitli yollardan sürdüren böyle öğretilere dayanarak güven duyarlar ve görüşlerini açıklarlar. Biçim bütün doğanın yasa yapıcısı ise sanatta da son söz elbet onun olacak, öz ise daha önemsiz bir öğe sayılacaktır. Bu yüzden, sanatta biçim ve öz sorununu incelemeden önce, doğayı inceleyip doğal varlıkların "biçim"inin ne demek olduğunu ve her maddenin kendi kesin biçimine yönelip yönelmediğini sormamız gerekir.

Kristaller

Cansız varlıklar içinde en yetkin biçimin kristallerde olduğu sanılıyor. Bu son derecede düzenli, saydam parıltılı oluşumlara bakarken, onların gözalıcı düzenliliğini düşünür, yalın güzelliğine hayran olurken, insan cansız maddenin bu cisimlerde kusursuz bir yetkinliğe erişerek bir çeşit manevi nitelik kazandığı kanısına varıyor neredeyse. Saf, bilim adamı olmayan bir gözlemci bu cisimleri yaratıcı bir Doğa'nın ya da tanrısal bir Yaratıcı Güç'ün sanat yapıtları sayabilir. Yani, bunlarda önceden tasarlanmış, bilinçli bir nitelik görebilir. Güzellikseverin dikkati bütün katı cisimlerin çoğu zaman belirsiz olup ancak pek az "soylu" kristalde beliren billursu yapısı üzerine toplanmadığı için oldukça yaygın bir eğilimdir bu. Öyle ki, kilise öğretilerine bağlı kimseler bugün bile kristallerin matematiğin cisimleşmesi olduğunu, atomun yapısının kristaller için bir önem taşımadığını, bakışımın kristali meydana getiren atomun niteliğine değil, madde olmayan, fizikötesi bir billursu örgüye bağlı olduğunu, billursu örgünün cisimlerin ötesinde olduğunu, bunun "oluşturucu düzen ilkesi"ni temsil ettiğini, biçimin her kristalde bir "düşünce", bir "yetkinlik isteği" olarak var olduğunu söylerler. Gene bu kimselere göre, kristal, maddeyi "yok etmiştir"; yetkin kristal gerçeklikte olabileceği ölçüde "düşüncel" (ideal) kristali temsil eder; atomlarının bir gerçeklik değil de "gizil bir güç" olduğu, dıştan belirli bir biçim, içten ayrımlı bir bütün olan bağdaşık bir varlıktır kristal. Bu fizikötesel görüş gerçeğe uyuyor mu? Cansız varlıklar gerçekten böyle katı bir "biçimsel ilke"ye uymak zorunda mıdır? Kristali yapan gerçekten biçim midir? Yoksa kendine özgü nitelikleri olan maddenin atomları mı belirler billursu biçimi?

Modern kristalografinin son buluşlarını burada yeniden açıklamaya kalkarsak bu kitabın sınırlarını aşan bir işe girişmiş oluruz. Birkaç önemli örnek vermekle yetinelim daha iyi. Önce: kristali meydana getiren atomların yapısı, kristalin yapısı bakımından değil önemli olmamak, gerçekte o yapıyı belirleyen etkendir. Kristalografi ile uğraşan bilim adamları belli kimyasal bir bileşimin billursu yapısını o bileşimin atomlarının niteliklerine dayanarak önceden kestirebilirler. Basit cisimler içinde en garip, en değişken, kömürün salt parıltıya dönüşmüş biçimi olan elması ele alalım.

Her bir kömür atomu dört bir yanından başka atomlarla birleşen elmasın yapısı, dört birleşme değerli kömürün yapısına tamı tamına benzemektedir. Başka cisimlerde de, atomların çekirdeksel kümelenişlerinin kristaller için geçerli olduğu deneylerle anlaşılmıştır. Kristali gerçekte sonsuz olan bir molekül, ya da tersine, molekülü bir kristal sayabiliriz. Ayrıca atomların her birine kristalin içinde bir yer vererek daha sonra kristali salt gizil bir güce ya da gerçekdışı bir niteliğe iten önceden belirli, fizikötesel bir uzay örgüsü yoktur. Tersine, atomların düzenli olarak kümelenişi doğrudan doğruya niteliklerine bağlıdır; "uzay örgüsü" denen şey belli atomların uzay içindeki belirli ilişkileri için kullanılan bir terimdir. Maddede ortaya çıkan herhangi bir değişme uzay örgüsünde hemen yansır.

Uzay örgüsü, daha kesin söylemek gerekirse birbirine bağlı atomların düzenli birleşimi, elbette dural değildir. Katı, fizikötesel bir "düzen ilke"sini temsil etmez. Kristalin atomları oldukları yerde durmayan, salınım halinde hareket eden atomlardır. Her hareketin kendine göre bir ısısı vardır. Isı yükseldikçe hareket de, kristal örgü içindeki atomların aralıkları da artar. Kristal örgüsünün büyümesi demek bütün billursu sistemin büyümesi demektir. Bu, kristalin yapısına göre, değişik yönlerde ve değişik ölçüde gerçekleşir. Bunun sonucu olarak da kristal biçim değiştirir. Belli bir noktada, erime derecesinde ya da tam değişim anında nicelik niteliğe dönüşür ve billursu yapı ya değişir ya da tümüyle parçalanır.

Öyleyse, cisimlerin niteliğine, ısısına, vb. göre değişen maddesel koşulları yaratamayıp kendi bu koşullara uyan, fizikötesel olarak önceden tasarlanmış bir düzen ilkesi nasıl olabilir?

Belli koşullar altında, madde düzensiz bir durumdan düzenli bir duruma geçer ya da bunun tersi olur. Ayrıca, tinsel olmayan, tersine oldukça maddesel olan durumlarda atomlar düzenlerini değiştirirler. Uzun bir sürecin hazırladığı bu değişmeler birdenbire olur: Cisimlerin parçacıkları dağınık bir durumdan düzenli bir duruma geçerler. Örnek olarak sıvıların kristalleşmelerini ele alalım. En küçük parçacıklar elektrikle yansızlaştırılmadıkça, bütün sıvılarda sıvı ve kristal arası değişken bir nitelik vardır. Metil alkolünde ve birtakım başka benzin türemelerinde durmadan birtakım düzenli kümeler oluşur ve hemen dağılır: Sürekli kristaller meydana getirmeyen bir kristalleşme sürecidir bu. Suyu ele alacak olursak, suyun yoğunluğundaki düşüklüğün (sıvıların belirgin özelliği olan) çekirdeksel sıkışmanın en yüksek derecede yoğunlaşmasına karşı gelen birtakım güçleri belirttiğini görürüz. Röntgen gözlemlerine göre suda, kuvarstaki silisium dioksit atomlarınınkine benzeyen bir molekül düzeni vardır. Ama su buza dönüştüğü zaman, yani sürekli bir kristal olduğu zaman, atomları oldukça değişik bir yapıya göre düzenlenir.

Demek ki, bir kristal son biçimini almış bir nesne, katı bir biçim "kavram"ının cisimleşmesi değil, maddenin durumundaki sürekli değişmelerin geçici bir sonucudur. Billursu olmayan maddeden billursu maddeye geçiş süreci karbondioksitte açıkça görülebilir. Karbondioksit düşük ısıda kristalleşir. Ama kristal örgüsünü meydana getiren moleküller düşük ısıda bile eksenleri üzerinde dönercesine hareket etmekte, bir başka deyişle, düzenli durumdan neredeyse çıkmak üzeredirler. Karbon ve dört hidrojen atomlu bir bileşikte 18° ısının altında hidrojen atomları belli bir biçimde düzenlenirler ama bir yandan da durmadan salınım halinde hareket ederler. Bu hidrojen atomları 22.8° ısının üstünde eksenleri üzerinde dönmeye başlarlar; dönüş hızı arttıkça da billursu örgünün düzeni bozulur ve sonunda bütün bütüne parçalanır.

Atomların belli koşullar altında düzenli bir duruma girmelerini sağlayan nitelikleri nedir? Kristaldeki her atomun bir *eylem alanı* vardır. Bu, koşullar ne olursa olsun değişmeyen bir özellik, yani fizikötesel bir "düzen ilkesi" değildir; koşullar değiştikçe bu eylem alanı değişir, diyalektik etkileme yasasına uyar. Atomun taşıdığı elektrik yükünün de önemli bir rolü vardır. Ayrıca, eylem alanı düzenleştirme katsayısına göre büyür. Düzenleştirme katsayısı bir atomun yanında aynı uzaklıktaki atomların ya da iyonların sayısını belirtir. Bu sayı 1 ile 12 arasında değişir. Bir atomun yanındaki atomların sayısının on ikiyi aştığı görülmemiştir; bu durumda, düzenleştirme katsayısı 12 olunca, madenimsi cisimlerin özelliği olan en yüksek "atom yoğunluğu"nu gösterir. Düzenleştirme katsayısı ne kadar yüksek olursa, atomun eylem alanı da o kadar geniş olur; bir başka deyişle, komşu atomların sayısı ne kadar çoksa, onları uzak tutmak için ele o kadar fazla güç gerekir. Düzenleştirme katsayısının kesin bir etkisi vardır billursu yapı üzerinde. Bu yüzden kristali meydana getiren şey soyut, biçim yaratan bir kristal örgüsü değil, atomlarının niteliği ve birbirleri arasındaki karşılıklı etkidir. Atomlar ve iyonlar eylem alanları ile birlikte kristal örgüsünü meydana getirirler; örgüyü, dolayısıyla da kristalin kendisini madde oluşturur.

Peki, kristallerdeki bakışıma ne diyeceğiz? Bunu, ne olduğunu kesinlikle bilmediğimiz bir "biçim özlemi"nin fizikötesel düzen ilkesinin dışında açıklayabilir miyiz? Fiziköteci düşünürler unutmamalı ki, bakışım da kristal örgüsünün yarattığı bir sonuç değil, söz konusu olan maddenin niteliğine bağlı bir şeydir. Kristaller arasında gerçekleşebilecek bakışımları ele almadan önce, her maddenin sayısı otuz ikiyi aşmayan belli bir bakışım sınıfında kristalleştiğini belirtmemiz gerekir. Bundan da anlaşılıyor ki bir kristalin belli bir bakışımı o kristalin atom yapısına doğrudan doğruya bağlıdır. Denilebilir ki, böyle bir bağ olsa bile, kristaller arasında belirli bakışımların varlığı burada "matematiğin cisimleşmesi" ile, madde dışı bir biçim yasasıyla karşı karşıya olduğumuz düşüncesini doğruluyor. Kristal dünyasını düzenli sayısal oranların yönettiği, aynı türden atomların aynı aralıklarda bulunduğu, yalnız belli birtakım bakışımların gerçekleşebileceği ve bütün bakışımların basit sayısal formüllerle belirtilebileceği doğrudur. Bunu anlaşılmaz bir şey sayan ya da bu yüzden erekliğe *(finalité)*, amaçlı nedenlere ya da doğanın, doğaüstünün bir sanatçı yaratıcılığı olduğuna inanmayı özürlü göstermeye çalışan kimse düzenli yasaların, belli bir karşılıklı etkilenme düzeninin olmadığı bir dünyayı tasarlamayı denesin. Görecektir ki böyle bir dünya ancak onun kafasında var olabilir. Her türlü varoluş kendiliğinden belirli bir varoluştur, yani belli bir karşılıklı etkilenme düzenidir. Atomların belirli bir düzenlenişi ancak her atomun gizil gücüne bağlı olarak, belli ölçüde bir boşluğu gereksinmesi ya da belli bir eylem alanı olması yüzünden var olabilir.

Atomlarda belirli biçimde bir düzenlenişin varlığı, atomların belli aralıklarla ve belli bir çekim ve iteleme dengesi içinde kümeler meydana getirdiği ve bu aralıklarda vektörlerin matematiksel niteliği olduğu için de sayılarla belirtilebileceği anlamını içerir. Doğa matematik vektörlerinin yasalarına bağlı değildir, tersine vektörler doğal ilişkilerin bir açıklanışıdır. Bakışım dediğimiz şeyler de bu düzenli aralıklar dizisinden başka bir şey değildir, yani belirli atomlar arasındaki belirli ilişkilerdir. Kristaller dünyasında bakışım oluşu, matematik gerektirdiği için değil, atomların belirli durumlarda belirli aralıklara göre kümelenmeleri doğal nitelikleri olduğu içindir. Matematik gerçekleşebilecek bakışımları hesap etmeden çok önce, doğa atomların niteliklerinden bu bakışımları yaratmıştı. Önce gelen matematik değil doğadır.

Süsler

Doğada kristaller neyse, sanatta da süsler aynı şeydir. Süsler yalnız vektörlerin – aynı türden aralıkların – kullanıldığı bir sanat biçimidir. Süsleme sanatını matematik alanında oldukça yaratıcı ve özgün olan Mısırlılar geliştirmişlerdir; üstelik bu ilk süsleme sanatı öylesine yetkindir ki, daha sonra ortaya çıkan süsleme türleri içinde kökü ona dayanmayan yoktur, İngilizlerin eski Mısır bilginlerinden Sir Flinders Petrie'nin de belirttiğine göre, Mısır'daki ilk süsleme örneklerinden bağımsız ya da kökü ona dayanmayan bir süsleme türü bulmak olanaksız değilse de çok güçtür. Böyle bir süsleme sanatı bir çeşit çizgisel matematiktir açıkça. Matematik nasıl harflerden önce ortaya çıkmışsa, bu sanat da sayılardan önce ortaya çıkmıştır. Süslemenin matematiğin sanatta cisimleşmesi olduğu da söylenebilir. Matematik bilimi kristallerle olduğu gibi süsleme sanatıyla da ilgilenmiş ve her ikisinin en yüksek bakışım sayışını hesap etmiştir. Gerçi bunun şaşılacak bir yanı yoktur. Şaşılacak olan nokta, insanın kristal dünyasının yasalarını bilmeden doğadaki bakışımların toplamını bulması ve bunları süsleme sanatında uygulamasıdır. Billursu yapıların fotoğraflarını çekip bu resimleri üst üste koyacak olursak, Mısır sanatından bildiğimiz birtakım çok güzel süsleme biçimleri elde ederiz. Kristallerde de süslerde de düzenliliği sağlayan vektörlerdir. Vektörler doğada atomlar arasındaki doğal ilişkilerin belirmesidir. Ama insanları süsleme sanatında vektör kullanmaya yönelten içtepi nedir? Bu içtepi, kuşkusuz, geometrinin başlangıcı olan yerölçüm çalışmalarının sonucudur. Ayrıca insanların tat almalarının da bir payı olmalı bunda. Ne var ki, bu tadın, bu düzenli şeyleri "güzel" bulma eğiliminin daha derin nedenleri vardır. Daha önce ritmin, aynı ses düzeninin tekrarının, insanlık tarihinin başlangıcında yaşamaya ve çalışmaya nasıl yararlı olduğunu belirtmiş, bunun nedenlerini de açıklamaya çalışmıştım. Şimdi de, insan toplumunun "düzen"ini yansıtan insan zihninin doğadaki "düzen"i de yansıtıp yansıtmadığını ele almak istiyorum. Kristaller de, süsler gibi, bize "güzel" görünürler – üstelik bakışımları ne denli çoksa, onlarda gördüğümüz güzellik de o ölçüde çoktur. Bakışım arttıkça güzelliğin de artması kristallerin en yüksek bakışım derecesini gerçekleştirme yönündeki doğal eğilimlerinin bir karşılığıdır.

Fiziköteci düşünürler bu eğilimi "yücelme çabası" ve bir "biçime yönelme özlemi" olarak yorumlamışlardır. Oysa bizim kristallerde (yalnız kristallerde değil, atomlarda, moleküllerde ve her türlü maddede) gördüğümüz şey düşüncel bir "çaba" ya da anlaşılmaz bir "istem" değil, en yüksek dengeyi sağlama ve gücü koruma eğilimidir. Kristalin bakışımı ne denli çoksa, gücü o ölçüde büyük, dengesi yani yapısı o ölçüde sağlam olur. Bizim bakışım dediğimiz şey de aslında sağlam dengeli enerji durumundan başka bir şey değildir. En çok helyum ve argon gibi yüksek gazların atomlarının dengesi sağlamdır. İşte çekirdeksel yapılarında en yüksek derecede bakışım olan atomlar da bunlardır. Kristaller arasında da en sağlam dengeli yapılar; en yüksek bakışımlı yapılar, yani kübik ve altıgen yapılardır.

"Biçime yönelme özlemi" diye bir şey yoktur. Öyle olsa, "biçimsizliğe yönelme özlemi" ya da "dağınıklığa yönelme özlemi" vardır demek de aynı derecede doğru olurdu. Oysa her iki öneri de yanıltıcıdır. Sözcüklerin yanlış kullanılmaması gerekir.

Goethe bir zamanlar şu sözleri söylemişti:

> Başkalaşım düşüncesi saygıdeğer olduğu ölçüde tehlikeli bir yetenektir. Biçimsizliğe yol açar, bilgiyi silip ortadan kaldırır. Merkezkaç kuvvet gibidir başkalaşım düşüncesi; ona karşı bir ağırlık bulamazsak sonsuzlukta yitip gidebilir. Karşı ağırlık derken, gerçekliğe dönüşmüş bir durumun kendini öne sürmesini, herhangi bir dış etkenin özünü değiştiremeyeceği merkezcil bir kuvveti, özellikle belirtme dürtüsünü söylemek istiyorum.

Bu sözler, doğanın ve gerçekliğin birbiriyle çatışan iki temel eğilimini hem şiirsel, hem de düşünsel bir biçimde dile getiriyor. Goethe'nin merkezkaç kuvvet, Hegel'inse "iteleme" dediği şey madde parçacıklarının değişmeyen bir hızla sonsuzluğa kaçma yönsemesi – buharlaşıp yok olma yönsemesidir. Bunun karşısında ise merkezcil kuvvet, Hegel'in "çekim" dediği, birleşme, kümeleşme, enerjinin yığışma yönsemesi vardır. Düzenli, örgenli bütün maddelerde bu iki yönseme de yürürlüktedir: bir yanda tutucu yönseme, "sert direnme", gerçekleşmiş bir örgenlenme biçimine bağlanma, süredurum; öbür yanda devrimci yönseme, sürekli devinim, olduğu gibi kalamama niteliği, sürekli değişim. Bu iki yönsemenin sürekli çatışması ve bu çatışmanın madde ile enerji arasında sağlanan belli bir dengeyle durmadan giderilmesi olmaksızın gerçeklik de olamaz, çünkü *gerçeklik varlıkla yokluk arasındaki kesinlikten uzak gerilim içinde varlığın da, yokluğun da gerçekdışı olduğu, yalnız aralarındaki etkilenişin, oluşumun gerçek olduğu bir durumdur.*

Biçimle öz arasındaki diyalektik ilişki kristallerde, yani katı, düzenli cisimlerin yapısında kesinlikle gözlemlenebilir. Biçim dediğimiz şey sadece maddenin belirli bir kümelenişi, belirli bir düzenlenişi ve belirli bir dengeye oturuşudur; biçim, temel tutucu yönsemeyi, maddenin bir süre için dural bir duruma geçmesini açıklayan bir sözdür. Oysa öz, kimi zaman belli belirsiz kimi zaman büyük bir devinim içinde durmadan değişir; biçimle çatışır, biçimin sınırlarını yıkar, yarattığı yeni biçimler içinde değişmiş bir öz olarak, bir süre için, yeniden dengeyi sağlamış olur.

Biçim, belli bir zamanda sağlanan dengenin ortaya çıkışıdır. Özün ayrılmaz özellikleri devinim ve değişimdir. Öyleyse, yaptığımız bir yalınlaştırma olsa bile, biçimi tutucu, özü ise devrimci olarak tanımlayabiliriz.

Canlı Varlıklar

Doğanın temel yönsemeleri cansız varlıklar arasındaki az çok yalın ilişkilerde daha kolayca görülebilir; varlıklar karmaşıklaştıkça ilişkiler de karmaşıklaşır. Canlılar evreninde, soyaçekim tutucu, değişirlik ise devrimci yönsemedir. Doğanın üstüne çıkıp kendi yasalarını yaratan insan toplumunda, tutucu yönsemeyi üretim ilişkilerinde, başka bir deyişle üretimin aldığı biçimlerde, devrimci yönsemeyi ise üretim güçlerinde, yani toplumsal oluşumun gelişen, geleceğe yönelmiş ekonomik özünde görürüz. Her zaman ve her yerde elde edilmiş olan biçim, yapı, düzen yemliğe karşı direnir – ve her yerde yeni öz eski biçimlerin kalıplarını kırarak yeni biçimler yaratır.

Canlı varlıklar dış dünyanın koşullarını değişik yollarda özümler. Dış koşulların bu özümlenmesi ve iç koşullara dönüştürülmesi, dış dünyanın (yalnız besin olarak değil, bütün bir ilişkiler düzeni olarak) içerilmesi ve sindirilmesi canlı varlıkların başlıca özelliklerinden biridir. Örneğin, bitkilerin köklerinde, yerçekimi bir dış koşul olmaktan çıkmış, bir iç koşula dönüşmüştür. Bütün cisimler gibi kökler de yerçekimi yasasına uyarak yeryüzünün merkezine doğru düşer, ama bu sadece düşmek değil, yeryüzünün merkezine doğru yerçekiminden birkaç kat büyük bir güçle büyümektir. Yerçekimi burada bir iç süreçler ve tepkiler zinciri meydana getiren bir "dürtü" olur. Dolaysız bir etkiyken dolaylı bir etkiye dönüşür.

Bir bitkinin oluşumu bir biçim değişmeleri dizisinin toplamıdır. Bu değişmelerin her biri çoğu zaman belli belirsiz ve düzensiz büyüme süreçlerinin sonucunda gerçekleşir. Bu değişme, örneğin, bir hücre duvarının ya da organın bir kesiminin öbür kesiminden daha iyi gelişmesiyle olur. Bu süreçler isteğe göre ya ışın verme ya da özel besleme yoluyla geliştirilebilir ya da önlenebilir; bu da bitkinin biçimini etkiler. Metabolizma koşullarının yalnız bitkilerin değil, hayvanların oluşumunu da etkilediğini görmek için bir tek örnek alalım: Hartmann, *Ophryotrocha puerilis* adlı deniz böceklerinin küçüklerinin hepsinin erkek olduğunu deneylerle tanıtlamıştır. Bunların gövdeleri on beş, yirmi parçayı aşacak biçimde büyürse, biçimleri değişerek dişi olurlar. Bu hayvanlar aç bırakılırlarsa, bütün erkekleri yalnız erkek olmakla kalmaz, önceden dişi olanlar da küçülerek erkekleşirler. Besleyici içkilerde potasyum iyonlarının oranını artırmakla da aynı sonuç elde edilir. Öyle ki, bu belli durumda metabolizma koşulları canlı varlığın yalnız biçimini değil, cinsiyetini de belirler.

Canlı varlıkların bu olağanüstü değişkenliklerine karşı bir de tutucu, biçim koruyucu yönsemeleri vardır. Bir canlı varlık kendini oldukça dural koşullara uydurmuş ve dış dünyayla az çok dengeli bir biçim bulmuşsa, o biçim her hücresinin özünde korunur ve soyaçekim yoluyla aktarılır. Böyle bir biçim yerleşmişliği olmaksızın hiçbir canlı varlık var olamaz. Bunun belli bir amaca yönelmekle hiçbir ilintisi yoktur. Bu sadece şu anlama gelir: Nasıl birtakım kimyasal bileşimler bir biçim alır almaz dağılıp gidiyorlarsa, herhangi canlı bir varlık da çevresindeki dünyaya karşı direnemiyorsa, kısa bir süre içinde yok olup gitmek zorundadır. Ancak var olma yeteneği olan varlıklar, yani hem değişebilen hem de direnebilen varlıklar canlı kalmayı başarırlar. Canlı varlığın yapısını, karşılıklı etkilenme düzenini ve biçimini koruyan hücre çekirdeklerinde oldukça büyük bir direnme gücü vardır; bu nitelik dış dünyaya karşı "boyun eğmez bir tutuculuk" sağlar. Ne var ki, bu "soyaçekimsel cisim" de değişmeyen, dış dünyanın karşılıklı etkileme gücünden korunabilen bir şey değildir – billursu örgünün de "maddenin ötesinde" olmadığı "uzay dışı bir düzen ilkesi"ni temsil etmediği gibi.

Canlı varlıkların "biçim"i değişmez değildir. Bir bitkiye (en geniş anlamıyla besinini değiştirerek, melez ürettirerek, aşılayarak, kısacası dış koşulları değiştirip yoğun biçimde özel bir metabolizma uygulayarak) yeni bir "öz" verirsek, biçimi de değişmiş olur. Bitkideki eski biçimine dönme yönsemesi çok ağır da bassa, yeni biçimler de kesinlikle oluşur ve edindikleri özellikler belli koşullar altında soyaçekim yoluyla daha sonraki kuşaklara geçer. Goethe'nin doğayı öven sözleri burada da geçerlidir: "[Doğa] durmadan değişiyor, bir an bile kımıldamadan duran bir şey yok doğada. Durup kalma kavramı yok, üstelik kımıldamayan her şeyi lanetlemiş..." Biçim, oldukça sağlam bir denge içinde "kımıldamadan durma" hali, yeni bir özün devinimi ve değişimi ile her zaman yıkılma tehlikesiyle karşı karşıyadır.

Toplum

Toplumsal gerçeklikteki biçim ve öz sorunu, canlı ve cansız varlıklarda olduğundan değişik ve çok daha karmaşık bir düzeyde ortaya çıksa bile, temelde aynıdır. Toplumun özü, insanın yiyip içmesi, barınması, giyinmesi gibi en basit gerçeklerden tutun da, modern araçların, makinelerin, üretim güçlerinin çeşitliliğine dek hayatın üretimi ve çoğalımı demektir: Dış dünyanın bilinçli olarak *Homo sapien*'lerin gittikçe artan maddesel ve tipsel gereksinmelerine göre uydurulmasıdır. Bu süreçlerin gerçekleştiği biçimler – toplumsal örgütler, kurumlar, yasalar, düşünceler, önyargılar – oldukça çeşitlidir. Belli bir süre için bu biçimler üretim güçlerinin koşullarına uyar, sonra bu güçlerle çatışıp katılaşır ve yozlaşır, durmadan yenilenmeleri gerekir.

Karl Marx *Politik Ekonominin Eleştirisi*'nin önsözünde şu noktayı belirtiyordu:

> Bir toplumun maddesel üretim güçleri, gelişmelerinin belli bir döneminde, var olan üretim ilişkileriyle ya da – aynı şeyi türel bir deyişle söylersek – daha önce içinde çalıştıkları mülkiyet ilişkileriyle çatışır. Bu ilişkiler üretim güçlerinin gelişme biçimleri olmaktan çıkıp o gelişmenin engelleri olur. Bunun üzerine toplumsal devrim dönemi gelmiş demektir.

Marx da Engels de ileri sürdükleri ana tezin körü körüne ve tembel bir alışkanlıkla yalınlaştırılmasına karşı uyarıda bulunmuşlardır. Engels, Joseph Bloch'a yazdığı bir mektupta, şöyle diyordu:

> Maddeci tarih görüşüne göre, gerçek hayatın üremesi ve üretmesi, en sonunda, tarihi belirleyen etkendir. Ne Marx ne de ben bundan fazlasını ileri sürdük. Biri çıkıp da tek belirleyici etkenin ekonomik etken olduğunu söylerse, bizim düşüncemize anlamsız, soyut, saçma bir nitelik vermiş olur. Ekonomik durum temeldir, ama üstyapının bütün etkenleri – sınıf çatışmasının siyasal biçimleri ve bunların sonuçları, bir savaşı kazandıktan sonra egemen sınıfların benimsedikleri anayasalar, yasa biçimleri, ve bunun da ötesinde, bütün bu gerçek çatışmalara katılan insanların kafalarında bu çatışmaların yansıması, siyasal, türel ve düşünsel kuramlar, hem ilkel hem de gelişip kalıplaşmış biçimleriyle dinsel görüşler – bütün bu etkenler de tarihsel çatışmaların akışını etkiler ve onların biçimlerini belirlemekte çoğu zaman önemli rol oynar.

Starkenburg'a yazdığı bir mektupta ise şöyle diyordu:

> Siyasal, türel, düşünsel, dinsel, yazınsal, ve sanatsal gelişmeler, vb. hep ekonomik gelişme temeline dayanır. Ama, ayrıca, hepsi birbirini olduğu gibi ekonomik temeli de etkiler. Ekonomik durum, kendi dışındaki her şey edilgin olup, tek başına etkin olan bir ilk neden değildir. Ekonomik gerekliliğin temelinde, en sonunda her zaman belirleyici etken olan karşılıklı bir eylem vardır.

Toplum içindeki karşılıklı etkilenme canlı ve cansız varlıklar arasında olduğundan çok daha karmaşıktır, kristalleri yöneten koşulların, olduğu gibi insanlar arasında da geçerli olmasını beklemek aptalca bir davranış olur. Aslına bakılırsa, biçimin tutucu yönsemesi ile özün devrimci yönsemesi arasındaki diyalektik çelişme insan toplumu için de söz konusuydu, üretim ilişkileriyle üretim güçleri arasında bir uyuşma olduğu zamanlarda yeni ve oldukça sağlam bir denge de kurulmuş oluyordu.

Toplumun temel özü (üretim güçleri - araçları ve bir yanda durmadan artan üretim bilgileri öbür yanda ise maddesel ve tinsel gereksinmeleri ile insanlar) sürekli olarak değişmekte ve gelişmektedir. Toplumun biçimleri olduğu gibi kalmak, kuşaktan kuşağa bir kalıt olarak geçmek eğilimindedir. Siyasal ve ideolojik çarklarıyla geleneksel biçimleri benimseyen, onlara değişmez, sonsuz ve kesin bir nitelik kazandırmak için büyük çaba gösterenler hep yönetici sınıflardır. Yozlaşmış üretim ilişkilerine başkaldıran yeni üretim güçleri ise hep ezilen sınıflardan çıkar. Ezilen sınıflar geleneksel biçimlerde kutsal, ahlakça üstün hiçbir özellik görmeyip tersine bu biçimleri insanlığın ilerlemesini geciktiren bir engel sayarlar. Elbette toplumun bütün üyelerinin duyarlığını koşullandıran geleneksel biçimlerin etkisinden kurtulmak ezilen sınıflar için bile kolay değildir. Geçerli görüşlere ve törelere aykırı düşen siyasal ve ekonomik bir sınıf bilinci geliştirmek oldukça güçtür.

Kendini tehlikede gören herhangi bir yönetici sınıf, sınıf baskısının özünü gizlemeye çalışır ve yozlaşmış bir toplum biçimini korumak için gösterdiği çabayı "sonsuz", dokunulmaz ve bütün insan değerlerini kapsayan bir şeyi korumak için girişilmiş bir savaş olarak gösterir. Burjuva dünyasının savunucuları işte bu yüzden bu dünyanın kapitalist özünden değil de, her ekleminden çatlamış da olsa, demokratik biçiminden söz açmaktadırlar. Dikkati kapitalizmle toplumculuk arasındaki tarihsel savaştan uzaklaştırıp, bunu, insanların kafasında, "demokrasi" ile "diktatörlük" arasında bir savaşa dönüştürmeye çalışmaktadırlar. Toplumsal biçimlerin toplumun özünü ve o toplumda yaşayanların hayatlarını etkilemesi gerçeği de onlara bu konuda yardım etmektedir. Burjuva demokrasisinin salt biçimsel özelliği açıkça ortadadır; ne var ki, faşist yönetim altında ezilmiş olan insanlar biçimsel bir demokrasinin bile, bir yasa ve politika düzeninin dış görünüşünün bile önemli olduğunu gördüler. Öyle ki böyleleri için bunun yitirilmesi demek, gerçek bir özün yitirilmesi demekti. Ayrıca, emekçi sınıfının kazandığı başarılar sonucunda elde edilen yeni toplumsal özü karşılayabilecek yeni biçimler – bir başka deyişle, biçimsel değil de gerçek ve toplumcu bir demokrasi – yaratmanın güçlüğü, kapitalizmin savunucularının eski toplumsal öze bağlanmalarını, kutsal bir yaşama biçimi, insanlığa layık tek yaşama özünün parıltılı biçimlerini koruma savaşı olarak göstermelerini kolaylaştırıyordu.

Temelle üstyapı – toplumsal özle toplumsal biçim – arasındaki karşılıklı ilişkilerin karmaşıklığını belirtmek ve geleneksel biçimlerin sayısız insanın kafasında geçici de olsa nasıl büyük bir önem kazandığını okura hatırlatmak için bu noktanın üzerinde duruyorum.

Zamanı geçmiş bir toplumsal özü elden bırakmamak için, yönetici sınıf eski biçimlere karşı koruyucu bir tavır takınıyor – oysa kendisi için tehlikeli gördüğü bir anda bu biçimleri bırakıp açıkça diktatörlüğe geçebiliyor. Yönetici sınıf aynı zamanda, belki de tam olgunluğa erişmemiş yeni biçimleri kuşku altında bırakıp böylece yeni özü de lanetlemiş oluyor. Getirdiği bütün yıkımlara bakıp da kapitalizmin toplumsal özünü hâlâ doğru sayıp onu övmek her gün biraz daha utandırıcı bir şey oluyor. Bu yüzden kapitalizmin avukatları artık bu düzenin "yalnız" toplumsal ve siyasal biçimlerini savunuyorlar. Bu, özü bir yana bırakma, biçimi tek önemli şeymiş gibi önemseme eğilimi, kapitalist düzendeki huzursuz aydınların çoğunu etkilemiş ve sanat alanında "biçimcilik" olayını yaratmıştır. Bu gerçekten sanatçının yaratma yöntemleriyle ilgili bir sorun değildir (çünkü yeni anlatım yolları için girişilen deneylere kimsenin bir diyeceği olamaz); bu "biçimcilik"in, bir toplumsal biçimin artık çağına uymadığını bir yönetici sınıfın süresini doldurduğunu yansıtan bir olay olması gibi daha derin ve daha genel bir sorundur.

Konu, Öz, Anlam

Öz ve biçim sorununun yalnız sanat için söz konusu olmadığını, biçimi birinci, özü ise ikinci derecede önemli saymanın nasıl durumunu tehlikede gören her yönetici sınıfa özgü bir tepki olduğunu göstermeye çalıştım. Şimdi de, bu genel çerçeve içinde ve sanatın da toplumla koşullu yasaları ve sorunları olduğunu unutmadan, öz ve biçim sorununun özellikle sanat alanında nasıl ortaya çıktığını ele alalım.

Önce edebiyat ve sanatta öz kavramını gözden geçirmemiz gerek. Bu terim çok mu belirsiz? Bir sanat yapıtının temasıyla mı yoksa konusuyla mı, anlamıyla mı yoksa bildirisiyle mi ilgili? (Ama belki de "bildiri" sözü fazla propaganda kokuyordur, bir sanat yapıtının anlamı üzerine, ayrıntılarda değil de yapıtın bütününde ortaya çıkan anlamı üzerinde konuşmak daha doğru olur.) Gerçi konu ile anlam çoğu zaman birbirine sıkı sıkıya bağlıdır ama gene de aynı şey değildirler. İki sanatçı ya da yazar bir konuyu öyle değişik biçimlerde yorumlayabilirler ki, yapıtları arasında neredeyse ortak hiçbir şey bulunmaz. Konunun seçimi elbette çok önemlidir, sanatçının ya da yazarın tutumunu anlamamıza yardım eden öğelerden biri de bu konu seçimidir. Goethe *Faust* ve *Götz* konularını seçtiği zaman ne yaptığını çok iyi biliyordu. Alman tarihinin bir dönüm noktasıyla, Almanya'nın ortaçağlardan kopmasıyla doğrudan doğruya ilintili konulardı bunlar. Ama aynı konulara bütünüyle değişik bir öz de verilebilirdi (Faustus temasını Marlowe'un, Lessing'in, Lenau'nun, Grabbe'nın, Thomas Mann'ın ve Hanns Eisler'in nasıl işlediklerini hatırlamamız yeter). Konu tek başına belli bir biçimi belirlemez; öz ve biçim ya da anlam ve biçim diyalektik bir ilişkiyle birbirlerine bağlıdır.

Konu ancak sanatçının tutumuyla öz aşamasına yükselebilir, çünkü öz yalnız neyin sunulduğu değil, nasıl sunulduğu, nasıl bir ortamda, ne derecede toplumsal ve bireysel bir duyarlıkla sunulduğu demektir. "Hasat" gibi bir konu sevimli bir kır yaşantısı, kalıplaşmış bir günlük yaşayış resmi, insanlıkdışı bir sıkıntı ya da insanın doğa üzerindeki zaferi olarak işlenebilir: Her şey sanatçının görüşüne, yönetici sınıfın sözcüsü gibi mi, duygulu bir tatil ressamı mı, öfkeli bir köylü mü, yoksa devrimci bir toplumcu gibi mi konuştuğuna bağlıdır.

Bir Konunun Anlamı Nasıl Değişir

Eski Mısır sanatında, çalışan insanlar durmadan karşımıza çıkan bir konudur. Duvar resimleri toprağı sürüp eken köylüleri gösterir. Çalışan köylü genellikle efendisinin görüş açısından sunulmuştur. Efendinin gözü kendisi için çalışan sürüyle insana hoşnutluk içinde bakmaktadır; köylü kendi çalışmasının öznesi değil, hasadın kendi ambarlarını dolduracağını bilen gözlemcinin nesnesiydi; işte bu görüş tarzı Mısır sanatının görünüşteki "nesnelliğini" yarattı. Yönetici sınıf her zaman kendi görüş tarzının "nesnel" olduğunu, yani dünya düzeni ile bağdaştığını düşünür. Çünkü yönetici için bireysel gereksinmeleri olan bireysel bir köylü yoktur; sadece iş gören bir hayvan ya da bir saban gibi söz hakkı yerine bir işlevi olan toplumsal birimler olarak köylüler vardır. Bu Mısır resimlerinde (daha sonra Yunan resimlerinde olduğu gibi) çalışmaya karşı bir aşağılama yoktur, ama hayatta herkesin önceden belirlenmiş bir yeri ve görevi olduğuna, aşama ve sınıflara göre örgütlenmiş bir toplumun "önceden düzenlenmiş uyumu"na sarsılmaz bir inanç vardır. Dünya böyle kurulmuştur hem de iyi kurulmuştur. Üslup geliştikçe yeni bir öğe (ya da yönetici sınıfın geçici olarak baskı altında tuttuğu çok eski bir öğe, yeniden belirmeye başladı: Bu, yapılan işin anlatımsız, "nesnel" görünüşünü bozan bir çeşit "doğalcılık". Resimlerde, çalışanların bireysel bir acıyı ve yorgunluğu yansıttıkları görülmeye başladı. Toplumsal kuşkular belirmeye ve geleneksel üslup yerini eleştirel üsluba bırakmaya başladı. Bir papirüste şunları okuyoruz:

> Sana duvarcıyı, duvarcının çektiklerini anlatayım mı? Hava nasıl olursa olsun, duvarcı beline kadar çıplak çalışmak zorundadır. Kolları çalışmaktan bitkindir; yiyeceği pisliğiyle yan yana durur; parmaklarından başka ekmeği olmadığı için, kendi kendini yer. Çok yorgundur çünkü her zaman bu yapıya taşınması gereken koca koca taşlar vardır; bu ay ya da gelecek ay, yapı iskelesinin ta tepesine, ev bittiği zaman bir demet nilüfer çiçeği yerleştirileceği yere taşınması gereken bir taş parçası vardır. İş tamamlanınca duvarcı ekmeği varsa evine döner, ama bu arada çocukları büyük bir yoksulluk içinde kalmışlardır.

Bu toplumsal eleştiri ve hoşnutsuzluk duygusu Mısır'da görsel sanatlara da yayıldı ve çarpıcı bir gerçekçilik biçiminde ortaya çıktı. Yalnız yönetici sınıfa anıtlar dikmeyip çalışanları, ezilenleri ve aşağılananları da konu olarak ele alması Mısır sanatının en ölümsüz başarısıdır. Bu davranış, Brecht'in "Okuyan Bir İşçinin Soruları"nı Brecht'in bu soruları yazmasından binlerce yıl önce yanıtlıyordu:

> Kim yaptı yedi kapısını Thebai kentinin?

Kralların adlarını veriyor tarih kitapları.
Krallar mı taşıdı koca koca taşları?

Çalışma konusuyla sık sık karşılaşırız Mısır sanatında ama öz, bu sık sık kullanılan temanın anlamı, "nesnel" bir gelenek-sellikten öznel bir anlatıma geçmiştir (ve üslup ya da tarz ölçülü bir ağırbaşlılığı bırakıp bir halk gerçekçiliğine dönüşmüştür).

Klasik çağ sanatında çalışma, işlenmeye değer bir konu sayılmıyordu. Ortaçağ minyatürlerinde (Nuremberg Ustasının yapıtı *Breviarum Grimani*) ve Rönesans sanatında (Dürer, Grünewald, Riemenschneider ve öbürleri) çalışma teması, özellikle de tarım işçiliğinin birçok yanları yeniden sanata girmeye başladı. Artık toprak köleliğine dayanmayan bir toplumda emekçi sınıf sanatta duyulmaya başladı. Köylünün ve el emekçisinin çalışma süreci sanatta dile getirilmeyi bekliyordu. Bunun yanı sıra, büyük dünyanın bozulmuşluğuna ve kötülüklerine karşıt olarak, şehir dışı hayatını ülküleştirme gibi bir eğilim de vardı. Barok sanatta ağır basan bu eğilim, Giorgione'nin uyuyan çoban kızından, aslında tutumuyla sert bir halkçı olan Goya'nın ince bağbozumuna kadar izlenebilir. Çoban, gerçekte olduğu gibi yoksul, bit ve pislik içinde değil de, sürüsüne soylu bir bitkinlik içinde bakan ince biri olarak gösterilebildiği için çok işlenen bir konu oldu. Aynı "doğaya dönüş" canı sıkılan düşeslerin tepeden bakarcasına edinti bir "yalınlıkla" oynadıkları kır hayatını canlandıran oyunlarında da işlendi. Soylu sınıfın döndüğü doğa güzel biçimli, fazlalıklardan arınmış, hoş kokulu bir doğaydı; korular gerçek koru değil, dünya gerçek bir dünya değildi. Çobanın görevi kaval çalmak, halk oyunları oynamak, efendilerine büyük bir incelikle yemiş ve şarap sunmak, kısacası, erdemli ve ahlakça kusursuz bir "halkın" güvenilir bir üyesi gibi davranmaktı. Köylü ayaklanmaları toprak sahiplerine "kötü" köylüler de olabileceğini göstermişti; kır hayatını yansıtan sahnelerin iyi köylüsü, tedirgin bir toplumun sinirlerini yatıştırma amacını güdüyordu. Sanat, yönetici sınıfın çevresini saran toplumsal tehlikelere karşı kendini kandırmak için kullandığı büyülü bir araç oldu.

Çalışan insan, İtalya'daki Rönesans sanatında değilse bile, Flaman sanatında işlenen ana tema oldu. Bu ülkedeki bilinçli burjuva sınıfı çalışan halkı – Gotik sanatının zavallı Lazarus'unu, çaresiz dilencisini, acı çekenlerini, Barok sanatının uydurma çobanlarını değil de, toplumsal uğraşı içinde üretme görevini yerine getiren köylüyü ve el emekçisini – göstermek için sanatın zengin olanaklarından yararlandı. Brueghel'de çalışan insanlar her zaman yerlerini bulmuşlardır. Brueghel ile Rabelais, Cervantes ve en çok da Shakespeare arasındaki yakın ilgi sık sık ve haklı olarak belirtilmiştir. Ama Shakespeare'in tutumu, özellikle güldürücü kır sahnelerinde, soylu sınıfın tutumu olmaktan bütün bütüne kurtulamamıştır. Brueghel'in sanatında böyle bir tutumun izine rastlanamaz. Avusturyalı sanat tarihçisi Max Dvorak'ın şu sözleri çok doğru:

> Brueghel gerçekçi halk görünümlerini bir sahne dekorunun dış görünüşü olarak kullanmayan ilk sanatçıdır. Onun için hayat bütün insanca nesnelerin ölçüsü, insanlığı yöneten itkilerin, zayıflıkların, tutkuların, törelerin, alışkanlıkların, düşüncelerin ve duyguların incelenmesi, anlaşılması için bir kaynaktı.

Toprağı işleme ve genel olarak çalışan insanlar Brueghel'in resimlerinde ülküleştirilmeden, toplumsal bir karşı çıkış ya da boyun eğiş havasına bürünmeden, olduğu gibi yansıtılır. Sert yürüyüşlü köylü kadınları, sağlamca örülmüş bir duvara benzeyen sapsarı ekinleri biçen köylüler, işleriyle uğraşan orakçılar, hasat gününün sıcaklığı – bütün bunlar sanki şöyle bir şey söylercesine bir etki yaratıyor: "İşte durum böyle, dileriz böyle sürüp gitsin!" Brueghel'in sanatı kendi anlamını ve doğrulamasını, herhangi bir duygululuğa ve süse kapılmaksızın, kendi içinde bulur. Çalışan insanlara ne uydurma bir güzelliğin parıltısı eklenir ne de üzerlerinde bir ayla dönenir; güçlü, kaba saba, belirgin özellikleri, güvenli bir elle çoğu zaman neredeyse abartırcasına çizilir. Ama bu abartma – kimi zaman Shakespeare'de olduğu gibi – halka tepeden bakmak için değil, tam gerçekçi bir ustanın halkı (başarıları, kötü alışkanlıkları, güçlü ve eksik yanlarıyla) olduğu gibi göstermek için kullanılır. Brueghel insanları hiçbir zaman erdemli çoban ya da doğa düşkünü soylu kişiler olarak göstermez. Bu resimleri yapan Brueghel gelişmekte olan ve kendine güven duyan burjuva sınıfının büyük sözcüsüdür.

Şimdi de toprağı işleme konusunun Millet'nin resimlerinde geçirdiği kesin değişimi ele alalım. Köylü çevreden gelen ve 1848 Devrimini destekleyen bir sanatçı olan Millet, köylülerinin çalışmasını kapitalist düzenin yeni bir kölelik biçimi ve insanlıkdışı, korkunç bir olay olarak gösterir. Aynı yıllarda *De l'esclavage moderne* (Yeni Kölelik Üstüne) adlı kitabında Lamennais şunları yazıyordu:

> Güz sonunda ambarlarımızı doldurmak için yağmur, fırtına, güneş demeden çalışan köylüler zamanımızın asıl yükünü taşımaktadırlar. Bu yüzden onlara daha az saygı duyan, onlardan doğruluğu ve özgürlüğü esirgeyen bir ulus varsa, böyle bir ulusun kokmuş solukları Avrupa'yı zehirlemesin diye çevrelerine yüksek bir duvar örmeli.

Emekçilerin sınıf savaşı başlamak üzereydi – Brueghel'in gelişen burjuva sınıfının gözüyle gördüklerini Millet emekçi köylülerin gözüyle görüyordu. Millet köylülerin çalışmalarında, yaşamalarındaki sıkıntıyı, yoksulluğu, umutsuzluğu dışardan biri gibi değil, köylüler arasında yaşayan bir köylü gibi gösteriyordu. Onun çoban kadınıyla rokoko ve barok sanatın nazlı çoban kızları arasında hiçbir benzerlik yoktu. Millet'nin çoban kadını sırtına kaba saba, biçimsiz bir çul geçirmiş, yorgun argın değneğine dayanmış, kara kara düşünen bitkin bir insan gölgesi gibi durur. Ya da başakları toplayan köylüleri ele alalım: Yüzler görünmüyor, yalnız eğilmiş gövdeler belirli, başlar neredeyse yere değiyor, eller toz toprak içinde, insanlıktan çıkmış karaltılar.

Aynı eğik gövdeler, aynı başlar ama bu kez daha ürkütücü, daha büyük bir umutsuzluk içinde Van Gogh'un resimlerinde ortaya çıkıyor. Van Gogh, Millet'ye öykünerek resme başlamış, yaratıcılığının yalnızlığı içinde ondan çok ötelere gitmişti. 1880 yılında kardeşine yazdığı bir mektupta şöyle diyordu, "Millet'nin *Travaux des champs*'ından on sayfalık desen çizdiğimi, bunların bir tanesini de bitirdiğimi söyleyebilirim... Ayrıca bana gönderdiğin gravüre bakarak *Angelus*'un da bir desenini çizdim." Daha sonraki bir mektubunda kendi resimlerindeki amacı şöyle açıklıyor:

> Stüdyoya gene gelirsen, işçi tiplerinin taşbasma resimleri için artık o kadar konuşmasam bile, öntasarımdan vazgeçmediğimi hemen göreceksin... Bir ekici, bir orakçı, çamaşır teknesi başında bir kadın, bir terzi, eli kazmalı bir işçi, kürek tutan bir kadın, yoksullar evinde bir adam, gübre dolu el arabasını süren bir başka adam gibi resimlerim var. Gerekirse, başka resimler de var... Lhermitte'in gizi de, kanımca, genellikle insanların görünüşlerini, yani işçilerin dayanıklı, ağırbaşlı duruşlarını çok iyi bilmesinden ve konularını halkın bağrından seçmesinden başka bir şey değil. Onun eriştiği yere varabilmek için – bu konuda konuşmamalı – çalışmalı, elinden geldiğince uğraşmalı.

Bir başka mektubunda da şöyle diyordu:

> Büyük değişiklikler olduğuna, her şeyin değişeceğine içgüdünle duyduğun inanç – bu duygu – hâlâ yerinde; sonu gene büyük bir devrimle gelecek olan bir yüzyılın son çeyreğinde yaşıyoruz. Son günlerimizde bu devrimin başlangıcını göreceğimizi düşünsek bile – o büyük fırtınadan *sonra* bütün toplumun yenilendiği, havası arınmış güzel günleri elbette göremeyeceğiz.

Demek ki Van Gogh böyle çalışıyordu. Örneklerini, gelecekteki büyük toplumsal değişmeleri sezerek, "halkın bağrından" alıyordu; "o büyük fırtınadan sonra gelecek havası arınmış daha güzel günleri" göremeyeceğini bilmenin acısı içinde, o büyük fırtınadan önce yaşamıştı. Büyük fırtınadan önceki o günlerde, çalışan insanlara baskı yapılıyor, kötü davranılıyordu (Zola'nın *Germinal*'i ve *Toprak*'ı Van Gogh'u çok etkilemişti), yalnız iş saatlerinin dışındaki kısa süre içinde insan yerine konuyorlardı. Van Gogh'un Orakçı'sı aynı konuda yalnız Brueghel'i değil, Millet'yi de aşıyordu. Resimdeki genç köylü gövdesi yaptığı işle burkulmuş yapayalnız durmaktadır; yalnızlık konusu, ekmeğini çıkarmak için çalışan kimsesiz bireyin kendini bırakmışlığı, güvensiz ve her zaman tehlikeyle karşı karşıya olan durumunda belirir. Alnına dökülen başak gibi sarı saçların altındaki yüzde bezginlik ve yorgunluk okunur; bir süre sonra bu orakçının kendini taşıyacak gücü kalmayabilir – işte o zaman toprak onu cansız bir cisim gibi kendine çekebilir. Bu cisimler insandan daha güçlüdür; kendilerince bir canlılıkları vardır sanki. Bunlar artık Brueghel'in resmindeki gibi olduğu yerde duran başak yığınları değildir; hummaya tutulmuş, garip bir depremle sarsılan bir tarladır. Van Gogh cansız nesnelerdeki bu "canlılığı" gittikçe artan bir yoğunlukla duymuş, onları bir bakıma suçüstü yakalarcasına gözlemlemiştir – (bir ara Gauguin'in oturduğu) artık kimsenin oturmadığı iskemle, kimselerin görünmediği manzara, herkesin bırakıp gittiği patlamak üzere olan bir dünya – ve bunun gerisinde, bir gün, nesnelerin üzerinde olduğu gibi insanların da üzerinde parlayacak olan koca güneş. Büyük bir devrim olacaktı ama bu sarsıntılı çağın ressamı – Van Gogh buna kesinlikle inanıyordu – o "daha güzel günler"e erişemeyecekti.

İki kat olmuş gövdeler, eğik başlar, işçi ve köylülerin aşağılanması, insan yerine konmaması – bunlar Meksikalı büyük ressam Diego Rivera'nın da konularıydı. Ama o, Daumier'nin acımasız desenlerini esinleyen vurucu bir nefretle, işçileri ve köylüleri ezenlerin de resimlerini yapıyordu; İspanyol zorbalarının ve "zengin adamın yemeği"nin, Amerikan petrol haydutlarının ve dolar krallarının, Kutsal Kitaplarıyla gösteriş yapan para babalarının ve memeleriyle kurumlanan pahalı yosmaların da resimlerini yapıyordu. Onun resimlerindeki düşman, insanların bellerini ve boyunlarını büken görünmeyen bir güç değil, gerçek, elle tutulabilir bir düşmandı, yüz yüze gelinecek ve alt edilebilecek bir düşman. Rivera bunun da ötesine gitti. Köylülerin toprakları aralarında bölüştükleri, tarlaları kendileri için ekip biçtikleri, mısırı, şeker kamışını topladıkları, tarım uzmanlarıyla yeni çiftçilik yöntemleri üzerine tartıştıkları, köye ilk traktörü getirdikleri, tatillerin tadını çıkardıkları özgürlüğe kavuşmuş bir dünyanın da resmini yaptı. Şimdiye dek yalnız bükük belini ve bitkin kaslarını gördüğümüz çalışan insan, birden kararını ağırbaşlılıkla, güvencini sevinçle belirtebilen insanca bir yüz kazandı. Diego Rivera'nın, halkın savaşlarını, zaferlerini, anlamlı uğraşlarını korkusuzca işleyişinde günlük yaşayışı anlatan resimlerin eski üslubundan bir kalıntı, gereksiz bir ayrıntı, dar bir doğalcılıktan ve romantikçe gösterişten hiçbir iz yoktur. Tam anlamıyla toplumcu gerçekçiliktir bu. Rivera köklü yaratıcılık yaşantısının yardımıyla Giotto'dan, Michelangelo'dan, Daumier'den ve yeni Fransız ustalarından onların taklitçisi olmadan çok şeyler öğrenmiştir. Burada insanın toprağı işleyişi ve genel olarak insan uğraşı konusu yepyeni bir öz edinmiştir. Eski bir konu yeni bir anlam ve o anlamla birlikte yeni bir anlatım kazanmıştır.

Bir Resmin Yorumu

Özün konu ya da temadan daha fazla bir şey olduğunu, konu seçiminin önemli olmakla birlikte bir sanat yapıtının özünü belirleyen etkenin işlenen şey değil de, onun nasıl işlendiği: Sanatçının bilerek ya da bilmeyerek çağının toplumsal yönsemelerini nasıl dile getirdiği olduğunu belirtmek için birtakım örnekler verdik. Bir resmin özünü yorumlamak kimi zaman güç bir girişim olduğu gibi, sık sık çelişmeli sonuçlar da verebilir. Bunu da bir örnekle açıklamak istiyorum. El Greco'nun *Toledo Üzerinde Fırtına* adlı tablosunun "öz"ünü Johannes R. Becher şöyle tanımlıyor:

> Kara haberci bir fırtına, ufukta bulutları küme küme yığarak yaklaşıyor. Daha şimdiden kara gölgelerini kentin üzerine germiş, kent de kapılarına gelip dayanan kıyametin korkusuyla titremekte. Toledo'nun üzerlerine kurulduğu yeşil tepeler de rengini değiştiriyor, soluk bir yeşile bürünüyor. Aralarında, sanki yaklaşan fırtınanın hareketsiz bıraktığı ırmak öyle akmadan duruyor. Bu durgun, kımıltısız suların çevrelediği çıplak bir ada göğün ürperticiliğini yansıtıyor. Otlar, ağaçlar da korkuyla diken diken olmuşlar ama gene de hepsi kımıltısız, kaskatı: Her şey fırtına öncesi sessizliği içinde. Ufuktaki bulutlar gittikçe kararıyor, sanatçı bize yaklaşan gök gürültülerini, çakmak üzere olan şimşekleri duyuruyor. Bu gelen evrensel bir fırtınadır – böyle bir duygu yaratır içimizde. Toledo da fırtına daha bütün gücüyle patlamadan, kuleleri, sarayları, köprüleri, kemerleriyle temellerinden sarsılmaktadır, bu sarsıntı bir zafer etkisi yaratır aynı zamanda: Toledo yıkılmayacak!

Güzel, iyimser bir yorum bu, ama bir başka yorumcu "Toledo yıkılmayacak!" önermesini "Toledo yıkılmayacak mı?" sorusuna çevirebilir. (Burada bizi ilgilendiren Toledo kentinin kendisi değil, resimleri dünyanın iyimser bir görünüşünden çok karanlık bir korkuya tanıklık eden bir sanatçının yapıtıdır.) Fırtınaya göğüs germek zorunda olan taşlar, kayalar, yeşil tepeler hiç de öyle sağlam, sarsılmaz gibi görünmüyor. Kentin üzerinde beliren büyük tehlike, aynı zamanda gizli bir güç olarak kendini yeraltından da duyuruyor. Taş duvarlara ve görünürdeki her şeye ölümsü bir solukluk veren şey yalnız üzerlerine bulutların yansıması değil – nesnelerin kendilerinde de ölümsü bir hava var. Bu resme bakınca insan Brecht'in dizelerini düşünüyor:

Bu kentlerden yalnızca
Üzerlerinden esen yeller kalacak.

Korkunç bir dram oynanmak üzere. Burada, yalnız patlayıcı doğanın özü değil, insan yapısı sağlam bir kentin de korkunç tehlikelerle dolu bir dünyada soluğu kesik, nasıl kolayca yıkılabileceği gösteriliyor. Bugünün saray gibi yapıları yarının moloz yığınlarından başka bir şey değildir. Korkunç şeyler olacaktır. Bir gün gelecek, Toledo da yerle bir edilecektir. Belki de El Greco bütün anlatım gücüyle bunu söylemek istemiştir.

Her iki yorumda da bulunan kuşkulu nokta bu yorumların öznel oluşlarından geliyor. El Greco'nun içinde yaşadığı dünyaya ve kendi tutumu üzerine bildiklerimiz ikinci yorumu destekliyor. Örneği ayrıntılara boğmamak için kanıt vermedim. Oysa, herhangi bir zaman doğru bir yorum yapmanın güçlüğünü belirtmek gerekiyor burada. Her zaman sanatçının kendisinin ne demek istediğini sormak gerekir. Ama bu soruya bir karşılık verilebilse bile (ki çok enderdir böyle olduğu), kaçınılmaz ikinci soru şu olmalı: "Neden bunu söylemek istemiş?" Bilerek ya da bilmeyerek, hangi dış güçlere, çağına özgü hangi etkilere boyun eğmiş? Kendi bilinçaltının buyruğuna girmemiş mi? Yapıtına vermek istediği anlam daha derin, son çözümlemede toplumsal olduğu anlaşılan – ve sanatçının amacıyla gelişen – bir anlamı gizlemiyor mu? Resme bakan kimse hangi nesnel ölçütlere başvurabilir? Bir sanat yapıtı bir dönemin, bir kişiliğin havasını özümlemiştir. Ama bu hava yüzyıllardan sonra da değişmeksizin kalabilir mi? Başka bir dünyada yapıtın kendisi de başkalaşmaz mı? İlerdeki kuşakların yargısı çoğu zaman çağdaşların yargısından daha doğru değil midir? Kendi gününde geleceğin belirsiz bir önsezisi olan şey birden, şaşırtırcasına bugünün gerçeğini yansıtmaz mı? Bir resmin sanatsal niteliği nesnel olarak tartışılabilir ama anlamı değişik yorumlara açıktır. Bir on altıncı yüzyıl "El Greco"su vardı; sonra uzun bir süre, böyle biri yoktu; bugün bir yirminci yüzyıl "El Greco"su var. Biz her zaman bize gereken bir şey ararız, bir sanat yapıtı ise hiçbir zaman kendi başına bir şey değildir. Her zaman bir seyirciyle karşılıklı bir ilişki kurmak zorundadır. Bir yanıtın anlamını çözeriz; ama aynı zamanda kendimiz de ona bir anlam katarız.

Resmin anlamı ne olursa olsun (birçok sanat yapıtları zamanın akışı ile değişik şekilde yorumlanabilir), bu anlam her zaman konudan (yani "bir kentin üzerinde kümelenen fırtına bulutlarından) daha fazla bir şeydir. Doğalcı bir ressam bir konuyu öyle işler ki, o resim gerçek, "doğal" bir kente yaklaşan gerçek, "doğal" bir fırtınadan başka bir şey olmaz. Bu resme bakan kimse için sanatçının bir fırtınayı saptamakta gösterdiği ustalığı belirtmekten başka yapacak bir şey yoktur. Bu, resmin özünü ya da anlamını en küçük aşamasına, yani elde edilen benzerlik derecesine indirger. Sanat yapıtı, gerçekliğin dıştan görülmüş, özden ve düşünceden yoksun, yeni ve önemli bir gerçekliği getirmeyen basit bir kopyası olur. Gene de iyi yapılmış bir resim olabilir, varlık nedeni de böyle oluşundadır ama bir sanat yapıtı nesneleri bulup açıklamıyor, onları "suçüstü" yakalamıyor, doğada olup bitenleri kopya etmekten öte gitmiyorsa o sanat yapıtının derin anlamı ne olabilir? Goethe *Sanat Yapıtlarının Gerçeği ve Gerçeğe Benzerliği* adlı incelemesinde, Zeuxis'in bir resmiyle ilgili bilinen bir hikâyeyi ele alarak şunları yazıyor:

> Büyük ustanın resmindeki kirazları yemek için kuşların resmin üzerine konduğunu elbette hatırlıyorsunuzdur. – Bu da kirazların büyük bir başarıyla çizilmiş olduğunu tanıtlamıyor mu? – Hayır. Bence bu daha çok, o kiraz resmine bayılanların gerçek kuş olduklarını tanıtlıyor. – Ama bu, benim o resmi çok güzel bulmamı önleyebilir mi? – Size daha yeni bir hikâye anlatayım mı? – Bilimsel bir açıklamadansa bir hikâye dinlemeyi çoğu zaman yeğlerim. – Doğayla uğraşan büyük bir bilginin evcilleştirdiği hayvanlar arasında bir de maymun varmış. Bir gün ortadan kaybolan bu maymunu bilgin uzun aramalardan sonra kendi kitapları arasında bulmuş. Bakmış hayvancık daha ciltlenmemiş bakır bas-

ması bir kitabın dağınık sayfaları arasında oturuyor. Maymunun bilim karşısındaki bu büyük merakına şaşıran bilgin biraz yaklaşıp da açgözlü hayvanın kitapta resmini gördüğü bütün böcekleri yediğini anlayınca şaşkınlığı daha da artmış, bayağı öfkelenmiş...

Açgözlü maymun da tat ve besleyicilik bakımından gerçek böceklerin resimdeki böceklerden çok daha üstün olduğunu elbette anlamıştır – bir başka deyişle, doğa her zaman sanattan daha "doğal"dır, sanat bu bakımdan hiçbir zaman doğayla boy ölçüşemez. Böyle olunca da, sanatın, amacı ve ereğinin doğayı kopya etmek, anlam ve özününse yalnızca bir benzerlik sorunu olmadığı açıkça ortaya çıkar.

Ne var ki, bir sanat yapıtının anlam ve özünün o yapıtın konusunu aştığını bilmek önemli olmakla birlikte, konuya da gereken önemin verilmesi kaçınılmaz bir noktadır. Sanat ve edebiyatta konuların evrimi, konu seçimi ağır basan toplumsal koşulları ve toplumsal duyarlığı yansıttığı için incelenmeye değer. Kutsal konulardan kutsal olmayan konulara geçilmesi, kralların ve soyluların dünyasına halkın girmesi, dinsel konuların kent ve köylerdeki günlük yaşayışın anlatılmasıyla madde dünyasına indirgenmesi, çalışan insanın sanata konu olabileceğinin anlaşılması, "soylu sınıf dramı"nın yerini "burjuva tragedyası"nın alması – bütün bu yeni toplumsal konular yeni bir özü belirtmekte ve roman gibi yeni biçimlerin ortaya çıkmasını gerektirmektedir. Böyle bir gelişme katı bir kalıba ve önce yeni bir konu, sonra yeni bir öz, sonra da yeni bir biçimin gelmesi gibi düzenli bir olaylar dizisine uymamaktadır. Bu çok daha karmaşık ve çok yanlı etkilenmelere bağlı bir sorundur. Ayrıca Giotto ve Cervantes gibi çok büyük birtakım sanatçılar birçok evreleri aşarak bu süreci birden hızlandırabilirler. Geleneksel konuların kalıcılığı (özellikle dinsel konuların), eski anlatım yollarının sürekli etkisi, birbirini pekiştiren ya da etkisiz kılan çeşitli toplumsal, teknik ve ideolojik koşullar, büyük bir sanatçı kişiliğinin mutlu raslantısı bu gelişmeyi hızlandıran ya da geciktiren etkenlerdir. Öyle ki, yeni anlamlar ve yeni biçimler ya ağır ağır, büyük bir çaba ve sayısız çatışmalar sonunda ya da kolayca ve birdenbire ortaya çıkar. Sanat alanında belli bir yapıtı, akımı ya da dönemi çözümleyeceğimiz zaman, önyargılardan sakınmamız gerekir. Ama sanat tarihinin genel görünüşünü bir bütün olarak ele aldığımız zaman, sanatta öz ve biçim değişmelerinin, eninde sonunda, toplumsal ve ekonomik değişmelerin sonucu olduğunu görmeden edemeyiz. Yeni biçimleri, eninde sonunda, yeni öz belirler.

Yeni bir özün zaman zaman eski biçimlerle dile getirildiğine rastlanır; ama yeni özün eski kalıpları parçalarcasına ortaya çıkıp yeni biçimler yarattığı da görülür. İsviçreli eleştirmen Konrad Farner eski çağların son dönemindeki Hıristiyan sanatını, geçici olarak eski biçimlerden yararlanan yeni bir öze örnek olarak gösteriyor. Ona göre bu sanat

> yeni, artık putperest olmayan bir özü dile getirmek için eski, putperestlikten kalma biçimleri kullanıyordu. Hıristiyan sanatçı yeni özü en kestirme yoldan sunmak için kullanıyordu bu eski biçimleri, çünkü bu biçimler alışılmış algılama yöntemlerine uyuyordu – ilk Hıristiyanların başlıca kaygısı da yeni bir dünya yaratabilmek için Hıristiyanlık öğretisini her yana yaymaktı. Bu yeni öze uygun yeni biçimler buluncaya kadar nice nice sanatçı kuşağı gelip geçti. Çünkü yeni biçimler, yeni özler gibi ne birdenbire yaratılırlar ne de yasalarla ortaya çıkarlar. Yalnız şu noktayı açıkça belirtelim: Önce yenilenmesi gereken biçim değil, her zaman özdür; biçimi öz doğurur, özü biçim değil. Yalnız önem bakımından değil, zaman içinde de öz önce gelir ve bu öncelik doğada da, toplumda da, dolayısıyla sanatta da geçerlidir. Biçim özden daha çok önem kazandığı zaman, özün eskimiş olduğu anlaşılır. Bu eskiyen öz ortaçağların sonunda ağzı bozuk gotik, "mutlakiyet"in son günlerini yaşadığı dönemde özentili rokoko sanatıydı. Çürümekte olan burjuva düzeninde ise boş soyutlamadır özün eskidiğini belirten.

Hıristiyanlığın dünyaya yeni düşünceler getirdiğini kimse yadsıyamaz. Ama çağımızın ilk yüzyıllarında, Hıristiyanlığın, özü bakımından, eski dünyaya daha yakın olduğu gerçeğini de unutmamalıyız. Mitras, İsis, Serapis gibi yöresel sınırları aşan ve Roma İmparatorunun din birliği özlemini karşılamayı amaç edinen kendine benzer dinlerle bir yarışa girişmişti Hıristiyanlık. Özellikle İskenderiye'deki uygulanışı ile eski çağların sınırları *içinde* bir akım olarak yerleşmeyi ve eski çağların sanat ve düşüncesiyle bağlar kurmayı amaç güdüyordu. Bunların bizim söylemek istediğimizle doğrudan doğruya bir ilintisi yok. Farner'in görüşünde bizim doğru bulmamız gereken nokta, yeni düşüncelerin, sanat yapıtlarında anlatılabilmeleri için eski biçimleri kullanabildikleridir.

Gotik sanatı ilk döneminde yeni bir toplumsal özün ve yeni toplumsal sınıfların ortaya çıkması sonunda yeni biçimler ve anlatım yolları konusunda büyük bir zenginlikle karşılaştı. Bu süre daha da önce, son romanesk döneminde başlamıştı. Derebeylik düzeninin romanesk dünyası bir devrim geçirmiş, insanlara değil de aşama ve sınıflara dayanan katı bir ast-üst düzeni yıkılmıştı. Tahtlarına kurulmuş derebeylerin yaklaşılmaz kurumu, ayaklarına kapanan köleler, yaldızlı, allı morlu, soğuk parıltılı dünyaları, soylu üstün-insanların ölçülü davranışları, bütün bunlar yerlerini ilk gotik ve son romanesk sanatın coşkun gerçekçiliğine bıraktı. Acı çeken, işkence edilen İsa, yoksulluğu ve çirkinliği içinde halktan insanlara daha yakın olan İsa, bu gökten inme derebeyleri tahtlarından indirdi. Horlananların ve ezilenlerin koruyucusu Meryem Ana görkemli Gökler Kraliçesinin yerini aldı. Zenginlerin ve güçlülerin, oburların ve şehvet düşkünlerinin hesap sorucusu olan Lazarus daha son romanesk yontularında işlenen önemli bir konuydu. Lazarus'un göz göz olan yaralarını köpekler yalamakta ama onu cennete götürecek olan melek de yaklaşmaktadır. Ölüm meleğiyle şeytan ise zengin bir adam olan Dives'e korkunç bir son hazırlamaktadırlar. Dives'in ölümü düş gücünün öç alıcı coşkunluğu içinde verilmektedir: Şeytanın biri Dives'in ağzından ruhunu çekmekte, bir başkası kesesini koparmaya çalışmaktadır; bir yandan da sürüyle canavar, kuş, ejderha, yılan üstüne üşüşmüş adamın parçalanmış gövdesini cehenneme sürüklemektedirler. *Avrupa'nın Yükselişi* adlı kitabında Friedrich Heer şöyle diyordu:

> [Moissac'da Saint-Pierre Kilisesinin ulu kapısındaki] öbür yontular zenginlerin ve öbür günahlıların cehennemde cezalandırılışlarını gösteriyor. Bir yanda cimri yerde kıvranıyor, dört ayaklı bir hayvan gibi sürünüyor; sırtı kamburlaşmış, para kesesi bir yanına sarkmış, insan ve hayvan biçiminde bir şeytan iki yardımcısıyla tırnaklarını iyice adamın etine geçirmiş... Memelerini yılan ve kurbağalar emen çıplak *yılanlı kadın*, şehvet düşkünlüğünün kötülüklerini somutlaştıran bu halk sanatının, düşüncelerini yaymak için sık sık kullandığı bir konuydu...

Katolik bir yazar olan Friedrich Heer derebeylik düzenindeki romanesk geleneğin özünü de, biçimini de silip süpüren bu yeni sanatın, o çağın toplumsal değişimleri ve kaynaşmaları ile koşullu olduğunu çok iyi biliyordu. Binlerce topraksız köylü ayaklanmış, onlarla birlikte kiliseden kovulmuş keşiş, öğrenci ve her çeşit aylak insan yollara dökülmüştü. Paranın gittikçe artan gücü derebeylik düzenini temelinden sarsıyordu. Burjuva sınıfının öncüsü olan, kendine güvenen yeni bir şehirli sınıfı gelişiyor, orta tabaka toplumda kendine önemli bir yer sağlamaya başlıyor, büyük sayıda emekçi ilk olarak ortaçağlarda kurulmuş olan dokuma endüstrisinin işyerlerinde toplanıyordu. Şehirlerde yaşayan insanları, orta tabakayı, köylüleri ve emekçileri içine alan bu toplum hareketi Kutsal Kitabı efendilerine karşı kullanılacak bir silah yapıp savaşçı bir ordu meydana getirdi. Abelard ve onun gibileri derebeylik baskısına karşı Tanrı'yı yardıma çağırdı, körü körüne inanmaya ve ast-üst düzenine karşı eski çağların geleneklerine başvurdu. Arap kültürünün etkisi de bu düşünsel kaynaşmayı artırıyordu. Böylece burjuva devriminin tohumu Hıristiyan Avrupa'nın dölyatağında kımıldamaya başladı.

Yeni çağın özelliklerinden biri yapı işlerinde çalışanların aralarında birlikler kurmalarıydı. Bu birlikler yeni bir üslubun yayıcısı oldular. "Hızla yeni yapıların yükselmesi için girişilen hareket ortaçağ derebeylik düzeninin yıkılıp yeni bir dünyanın kurulmasını sağladı," diyen Heer belki de gerçeği abartıyordu. Ama daha geniş bir toplumsal akış içinde bu akımın önemi de açıkça ortadaydı. Heer'e göre "bu dönüm noktasının önemini anlayabilmek için tek tek sanat yapıtlarına ve konuların değişikliğine bakmak gerekir."

> St Julien-en-Brioude'da iki taş duvarcısı ile karşı karşıyayız: Sert, kabaca yontulmuş gerçekçi yüzler... Avrupa'nın tarihinde ilk olarak yeni bir toplum tabakası kendini duyurmak, daha doğrusu, yüzünü göstermek istiyordu... Bu yeni "halkın", yeni yığınların canlılığı kendi gerçeklerini anlatmaya çabalıyordu. Clermont-Ferrand katedralinin ölü gömülen yerlerinde olduğu gibi gerçek kalabalık sahnelerin canlandırıldığını görmeye başlıyoruz. Büyüklü küçüklü her türden insan İsa'nın çevresine toplanmışlar ekmek ve balık mucizesini seyretmekteler. Ellerini İsa'nın onlara verdiği ekmeğe uzatmışlar. Bu insanlar büyük bir gerçekçilikle çizilmiş, davranışları ve yüzlerinin anlatımı kalın çizgilerle belirtilmiş. Burada yumuşak, çileli, iyi yürekli İsa, gerçek bir halk yalvacı olma yoluna girmiştir...

Böylece derebeylik yerini burjuva sınıfının adım adım ilerlediği yeni bir toplumsal ortama bırakırken romanesk sanat gotik sanata dönüşmüş, yeni bir toplumsal öz sanat alanını kaplayarak yeni biçimler, yeni anlatım olanaklarıyla yarı gerçekçi, yarı dinsel yeni bir sanat yaratmıştır. Sanatta dinsel etkiden kurtulmanın uzun süreci Güney Fransa'da ortaya çıkan ozanların şarkıları, görsel sanatlara halka dayanan bir gerçekçiliğin gelmesi, İsa'nın insanca bir görünüş kazanması, Hıristiyan düşüncesi çerçevesi içinde aklın ve bireysel direnişin yer almasıyla başladı. İnsan ilişkilerini değil de, yalnız ast-üst düzenini tanıyarak derebeylik dünyasını ülküleştiren ve yücelten üslup yeni toplumsal akımlar ve kaynaşmalarla bağdaşamadı. Yeni sınıfların dile getirilmesi için yeni anlatım yolları gerekiyordu. Gotik sanatının yayılışını gözlemleyecek olursak, halkın görsel sanatlarda kendisini duyurduğu yerlerde gerçekçi, hatta doğalcı yöntemler kullanıldığını görürüz. Yeni araştırmaların sonuçlarına bakılırsa, sınıfsız ilkel toplumda sanat ilkel bir doğacılıkla başlamış, "kalıplaşma" ve soyutlama ancak taş devrinin sonunda önem kazanarak daha sonra soylu sınıfa dayanan yönetim düzenlerinde belli başlı bir üslup olarak uygulanmıştır. Buna karşı akımlarsa her zaman halk tabakası arasından çıkmıştır. Derebeylik düzeni daha yıkılmadan ortaya çıkan ilk burjuva akımı diyebileceğimiz gotik sanatı önemli bir çelişmeyi de birlikte getiriyordu: Bir yanda oldukça yoğun, gözü pek bir gerçekçilik, öbür yanda ise ruhsal, madde dışı hayata, "gözyaşı koyağı"ndan ötelere, sonsuzluğa uzanan bir uzay özlemi. Gotik katedrallerin sonsuzluğa yönelen kuleleri de bir yandan gökleri tırmalayan bir başkaldırışı, bir yandan da coşkun bir bağışlanma dileğini dile getirmek gibi iki karşıt anlam taşıyordu. Kurtuluşlarını Tanrı'dan uman toplum katları hâlâ derebeylik düzenine ve geleneklerine bağlıydılar. Gözü pekliği yüzünden beğenilirken, kuralları bozan taşkınlıkları yüzünden eleştirilen gotik sanatın özündeki köklü çelişme işte bu yüzden ortaya çıkıyordu. Ama gotik sanata gerçek anlamını veren başlıca özellik kutsal temaların insanlaşmasıydı. Gotik sanatın bu özelliğini ise korkunç yaratıkların konu olarak işlenmesi ve deneyüstü görüşlere tutkulu bir bağlılık az da olsa gölgeliyordu.

Giotto

Giotto bu yeni insancı görüşün ilk büyük ustasıydı. Giotto'da İsa gerçekten insandır. Kutsal olaylar, dünyada geçen olayların niteliğini kazanmış, bilinmeyen dünya yerini insanlar dünyasına bırakmıştır. Ermişlerin başını çevreleyen aylaların yumuşak yaldızı bile daha eski resimlerin doğaüstü süslerinden sıyrılmış salt insanca bir niteliğe bürünmüştür. Her şey insanların birbirleriyle karşılaşmalarını gösteren bir hareketlilik içindedir. Artık hiçbir açınlama (révelation) tarihin dışında ve ötesinde kayıtsız şartsız bir inanç beklememektedir. İsa'nın hikâyesi seyredenlerin katılmasını bekleyen çok yakın ve somut bir olay gibi anlatılmaktadır. Değişmeyen görüntüler yerine dramatik durumlar ele alınmakta, birbiriyle ilgili insan biçimleri iki boyutlu resmin düzeyi ile sınırlanmayıp bütün bağlarından kopmak, şimdi burada yaşayan bütün insanlarla birlikte yaşamak istercesine üç boyutlu dünyaya uzanmaktadırlar. Bu insanlaşmış ve dinsel niteliğinden sıyrılmış görüntülerde yeni bir gerçeklik, yeni, kalıplaşmamış bir duyarlık kendini açıkça belli etmektedir.

Giotto'nun yapıtlarındaki çarpıcı "gerçekçiliği" beğenirken, Bizans ve ilk romanesk sanatının gerçekdışı ya da bozulmuş bir gerçekliği yansıtan bir sanat olduğu yanılgısına da düşmemiz gerekir. Bizans imparator ve imparatoriçelerinin, hareketsiz, yaldızlı çerçeveleri içindeki meleklerin ve ermişlerin kurumlu yalnızlığı, çevresine cüce boylu kullarını almış yüce Gökler Kralı, bütün bunlar romanesk sanatta toplumsal gerçekliğin bir betimlenmesiydi. Bu figürlerin katı, insanlıkdışı hareketsizliği, boyutlarının gerçekten uzaklığı sanatçının çizmesini becerememesinden ileri gelmiyordu. Yönetici sınıfın buyruğunda çalışan bu sanatçılar "sonsuz" bir dünya düzenini betimlemek, karşılıklı ilişkileri olan insanları değil, görkemli bir toplumsal niteliğin maskelerini çizmek istiyorlardı. Onlar için güçlü olma özelliği, kimin güçlü olduğundan daha önemliydi. Sanatçının görevi doğayı değil, toplumsal düzenin "doğaüstü" niteliğini övmekti. Önemli olan doğal boyutlar değil, toplumun kalıplaşmış ast-üst düzeniydi.

Toplum ve Üslup

Kısaca, toplumsal özün değişmesi sonucunda ortaya nasıl yeni konular, yeni anlatım biçimleri, yeni üsluplar çıktığını örnek vererek açıklamaya çalıştım. Konuyu yalınlaştırmak zorunda kaldığımı çok iyi biliyorum. Toplumsal yeni bir öz kendini hiçbir zaman doğrudan doğruya açığa vurmaz, ancak dolaylı olarak duyurur, sanatı toplumbilim açısından ele alan her girişim, bu işi baştan savma yapmayacaksa, söz konusu dolaylılığı da hesaba katmak zorundadır. Ben burada ancak bir çözümlemeye değinebileceğim, birçok soru da karşılıksız kalacak: Gotik sanat neden sivri kemer, payanda, çapraz tonoz gibi birtakım belli biçimler içinde belirdi? İki boyutlu görüntülerin yerini neden üç boyutlu görüntüler aldı? Toplumsal, teknik ve ülküsel öğeler birleşip nasıl yeni bir üslup yarattı?

Arnold Hauser *The Philosophy of Art History*[8] adlı ilginç kitabında buna benzer birtakım sorular soruyor:

> Gotik sanata doğru bir değişmeyi ilk başlatan şey neydi?.. Hangisi daha önce ortaya çıktı, çapraz tonozlar mı, yoksa dikey düzen düşüncesi mi? Gotik katedrallerin yapıcıları "dikeylik" kavramını böyle bir kavramın gerçekleşme olanaklarını düşünerek mi benimsediler, yoksa yeni bir yükseklik anlayışı, gotik bir yücelme duygusu mu ustaları bu anlayışı taş ve cam işçiliğiyle somutlaştırma olanaklarını bulmaya zorladı?

Bu soruların karşılığı için Hauser'inki gibi uzmanca incelemelere başvurmamız gerekiyor – kimi zaman, nedenlerin çeşitli ve karmaşık olması ve nicel değişikliklerin hangi noktada nitel değişikliğe dönüştüğünü belirtme güçlüğü yüzünden en değerli bilginlerin bile, bu sorulara kesin karşılıklar bulmakta sıkıntı çektikleri görülüyor. Bu bakımdan Hauser'in şu düşüncelerine katılabiliriz:

(8) Routledge and Kegan Paul, 1958.

Bir yorumlama yöntemi olarak toplumsal sanat tarihine karşı yöneltilen eleştiriler, bu yönteme gerçekleştiremeyeceği ve gerçekleştirmeyi düşünmediği birtakım amaçlar yüklemelerinden doğuyor. Ancak çok kaba bir toplumsal tarih anlayışı belli bir sanat yapıtını belli bir toplum biçiminin bağdaşık, kesin ve dolaysız bir yansıması olarak görmeyi düşünebilir. Tarihsel bakımdan karmaşık bir çağın toplumu bağdaşık olmadığı için sanatı da hiçbir zaman bağdaşık olamaz; olsa olsa belli bir toplum katının ortak çıkarları olan birtakım insan topluluklarının gerçeklerini dile getirebilir; sözü geçen toplumda ne kadar değişik kültür düzeyleri varsa, o kadar değişik üslup özellikleri olduğunu gösterir.

Ortak çıkarlarla birbirine bağlanan insan topluluklarının en süreklisi ve en etkini toplumsal sınıflar olduğuna göre, sanatta anlatım gereksinmeleri ve yolları da sınıfla koşulludur (toplumsal sınıfın penceresiz bir kale olmadığını, çatışan sınıfların bile birbirini etkileyebileceklerini, eski bir yönetici sınıfın biçim ve geleneklerinin gelişmekte olan yeni sınıfları etkileyebileceğini, tek bir sınıf içinde bile değişme ve gelişmeler olabileceğini de unutmamalıyız). Bu bakımdan, Hauser'in şu sözleri doğrudur:

> Toplumsal sanat tarihinin öne sürdüğü görüş – ortaya koymayı amaç edindiği tek görüş – sanat biçimlerinin yalnız görme ve duyma duyularıyla koşullu bireysel bir bilinci değil, aynı zamanda toplumla koşullu bir dünya görüşünü de açıkladığıdır.

Şunu da ekleyelim ki "görme ve duyma duyularıyla koşullu" bireysel yaşantı biçimleri bile toplumsal gelişmenin dışında ortaya çıkamazlar. Yeni görme ve işitme yolları yalnızca gelişmiş ve incelmiş bir sinir düzeninin değil, aynı zamanda yeni toplumsal gerçeklerin de yaratmış olduğu olanaklardır. Sözgelimi, büyük şehirlerin ritmi, gürültüsü ve hızı yeni görme ve işitme türleri yaratabilir, köylüyle şehirlinin bir manzarayı görüşleri birbirine benzemez, vb. Şu da var ki, toplumsal koşullar her zaman sanatta doğrudan doğruya yansımayabilir, yeni sanat biçimleri ise yeni toplumsal özü bütünüyle içermeyebilir.

Peki ama sanatta bir çağı, bir toplumsal dönemi belirtmek için kullanmaz mıyız "üslup" sözünü? Giyimden siyasal düşüncelere, ahlak anlayışına, törelere, müziğe ve şiire varıncaya dek genel tutumu belirten de aynı "üslup" değil midir? "Üslup" bir toplumun en belirli niteliği değil midir? Üslup olayını inceleyecek olursak, her şeyden önce değişik yaradılışta değişik birtakım sanatçıların yönetici bir anlayış olarak birtakım geleneklere, biçimler düzenine ve eğilimlere kendi istekleriyle uyduklarını görürüz. Böylece bireyin yaratıcılığına bir topluluk öğesi girer ve tek tek yapıtlar sanatçıların yeteneğine, özgünlüğüne bağlı olarak birbirinden çok ayrı bile olsalar, aralarında (çoğu zaman tanımlanması güç) bir ortak nitelik sağlarlar. Fiziköteci kuramcılar bundan sanatın toplumsal koşullara bağlı olmayan, anlaşılmaz bir "organizma", yaşayan bir varlık olduğu sonucuna varırlar. Onlara göre sanat ya yalın biçimlerden gittikçe karmaşık biçimlere doğru gelişir (bu gelişme toplumsal gelişmeyle çelişse bile, böyle düşünenler için bunun bir önemi yoktur) ya da sanat gençlik ve yaşlılık, doğum ve ölüm gibi sürekli bir çevrime uyar, öyle ki her kültür çevrimi kendine özgü yepyeni bir sanat yaratır ama bir yandan da daha önceki kültür çevrimlerinin sanatında görülen aynı evrelerden geçer. Bu varsayımlara göre sanatta gelişme yalnızca biçim ve sanatın iç sorunlarına bağlı bir olaydır, üslup da toplumsal değişmelerle bireysel başarıların bir sonucu değil, bütün bunları yöneten kendi başına buyruk bir gücün sonucudur. Böyle olunca sanatçı, sanatçının koruyucusu, sanat yapıtlarının yoğaltıcısı olan halk, bir bakıma, sanatın yürütme organlarıdır; sanat bunların yardımıyla yaratılır, ama bunlar da sanatın kendi yasalarına uymak zorundadırlar. Bu görüş doğru olsaydı, tarihin her döneminin kendine özgü tek bir üslubu olurdu – çünkü aynı görüşe göre üslup tek tek sanat yapıtlarının özel niteliğini taşıdıkları tanrısal bir özdü. Oysa sanat tarihinin değişik akımları çatışmış, birbirini etkilemiştir, birbirine uymayan sanatlarda gelişme tek bir üsluba yönelme eğiliminde olsa bile, bu eğilimin her zaman karşı akımlarla çatıştığını görürüz. Sanatın bazı dalları gelişmiş, bazı dalları ise geri kalmıştır; aşırı kişilikleri olan birtakım sanatçılar ağır basan genel üsluba karşı çıkmıştır; değişik akımlar çatışmış, birbirini etkilemiştir, birbirine uymayan öğeler ya karşılıklı olarak direnmişler ya da uzlaşmışlardır (gotik sanatta gerçekçilikle deneyüstücülük gibi). Gerçekte durum, tek üslup birliği ilkesinin sınırlarına sığmayacak kadar karmaşık ve çelişiktir.

Eski biçimlerin ve geleneklerin kalıcılık gücünü kimse yadsıyamaz. Sanatçılar haklı olarak her zaman işe başından başlamayıp, varılmış bir noktadan yola çıkmayı, var olan bir üslubu yeni bir şeye dönüştürmeyi isterler. Bir dönemin üslubunu anlamak istersek, onu tek başına değil, sanat tarihinin bütünü içinde, tarihsel gelişmenin bir ânı olarak ele almalıyız – ama yalnız sanat için değil, bütün toplumsal olaylar için böyledir. Ortaya birdenbire birtakım yeni konuların (sanatta çalışan insanın belirmesi gibi), bunun sonucu olarak da yeni sanat yöntemlerinin çıkması ya da Giotto, El Greco, Brueghel, Goya ve Daumier gibi sanatçıların özgün başarıları, sanatta kendi başına buyruk bir gelişmeyle açıklanamaz. Üstelik bu kuram, sanatta gerçekçiliğin zaman zaman belirip kaybolmasını açıklamaya çalıştığı zaman tam bir tutarsızlığa düşer, çünkü bu kuram üslup kalıplaşmasının soylu sınıf düzeniyle, gerçekçi sanatın halk akımlarıyla sıkı sıkıya bağlı olduğunu, epik üslubun kahramanlık geleneğiyle önemini yitirdiğini, romanın burjuva sınıfıyla ortaya çıktığını, çoksesli müziğin derebeylik düzeniyle öldüğünü, eşsesli müziğin burjuva düzeniyle geliştiğini bir türlü görmek istemez. Sanatta biçimsel sütunların olmadığını, bütün sorunların doğrudan doğruya toplumsal durumlara bağlı olduğunu öne sürmek büyük bir anlayışsızlık olur. Ama Hauser'in şu düşüncelerinde yanılmadığını sanıyorum:

> Sanat tarihinde en büyük tehlike, Riegl'in tarihçiliği yeni yöntembiliminin temellerini attığından beri sürekli olarak saldırılarla karşı karşıya kalan tehlike, sanat tarihinin bir biçimler ve sorunlar tarihi olmaktan öteye gitmemesidir...
>
> Bu sorunlar ve görevler gerçek olmasına gerçektir; bunlar ne yoktan var edilmiş ne de yöntem anlayışına göre uydurulmuş şeylerdir, her türlü bilimsel sanat tarihi de bunları ele alıp incelemek zorundadır... Ne var ki, sanat yapıtları bu sorunları çözümlemek için yaratılmazlar; dünya görüşü, yaşayış düzeni, inanç ve bilgi gibi biçimsel ve teknik konularla pek az ilgisi olan ana sorunları yanıtlamak için sanat yapıtları yaratılırken ortaya çıkar bu sorunlar.

Demek ki, belli bir çağın sanat başarılarını incelerken, o çağın belirli üslubunun anlatım ve biçim sorunlarını göz önünde tutmamız gerektiği gibi o üsluptan kaymaları da ele almamız gerekir. Sanat tarihini gözden geçirirken sanatı adsız bir bütün değil, kendi yetenekleri ve tutkuları olan tek tek sanatçıların yapıtları olarak düşünmeliyiz. Bir çağın sanatını uydurma değil de gerçek bir çerçeve içinde görebilmek için her şeyden önce, o çağın toplumsal koşullarını, akımlarını ve çelişmelerini, sınıf ilişkilerini ve çatışmalarını, bunların sonucu olan dinsel, düşünsel ve siyasal düşünceleri incelememiz gerekir. Her sanat yapıtında, üslup özelliğinde bir sınıfın ya da toplumsal durumun dolaysız ve kesin bir açıklanışını aramaktan sakınmalıyız. Bir yazarın, sanatçının ya da bestecinin yapıtını yalnız o yapıtın "ilerici" ya da "gerici" oluşuna göre yargılamamaya bakmalıyız (çünkü Lenin'in de Tolstoy çözümlemesinde belirttiği gibi bu iki özellik iç içe olabilir – üstelik *her* yargılamada nitelik sorununu göz önünde tutmalıyız). Yalnız sanata toplumbilimi uygulamazsak – sanatta konu, biçim ve öz değişmelerinin toplumsal nedenlerini araştırmazsak – gerçeklikten çok uzak bir soyutlamanın ve "estetizm"in düş ülkesinde buluruz kendimizi. Bir üslup çözümlemesi, sanatta üslubu belirleyen etkenin öz, yani eninde sonunda toplumsal öğe, olduğunu görmedikçe, ne kadar keskin olursa olsun, en ince sorunları ve ayrıntıları anlamakta ne kadar ustalık gösterirse göstersin yanılmaya yargılıdır.

Biçim ve Toplumsal Yaşantı

Bununla birlikte bütün dikkatimizi öz üzerinde toplayıp biçime ikinci derecede bir yer vermemiz de aptallık olur. Sanat biçim vermektir, bir yapıta ancak biçim sanat niteliği kazandırabilir. Rasgele, gelişigüzel, gereksiz bir şey değildir biçim (tıpkı kristallerde de olmadığı gibi). Biçimin yasaları ve kuralları insanın madde üzerindeki üstünlüğünü gösterir; bunların yardımıyla yaşantı ve elde edilen her türlü başarı bozulmayacak bir biçimde korunur. Bu yasalar sanat için de hayat için de gereklidir.

Doğal ve toplumsal olayları anlayabilmemiz için bunların nasıl ortaya çıktıklarını öğrenmemiz gerekir. Toplumsal bir nesnenin, bir çalışma ürününün, biçimi doğrudan doğruya o nesnenin işlevine bağlıdır. İlkel insan kendi işini görmek için bir taşa, bir tahta ya da kemik parçasına biçim vermişti: Başka bir deyişle, biçim toplumsal bir amacın belirtisidir. Birtakım şeylerin benzerlerini yapma yolunda sayısız deneyler, sonunda belli bir alandaki yaşantıların bütününü kapsayan değişmez biçimler yarattı. Belli bir çömlek biçimi ortaya çıkmadan binlerce yıl önce, çömlekler bu amaç için, bir işi görmek için yapılırdı, bir biçimi gerçekleştirmek için değil. Sonunda hem örnek olarak, hem de kalıp olarak özellikle yararlı ve kullanışlı bir biçim üzerinde karar verildi ve daha ölçülü bir üretime geçildi. *Somutlaşmış toplumsal yaşantıdır biçim.*

Biçim, belli bir ölçüde de, maddelerle koşulludur. Bu, birtakım gizemci düşünürün ileri sürdüğü gibi, her maddenin gizli bir biçimi olduğu, bütün maddelerin kendi yetkinliklerine erişmek, maddeden sıyrılmak gibi bir çabaları olduğu ya da insanda maddelere biçim verme isteğinin fizikötesel bir "biçime yönelme özlemi"nden ileri geldiği demek değildir. Yalnız her maddenin, değişik ama belirli birtakım biçimlere girmesine yol açan kendine özgü nitelikleri vardır. Öyle ki, insanların oturdukları yapılarda kullanılan gereçler – yapının kamıştan, sazdan, tahtadan, taştan ya da topraktan yapılması yapıların biçimi bakımından önemlidir. Yani bulunması en kolay olan gereçler yapının biçimini belirler. Böyle olunca da bir evin (ya da çalışma ürünü başka bir şeyin) ölçüleri ve bakışımı "estetik" bir "biçime yönelme özlemi"ne değil, gereçlerin yapısına ve yapıcının bilgisine bağlıdır. Gelişigüzel yapılmış çarpık bir ev, bakışım kurallarına göre yapılmış bir evden daha az dayanıklıdır. Kristallerde bakışım nasıl bir güç dengesinin, dolayısıyla da boşuna güç harcamamanın bir belirtisiyse, bir evin ya da insan yapısı başka bir şeyin bakışımı da bir dengenin belirtisidir. İlkel insan maddeyi yöneten kuramsal yasaları elbette bilmiyordu ama bunları günlük yaşayışında öğrendi, ölçü ve düzenin değerini doğrudan doğruya kendi yaşantısıyla anladı. Toplu yaşayışın öbür alanlardaki yaşantılarının da ritmin ve düzenli tekrarların değerini ilkel insana öğrettiğini hatırlayacak olursak, ilkel insanın düzene karşı duyduğu saygıda birçoklarının gördüğü gizemsel ve anlaşılmaz öğe de bütün bütüne ortadan kalkar.

Toplu çalışma süreçlerinin yarattığı biçimler – somutlaşmış toplumsal yaşantı olan biçimler – son derece tutucu olmak eğilimindedir. Üretimin, yapıcılığın, vb. gelişmesini inceleyecek olursak, yeni gereçler bulunduğunda bile eski biçimleri koruma eğilimiyle karşılaşıldığını görürüz. Kimi zaman yeni gereçlerin zorla eski biçimlere uydurulmaya çalışıldığı da olur. Daha sonraki çağların taş yapılarında, saz, toprak ve tahta yapıların ilkel "üslubu"na rastlanır. Tunç ve demir devirlerinde bulunan yeni maddeler daha kullanışlı biçimlere elverişli olsa bile, bu devrin araçlarında taş araçların biçimleri sürdürülür. Biçimin bu tutucu eğiliminin şaşırtıcı bir yanı yoktur; bütün toplu yaşama düzenlerinin ortak yaşantıları sonucunda büyük güçlüklerle elde ettikleri bilgileri değerli bir miras gibi kuşaktan kuşağa aktarma eğiliminden başka bir şey değildir bu. Toplu yaşayış düzeninin yarattığı bir biçim kutsal sayılır ve bir zorunluluk yüklenirdi: *Bu başka türlü değil, böyle olacak.* Bu biçimlerde bir değişiklik yapmak suç sayılır ve tehlikeli sonuçlar doğurabilirdi. Üretimdeki sürekli yaşantı zenginliği, doğayı daha iyi tanıyıp daha verimli ve uygun araçlar kullanarak çalışmayı kolaylaştırma eğilimi ve ustalığın artması bu biçim tutuculuğu ile çatışıyordu.

Bir özelliği de biçim olan verimlilik dediğimiz zaman, yalnız bugün verimli saydığımız maddesel yapılarını değil, ilkel insan için en üstün verimliliği temsil eden birtakım büyülü nesnelerin sözünü etmek istiyoruz. Üreten, doğayı değiştiren insanın bir büyücü olduğunu daha önce söylemiştik; ayrıca benzerliğin, nesnelerin benzerlerini yapmanın, araçların ve kendi isteminin yardımıyla çalışarak doğaya üstünlük sağlamanın önemini anlayınca bu üstünlüğünün olanaklarını gözünde çok büyüttüğünü ve büyü yoluyla gerçekliği değiştirmek gibi gücünü aşan bir işe giriştiğini de belirtmiştik. George Thomson'un *Aeschylus and Athens* adlı kitabında açıkladığına göre, ilkel büyü insanların gerçekliği denetleri altında tuttuklarına kendilerini inandırmalarıyla onu gerçekten denetledikleri düşüncesine dayanmaktadır. Şu da var ki, büyü eylemle sonuçlandığı için, insan dünya karşısındaki öznel tutumuyla onu gerçekten değiştirebileceğini anlamış oluyordu. Benzetleme danslarında düzenli bir hazırlığa girişen avcılar *sonunda* daha iyi avcı oluyorlardı.

Totemciliğin başlangıcı ve gelişmesi konusunu ele alan Thomson, totem sayılan hayvanın başlangıçta oymağın kesip yediği hayvan olduğunu belirtiyor. Avustralya'daki Wallaby oymağının başbuğunun görevine başlama töreninde kutsal hayvanın etinden yemesi, yani o hayvanı özümlemesi de bunu gösteriyor. İlkel insan bir bitkiyi ya da bir hayvanı yediği zaman, kendisinde bir dirilik, bir canlılık duyardı. Metabolizma sürecini bilmediği için, bitkinin ya da hayvanın yaşama gücünün kendisine aktarıldığını sanır, kendi hayatıyla avının hayatının birbirine karışarak bir birlik yarattığına inanırdı. Ancak büyü yoluyla anlayabildiği fiziksel metabolizma onu kendisini yediği canlı varlıklarla özdeş görmeye yöneltirdi. Ama avcılık tekniğinin gelişmesi sonunda oymağın sürekli olarak beslendiği hayvan türü azalıp neredeyse ortadan kalkınca bir tabuyla, yasaklayıcı birtakım kurallarla korunmaya başlandı. Göçebe topluluklar kendi avlanma bölgeleri olan oymaklara bölündü; yiyecekler, av hayvanları, vb. paylaşılmış oldu. Her oymak o güne kadar besin kaynağı olan hayvan ve bitkilerden birini yememek zorunda kaldı, böylece bütün oymakların yiyeceksiz kalmamaları da az çok sağlandı. Öyle ki, her oymağın belli bir hayvan ya da bitkiyi yemesi yasaktı, bir oymak bu kuralı bozarsa, insanların varlığı yiyecekleriyle özdeş sayıldığı için, toplu yaşayış düzeni tehlikeye girmiş oluyordu. Üretim güçleri gelişip yeni besin kaynakları ortaya çıkınca, totem ve tabu başlangıçtaki ekonomik anlamını yitirdi ama biçim olarak kökleşmiş olduğu için bir yana bırakılmadı, yer yer yeni anlamlar kazandı. Bu inançlar artık toplumun geleneksel yapısını, oymakları ve topluluğun mallarını koruyan, bu yüzden de cinsel ilişkileri düzenleyen kurallara dönüştü.

Bu akla yakın bir varsayım ama ben totem ve tabunun ta başlangıcından beri ekonomik olduğu kadar cinsel bir anlamı da olduğuna inanıyorum. Bence ilkel toplulukların özelliklerinden biri cinselliği, yiyip içmeyi ve çalışmayı daha işbölümüyle farklılaşmaya uğramamış olan hayatla özdeş, bölünmez bir bütün saymalarıydı. Birçok dinsel törenlerden anlaşıldığına göre ilkel insanın kafasında, dış dünyayla "metabolizma", cinsler arasındaki "metabolizma" ve çalışmanın sağladığı fiziksel "metabolizma" bir tek önemli süreçte kaynaşıyordu. Gençlerin toplu yaşama düzenine katılmaları için yapılan bütün öğretici törenlerde, gençlere başlıca çalışma bilgileriyle birlikte cinsel bilgiler de öğretilirdi.

Totem ve tabuyu söz konusu etmemizin nedeni büyüyle ilgili bu inançların pek çok biçimin ortaya çıkmasında payı olması, bu inançları sanatın başlıca kaynaklarından biri saymamızdır.

Ancak ilkel insanın kendini beslendiği hayvanlar ve bitkilerle, yani doğayla özdeş gördüğünü unutmazsak ve ilkel insan için biçimin ve biçim benzerliğinin taşıdığı önemi ölçebilirsek, başka türlü anlayamayacağımız pek çok şeyi anlayabiliriz. Bilginler sık sık belirtmişlerdir bunu. Burada, vardığı sonuçlara hiçbir zaman katılmadığım Rahip Winthuis'in düşüncelerinden bir bölümü anmak istiyorum:

> İlkel insanın düşünüşü, hiçbir zaman soyut ya da soyutlayıcı, ayrıntıya gereken önemi verip onu çözümleyen bir düşünüş olmadığı için, yaşayışını etkileyen temel öğe nesnelerin iç değil dış niteliğidir. Onun için biçim, gözün gördüğü özelliktir önemli olan. Aynı biçimde olan her şey, ilkel insan için aynı anlamı taşır.

Winthuis, çalışmaları ister istemez kendilerini soyutlamaya yönelten emekçi insanlarda soyutlamanın gücünü açıkça küçümsüyor. Ama biçimin ilkel insan için büyük önem taşıdığını söylerken çok doğru bir noktayı belirtiyor.

Büyülü Mağara

Burada, sık sık sorulan şu soruyu ele alalım: İnsan elinden çıkmış yapıtların biçimi yoğunlaşmış toplumsal yaşantıyı yansıttığına göre orta taş devrinin mağara resimlerini, son derecede gelişmemiş bir toplumun o üstün sanat yapıtlarını nasıl açıklayabiliriz? Yararlı olmayı araçların, çömleklerin, evlerin biçimini belirleyen bir özellik sayabiliriz; ama Afrika'da, İskandinavya'da, Fransa'nın güneyinde taş devrinden kalma kaya resimleriyle karşılaştığımız zaman, anlaşılmaz, fizikötesel, yaratıcı bir gücün, tanrısal bir esinlenişin, bir sezginin ya da düşüncenin ilkel insana böyle sanat yapıtları yarattırdığını düşünmek zorunda kalmıyor muyuz?

Örnek olarak Kont Bégouen'in bulmuş olduğu Trois Frères mağarasını, ünlü hayvan resimlerinin ve hakkında geniş incelemeler yapılmış olan maskeli "büyücü"nün bulunduğu mağarayı ele alalım. Bu karanlık mağaradaki yaban sığırlarının büyük bir ustalıkla çizildiğini, sığırların üstünde geyik biçimine girerek oturan büyücünün çok çarpıcı bir görünüşü olduğunu kimse yadsıyamaz. Ama keskin bir hayvan gözlemciliğine dayanan bu resimlerin yanı sıra öyle değersiz mağara resimleri de vardır ki, ne eskilikleri ne de her ilkel şeyi beğenme eğilimi bunların başarısızlığını gizleyebilir. Bu noktayı belirtmek zorundayız, çünkü birtakım tarihçiler bütün ilkel topluluklarda insanüstü bir "deha", uygar insanın yitirmiş olduğunu ileri sürdükleri bir "deha" olduğuna inanıyorlar. Gerçek şu ki, orta taş devri insanları çok üstün birtakım yapıtların yanı sıra, sıradan birtakım örnekler de vermişlerdir.

Çocuk resimleriyle bir karşılaştırma yararlı olabilir. Bunlar arasında da, beceriksiz karalamalar, apaçık acemiliklerin yanında, dış dünyadaki biçimleri anlamakta, hayvanları ve nesneleri çizmekte tarihöncesi sanatı hatırlatan şaşırtıcı bir sezgi ve üstün bir ustalıkla karşılaşırız. Bu, çocuk beyninin daha yepyeni olmasının, her izlenimin toplumsal karmaşıklıkların ve geleneklerin bilinciyle bozulmadan algılanmasının bir sonucu olabilir. Bir çocuk dünyanın ancak çok küçük bir parçasını görür ama büyük bir yeğinlikle görür o parçayı. Yalnız böyle karşılaştırmalarda dikkatli olmalıyız çünkü ilkel insan uygar çocuğunkinden çok değişik bir dünyada yaşamıştı. En etkilenmemiş yirminci yüzyıl çocuğu bile karmaşık bir toplum yapısının izlerini taşır. Bir hayvanın bugün yaşayan bir çocuk için anlamı orta taş devri avcısı için olduğundan çok başkadır.

Mağara resimlerinin yansıttığı yaşantıların kapsamını incelemeden önce, bu yapıtların bir doruk noktası, uzun bir sanatsal gelişme sürecinin sonucu olduğunu da belirtmemiz gerekiyor. Bundan önce, aynı türden bir hayvanı ürkütüp öç almaktan vazgeçirmek için yapılmış, kaba saba kil ayaklar üzerine gerilmiş bir hayvan derisi gibi, çok daha ilkel sanat yapıtları vardı. Kuramcılığının su götürür yanları olmakla birlikte, üstün bir gözlemci olan Leo Frobenius şöyle diyor:

> Kont Bégouen, N. Casteret'le birlikte Haute-Garonne'a, Montespan'a yakın bir mağara buldu. Bu mağaradaki geçitlerden birinin ortasında kilden yapılmış bir hayvan figürü gördü. Kabaca yapılmış, ayrıntılara dikkat edilmemiş bir figürdü bu ama ön ayaklarını gererek çömelmiş bir hayvan olduğu belliydi. Bu hayvanın bir özelliği de kafasının kopuk oluşuydu. Tümüyle çocukların kışın yaptıkları kardan adam gibi kaba bir işti. Ama işin kaba oluşu kafanın neden kopmuş olduğunu açıklamıyordu... Figür bütün genel çizgileri, bacak yapısı, yuvarlak, güçlü butlarıyla bir ayıyı andırıyordu: Gerçekten de hayvanın ön ayakları arasında bir ayının kafatası bulundu.

Frobenius burada da Afrikalı Kuluballi oymağı üstüne şunları söylüyor:

> Bir aslan ya da pars bir insanı yediği zaman, bir çalılık kurban töreni düzenlenir ve hayvan öldürülür. Daha sonra çalılığın bir köşesinde "Mulikorre Nyama" denen özel bir yer ayrılır. Bu orta yerine kilden başsız bir av hayvanı konan yuvarlak bir diken çitidir. Bundan sonra öldürülen aslan ya da parsın derisi, başı olduğu gibi bırakılarak yüzülür. Bu deri, başla birlikte kilden figürün üstüne gerilir. Bunun üzerine bütün savaşçılar dikenli çitin çevresine toplanırlar, avcılar hayvanın çevresinde dans etmeye başlarlar. Bu arada öldürülen hayvanın gövdesi gömülür.

Hayvan derisinin gerildiği bu kil parçalar insanlık tarihinin ilk plastik sanat örnekleri olmalı. Bunların bugün sanat dediğimiz şeyle pek az ilintisi vardır; hayvanları yatıştırmaktan başka bir amacı yoktu bunları yapmanın – yani bir imgenin yardımıyla gerçeklik üzerinde bir üstünlük sağlanmaya çalışılıyordu. Ama insan böyle bir amaçla hayvanların benzerlerini yapmaya başladı mı, her üretim gibi bu da bir inceleme sürecinden geçip gelişecekti. Büyücülüğün gereği olarak hayvanla onu yansıtan örnek arasında elden geldiğince bir benzerlik, bir özdeşlik sağlamak çok önemliydi... Bu özdeşlik önce av hayvanlarının derileriyle sağlanıyordu ama (belki de toptan üretimin gereği) hayvanların benzerleri asıl hayvanın derisi ve başı kullanılmadan yapılmaya başlanınca, elde edilebilecek en büyük benzerlik büyünün gereklerinden biri oldu. Hayvanın derisinin ve başının yerini kanının aldığını ileri sürebiliriz. İlkel insan, kendi büyü anlayışına göre, *pars pro toto* (bütün yerine bir parça) yasasını, yani hayvanın bir parçasını elde etmekle o hayvan üzerinde üstünlük kuracağı düşüncesini, benimsemekle kalmıyor, kanı ayrıca hayatın gerçek özü sayıyordu. Bu sanımızı destekleyen çeşitli örneklerden burada yalnız ikisini vermekle yetinelim. Afrika'daki Kordofans avcı oymağının inançlarına göre, avcılar öldürdükleri hayvanın kanını büyülü bir boynuza akıtırlarsa, avlayacakları hayvanlar üzerinde bir üstünlük sağlanıyordu. Frobenius böyle oymaklardaki toplu yaşayışa başlama törenleri üstüne şu bilgileri veriyor:

> Ya törenin başında, ya tören sırasında ya da törenden sonra bir ceylan öldürülerek boynuzlarından biri koparılır; bu boynuza daha sonra avlanacak hayvanların kanı doldurulacaktır. Yaban sığırı boynuzu da ceylan boynuzunun gördüğü işi görür. Mağara resimleri avlanan ceylanın kanıyla yapılmıştır.

Kan ve benzerlik yüzünden, resimlerle yansıttıkları canlı örnek arasında bir özdeşlik sağlanmış oluyordu; ayrıca av hayvanının neresinden vurulacağını belirten bir mızrak resmi de yapıldı mı, hayvanın kurtulamayacağına ve avın başarılı olacağına gerçekten inanılıyordu. Trois Fréres mağarasındaki yaban sığırı resimlerinde de böyle mızraklar görülüyor. Ama resimlerle hayvanlar arasındaki şaşırtıcı benzerliği nasıl açıklayacağız?

Bu benzerlik büyüsel bir zorunluktu. Taş devri avcısı, avını büyük bir dikkatle gözlemlediği için benzerlik derecesini ölçebilirdi – hayvanla resim arasında benzerlik ne kadar çoksa resmin o ölçüde etkin olacağına inanırdı. Bu bakımdan, araçların yapımında olduğu gibi birtakım örnek kalıpların ortaya çıktığını düşünebiliriz; mağarada çalışan sanatçı üstelik tam bir özgürlük içinde çalışmıyor, kendisinden en işe yarayacak biçimleri kullanması, yani hayvana en çok benzeyen resimleri yapması bekleniyordu. Üslup dediğimiz şey de, eninde sonunda, benimsenmiş, alışılmış kalıpların kullanılmasından başka bir şey değildi. Ayrıca taş devri insanı avı karşısında yalnız iyi bir gözlemci olmakla kalmıyor, avlanma işinde başarılı olmak için kendini avıyla özdeş görüyordu. Sanatçı sezgisi dediğimiz şey de bu yararlı özdeşlik duygusunun yan sonuçlarından biridir. Avcı hayvana öykünüyordu; av danslarında hayvanın derisine bürünüyor, hayvanın her hareketini bugün düşünemeyeceğimiz bir özdeşlik duygusuyla canlandırmaya çalışıyordu. Ayrıca, hayvan ve insan dünyasını birbirinden ayıran çizgi tarihöncesi insanın kafasında tam bir kesinlikle belirmiş değildi; birçok bakımlardan insan, yavaş yavaş kendini koparmakta olduğu hayvanlar evreninin bir parçasını meydana getiriyordu. Klaatsch ve Heilborn gibi antropoloji uzmanları bu konuda şunları yazıyorlar:

> Kadınların hayvan yavrularını emzirmeleri ilkel insanlar arasında yaygın bir gelenektir. Bu ilkel insanlar daha insanlık aşamasına ulaşmamış, kendilerini hayvanlar arasında yaşayan birtakım başka hayvanlar sayar gibidirler... Avustralyalı yerli kadınlar nasıl yabani köpek yavrularını emzirirlerse – Jung bu konuyla ilgili olarak yeni doğan çocuğunu öldürüp emzirmesi için karısına köpek yavruları veren babalar olduğunu hatırlatıyor – Polinezyalı kadınlar da sık sık köpek yavrularını emzirirler. Aynı şeye Kanada'daki Kızılderililerde de rastlandığını Theodat'dan öğreniyoruz. Remy'ye göre,

Hawai adalarında analar yalnız çocuklarını değil, köpek ve domuz yavrularını da emzirirler. Yeni Mecklenburgh Papuanları ve Yeni Zelanda Maorileri arasında da domuzlar insan sütüyle beslenir. Ayrıca, Güney Amerika'daki çeşitli kızılderili toplulukların kadınları da maymun, geyik, vb. emzirirler.

İnsan avcı olunca, kan dolu bir uçurum açıldı insan ve hayvan evrenleri arasında: İnsan hayvanları hâlâ ataları ve yakınları saymakla birlikte onları öldürmeye başlamıştı. Böylece hayatın birliğini yıkmıştı. Öldürdüğü hayvanı yemekle onu sadece kendisinin bir parçası yaptığını, hayvanın yaşayan insan organizmasının bir parçası olduğunu ileri sürerek suçunu örtmeye ve kendisini kandırmaya çalışıyorsa da, belli ki atası ve kardeşi saydığı hayvanın kendisinden öç alacağından da korkuyordu. Kadın hayvanı emziriyor, erkekse öldürüyordu; böylece birçok avcı topluluklarında kadınlarla av hayvanları arasında, bu olayın bütün çelişmelerini ve korkularını taşıyan, gizli bir bağ olduğuna inanılmaya başlandı.

Taş devri insanı için hayvan resimlerinin taşıdığı büyük önemi ve büyücülerin bu resimleri elden geldiğince asıllarına benzeterek doğaya üstünlük sağlamak için duydukları zorunluğu anlamak istiyorsak bütün bunları hesaba katmamız gerekir. Burada güzellik yaratmanın verdiği tat söz konusu değildir. Bu çok daha derin, çok daha önemli, toplu yaşayış düzeni için ölüm kalım niteliği taşıyan bir sorundur. Daha önce de söylediğimiz gibi, büyücü resimde yaban sığırının sırtına binmiştir; yüzünde bir hayvan maskesi, mağaraya girenlere ürkütücü gözlerle bakmaktadır. Bütün ipuçları bizi yanıltmıyorsa, Trois Fréres mağarasında topluluğun genç insanlarının olgunlar arasına karışmaları için törenler yapıldığı anlaşılıyor. Bu törenlerde üretimle (örneğin avcılıkla) ve cinsel hayatla ilgili bütün bilgiler, toplu yaşama düzeninin bütün kuralları ve gerekleri, gençlere hayatları boyunca unutmayacakları işkencelerin eşliğinde en ince ayrıntılarına kadar öğretilirdi. Böylece gençler ölümsüz toplulukla ve kuşaktan kuşağa geçerek yaşayan, çoğu zaman da hem erkek hem dişi olduğuna inanılan İlk Ata ile birleşmiş olurdu. Frobenius Afrika'daki Mahalbiler arasında bu türden törenler olduğu belirtiyor:

> Gençler kutsanma törenlerinden önce ne cinsel ilişkiler kurabilirler ne de avlanabilirler. Kendileri olgunluk törenleri için bir çalılığa götürülürler. Orada düzenlenen danslarla, birtakım garip gürültülerle çocuklar iyice coşturulur. Bu coşkunluğun doruk noktasına eriştiği anda bir pars ya da parsa benzer bir hayvan belirir. Bu hayvanın ortaya çıkışı büyük bir korku yaratır. Çocukların korkudan neredeyse ödleri kopar. Hayvan çocukların üstüne atılır, onları ısırır. Kimi zaman cinsel organları yara alan çocuklar, bu yaraların izlerini hayatları boyunca taşırlar... Bundan sonra çılgın bir tören başlar. Avcıların ölünceye kadar büyülü bir araç olarak önem verdikleri sığır boynuzları böyle günlerde kesilir. Bu boynuzlara öldürülen hayvanların kanı doldurulur. Kadınların bu boynuzlara dokunmalarına izin verilmez. Dokunurlarsa hayvanların güzel bir kadın biçimine girip avcıyı baştan çıkaracağına ve ondan öç alacağına inanılır.

Başka oymaklarda gençler dağlarda mağaralara kapatılır ve mağaranın duvarlarına resim yapmaları istenir. Bu resimlere öldürülen bir ceylanın kanı sürülür. Bundan sonra her gencin erkeklik bezlerinden biri burulur.

Avlanma büyüsüyle cinsel büyü arasındaki ilişki birbirine benzeyen yüzlerce örnekte ortaya çıkmaktadır. Av hayvanı ile kadın birbirine karışır. İlk tabunun aybaşı ve gebelik süresinde kadınla yatma yasağı olduğu anlaşılıyor. Kadın her iki durumda da hem kirli, hem kutsal, hem tiksintiyle uzak durulan hem de kendisine saygıyla davranılan bir varlık olarak görülüyor. George Thomson'a göre dünyanın her yanında, aybaşı olan ya da gebe kalan kadınlar erkekleri uzak tutmak ve doğurganlıklarını korumak için üstlerine kırmızı toprak boyası sürerlerdi. Birçok evlenme törenlerinde kadının alnına kırmızı bir işaret yapılırdı. Eski Yunan toplumunda çocuk doğuran kadın başkasının kanını dökmüş ya da ölüye dokunmuş biri gibi kirli sayılırdı. Burada doğumla ölüm birbirine karışıyor, aybaşılı kadın ölümü, gebe kadınsa yeniden doğuşu temsil ediyor.

Avcı oymakların bir geleneğine göre, erkekler ava çıkmadan önce kadınlar dans ederek erkeklerin cinsel isteklerini uyandırırlar; yalnız avcılar cinsel isteklerini kadınlarla değil, hayvan avlayarak giderebilirler. Büyük balina avı haftası içinde Nutka Sound Kızılderililerinin her türlü cinsel ilişkiden uzak durmak zorunda olduklarını Frazer'den öğreniyoruz. Balina yakalayamayan bir başbuğ bu kurala karşı gelmiş gibi oymak halkına hesap vermek zorunda kalıyordu. Kadının av hayvanıyla özdeş görülmesi, bir bakıma tarihin ilk sınıf çatışması olarak tanımlayabileceğimiz kadın-erkek çatışmasının başlamasıyla ilgilidir; ama bir bakıma da benzeşen her şeyi özdeş görme gibi çok eski bir alışkanlığın da payı vardır bunda. Bachofen'in belirttiğine göre tarihöncesi avcılar kadınlarıyla sevişirken kulübelerinin ya da mağaralarının dışına erkeklik simgesi olan bir mızrak dikerlermiş. Winthuis de zenci oymaklarının dansları üstüne şunları yazıyor:

> Her insanın kendisini toplulukla özdeş görme anlayışına göre elinde tuttuğu mızrak öyle gelişigüzel bir mızrak değil, erkeklik organının yaşayan bir simgesidir, önündeki çukur da herhangi bir çukur değil, kadınlık organının simgesidir. Herkes bu inancını cinsel bir coşkunluk içinde karşısındakine gösterir.

Çiftleşme ve avın mızrakla vuruluşu, kadından ve hayvandan kan akması ilkel insanın kafasında birbirine karışarak yaşama sürecinin benzeşen ya da özdeş nitelikleri oldu, gençlerin olgunlaşma törenlerinin yapıldığı mağaralara hayvan resimleri yapan büyücü de kuşkusuz bu cinsel duyarlığın etkisi altında kaldı.

Bütün bunlar da ilkel avcı oymakları arasında sık sık rastlanan bir inancı, ölen hayvanın bakışından korunulması gerektiği, bu bakışın özellikle erkekliği yok eden bir gücü olduğu inancını, açıklıyor. Frobenius şöyle diyor:

> Herhangi bir şeyin bir parçasını ele geçirmek onun bütünü üzerinde üstünlük kurmayı sağlar. Burada gerçekten elle tutmak gerekmediğini de belirteyim – bağırarak, çığlık atarak ve özellikle bakarak da bu iş başarılabilir. Bakış en tehlikeli silahtır. Öldürücü bakışlardan bu yüzden çok korkulurdu.

Canlı bir varlığın gözü, ışık organı ve gerçeklik aynası, hayatın en büyük yoğunluğuyla yansıdığı yerdir. İnsanın uzağı gören gözünden kararlılık ışınları yayılır, bir insan karşısındakini bakışlarının gücüyle ezebilir. Ölen bir hayvanın gözlerinde avcı, cana kıydığı, doğanın birliğini bozduğu için bir yakınışın izlerini görür. Doğanın birliği ise can veren ve besin kaynağı olan kadında sürüp gider: Ölen hayvanla kadın birbirine karışır ve ölmekte olan hayvan cinsel organlardan, hayat organlarından öç alır. Mağaradaki büyücü resminin ve girenlere yöneltti̇ği o korkunç bakışın önemini anlamak için bu birbirine bağlı gerçekleri bütün ayrıntılarıyla hatırlamamız gerekir.

Özetlemek gerekirse: Trois Fréres mağarası, belirli özellikler bizi yanıltmıyorsa, olgunlaşma törenlerinin yapıldığı büyülü bir mağaraymış. Resimlerin asıllarına benzemeleri gerekliymiş; çünkü benzerlik ne kadar çok olursa resimlerin o ölçüde etkin olduğuna inanılıyormuş. Bu resimleri yapan sanatçıların kullandıkları ve sonraki kuşaklara aktardıkları geleneksel birtakım biçimleri, kalıpları, yani "üslup"ları varmış, bu yüzden anlaşılmaz bir sezgiyle çalışmaları gerekmiyormuş.

Herbert Kühn'ün *The Rise of the Humanity* (İnsanlığın Yükselişi) adlı kitabından aldığımız şu bölüm de yukardaki sonucu destekliyor:

> İskandinav resimlerinin de büyü amacıyla yapıldığı açıkça ortadadır. Bunlar büyücülük resimleridir. Lapp büyücüle-

> ri bugün bile aynı üslupla bunlara çok benzeyen resimler yapmaktadırlar. Alaska'nın güneybatısında, Coop Inlet denen bir yerde, ayrıca Kodiak Adalarında, Frederika de Laguna İskandinav mağara resimlerine benzeyen resimler bulmuştur. Bunlar belli bir üsluba göre çizilmiş insan, fok balığı, balık ve geyik resimleridir. Hâlâ bu mağaraların yakınlarında oturan Eskimolar araştırmacıya bu resimleri yapan kimsenin oymağın büyücüsü olduğunu söylemişlerdir. Büyücünün neden böyle resimler yaptığı sorusuna ise bunların gizli avlanma törenlerinin bir parçası olduğu ve av hayvanlarını büyülediği karşılığı verilmiştir. Resimlerin yardımıyla büyücü ile avcılar avlanacak hayvanlara karşı bir üstünlük sağlıyorlardı... Belli ki büyücüler, tıpkı buz devrinde olduğu gibi, birtakım "okullar" meydana getiriyorlardı. Zaman zaman aynı elin değişik yerlerde iş gördüğü ortaya çıkıyor.

Büyücülerin işini kolaylaştıran başka bir nokta da kendisiyle avlanacak hayvan arasındaki özdeşliğin – özneyle nesnenin birbirine karışması olayının – son derece yoğun olmasıydı. Topluca cinsel bir coşkunluk havası bu özdeşliği daha da artırıyor ve asıl avlanma eyleminden önce bütün topluluğun katıldığı cinsel bir esriklik havası yaratılıyordu. Son olarak, avcının bütün dikkatinin şu ya da bu hayvanın belli bir özelliği üzerinde değil de avlanacak hayvan türünün genel çizgileri üzerinde toplandığını; başka bir deyişle, hayvanın görünüşünün çeşitli ayrıntılarıyla değil de ana çizgileriyle ilgilenildiğini unutmayacak olursak, sanırım, taş devri sanat yapıtları konusunda inandırıcı bir açıklama yapmış oluruz. Bu konuyla ilgili durumları ve süreçleri yeniden çizerken elimizdeki belgelerin çok az olduğunu biliyorum. Olabilir ki çok önemli birtakım etkenleri göremiyor, birtakım gerçekleri yanlış değerlendiriyorumdur. Ama benim belirtmek istediğim nokta, ilk (dolayısıyla daha sonraki) sanat biçimlerini anlamamız için öyle soyut, gizemsel varsayımlar gerekmediğidir. Bir tek örnek üzerinde bu kadar uzun durmamın nedeni budur.

"Kaynak"a Duyulan Özlem

Sanat biçimleri bir kez yerleşip denendiler, kuşaktan kuşağa aktarılarak sözün tam anlamıyla "kutsallaştı"lar mı, son derece tutucu bir nitelik kazanırlar. Başlangıçtaki büyüsel anlam büyük ölçüde unutulsa bile, insanlar eski biçimlere karşı korkuyla karışık bir saygı duyarlar: Bir zamanlar belli bir büyü gücü ve toplumsal anlamı olan söz, dans ve resim biçimleri, ileri ve gelişmiş toplumların sanatında yaşar, büyüsel-toplumsal yasa yavaş yavaş estetik bir yasaya dönüşür. Eski biçimleri bir yandan yıkmak bir yandan değiştirerek yeni biçimler yaratmak için her zaman yeni bir toplumsal özün olması gerektir. Ancak, Pers Savaşları zamanındaki Atina toplumu gibi, az çok gelişmiş sınıflı bir toplumda birey, belirli dans hareketleri, büyüye göre düzenlenmiş söz ve türkü biçimleri olan toplu yaşama düzeninin korosundan daha güçlü bir sesle duyurdu kendini. Bunun üzerine kurban törenleri yeni toplumsal olayları yansıtmaya başladı ve dinsel-toplumsal öğe daha özgür, daha insanca, daha bireysel bir nitelik kazandı. (Meta üretimi ve ticaretin sonucunda gelişen) kişilikle (dindışı ya da dinsel) toprak sahibi ayrıcalı bir sınıf arasındaki çatışma olmasaydı, görsel sanatlar başlangıçta büyüsel bir amacı yerine getirmek için benimsenmiş olan eski biçimlerden hiçbir zaman kurtulamayacak, insanı birey olarak gören bir tutumu yansıtamayacaklardı. Büyüsel ezgilere, tanrılara ve ölülere okunan toplu dualara insansal ve öznel bir nitelik kazandıran lirik şiir de aynı çatışmanın sonucu olarak ortaya çıkmıştır. Eski kaplara yeni şarap konmuş, yeni özün kendine yeni anlatım biçimleri bulması da epey uzun sürmüştü.

Demek ki, sanat biçimleri genellikle tutucudur ve değişmeye karşı direnç gösterir. Belli birtakım yaşama biçimleri bugün bile eski toplu yaşama düzeninden kalma bağların ve zorunlukların izlerini taşır. Bu, romanın "açık" biçimi ve modern dram sanatı için doğru olmasa bile, görsel sanatlar için bir yere kadar, müzik ve lirik şiir içinse kesinlikle geçerlidir. Sanatın büyüsel görevi çoktan ortadan kalkmış, biçimleri uzun çatışmalardan sonra yeni toplumsal koşullara ve gereksinmelere uymuştur. Ne var ki, yeni şiirde ve müzikte tarih öncesi çağlardan kalma eski bir büyü karaltısının bugün bile sık sık belirdiği görülür.

Birçok modern sanat akımlarında ve yapıtlarında eskiye, masalsıya, "ilkel"e bile bile dönüş de bunun bir sonucudur. Yalnız malların değil, sanatçının bütün bütüne yabancılaştığı teknik, ekonomik ve toplumsal çarkın fetiş niteliği, son burjuva dünyasındaki sınırsız uzmanlaşma ve farklılaşma, bütün bunların hepsi "kaynağa", kendi başına bütünlüğü olan bir birliğe karşı bir özlem yaratır. Sanatçının kolay, göz boyayıcı ve kendini beğenmiş her şeye karşı kuşkuyla bakması onu duyguları avlamaya karşı direnen bir bağışlamazlığa, sertliğe ve eski anlatıma iter. İzlenimcilerin dünyayı ışık ve renk içinde eriten sanatını, yüzeylerdeki donuk titreşimi yadsıyan, geçmekte olan ânı değil de, nesnelerin yapısını kavramak, sürekliliğini yakalamak isteyen bir karşıakım izledi. Biçim üzerinde durmak başlıca amaç oldu; sanatçının ya da romancının çabası, insanları müzik ve şiir gibi konudan çok biçimle doğrudan doğruya etkilemeye yöneldi.

Birçok etkenler böylece birleşerek "kaynağa" duyulan romantik özleme yeni bir güç kazandırdı. Modern lirik şiirde iki karşıt eğilim vardır. Bunlardan biri şiiri her türlü "büyü"den uzak olarak tam bir bilinçle kurar. Öbürü ise kaynağa dönme, sözcükleri beylik anlamlarından kurtarma, onlara çoktan unutulmuş büyüsel bir anlamın tazeliğini ve diriliğini kazandırma isteğini yansıtır.

Aragon en güzel şiirlerinden birinde bu isteği dile getiriyor:

Je dis avec les mots des choses machinales
Plus machinalement que la neige neigeant
Mots démonétisesés qu'on lit dans le journal
Et je parle avec eux le langage des gens

Soudain c'est comme un sou tombant sur le bitume
Qui fait nous retourner au milieu de nos pas

Inconscient écho d'un malheur que nous tûmes
Un mot chu par hasard, un mot qui ne va pas....

Que je dise d'oiseaux et de métamorphoses
Du mois d'août qui se fane au fond des mélilots
Que je dise du vent, que je dise des roses
Ma musique se brise et se mue en sanglots

Sözcüklerle düşünmeden bir şeyler söylüyorum, karın düşmeden yağışı gibi; gazetelerde okuduğumuz geçerlikten kaldırılmış sözcükler – bunlarla insanların konuştuğu gibi konuşuyorum. Birden asfalta düşüp de bizi geri döndüren bir metelik gibi – bilinçsiz yankısı dindirdiğimiz bir acının, rasgele söylenmiş bir söz, olmayacak bir söz... Kuşlardan, değişimlerden, kokulu yoncalar arasında solan ağustostan konuşacak, rüzgârdan, güllerden söz açacak olsam, müziğim yarıda kesiliyor, hıçkırıklara dönüşüyor.

Şair bakır bir para gibi elden ele dolaşan sözcükten tiksiniyor – oysa birden yere düşen bu para, para olmaktan çıkıyor, yankısı günlük konuşma dilinin süprüntüsü altında kalmış çağrışımlar uyandıran salt maden oluyor. Şiirde geçen bir sözcüğün nesnel anlamının dışında, daha derin, bir bakıma büyüsel bir anlamı vardır. Bir nesneye ad vererek onu kendinin yapan ilkel insanın duygusu gizlice yaşamaktadır şiirde. Bir şiirin birçok sözcükleri sanki doğrudan doğruya bir "kaynak"dan gelir – ve sanki ilk olarak şimdi, burada, bu belli çerçeve içinde, bu belli anlamda kullanılıyormuş etkisini yaratır. Bir şiirdeki sözcükler gerçekliğin gizli kalmış bir yanını daha o anda billurlaştırmışçasına diri, temiz ve el değmemiştir. Bu yüzden yararlı işlerle uğraşan birtakım ağırbaşlı kimseler çocukça ve yararsız bir şey sayarlar lirik şiiri: Çünkü lirik şiir açık önermelerle sınırlanmaz, büyüyle uğraşır, sözcüklerle oynar, zamanımızın günlük konuşma dilinden uzak bir dil kullanır. Öyle ki, şairin dilinin, insanların her gün aralarında konuşmak için kullandıkları dil gibi "normal" bir dil olmadığı kuşkusu vardır; yerinde bir kuşkudur bu.

Her şair ya kendini doğrudan doğruya anlatan yepyeni bir dil yaratmanın ya da kaynağa, eski ama aşınmamış, büyü gücü olan bir dilin derinliklerine dönmenin özlemini duyar. Büyük lirik şairlerin çoğu dile yeni, duyulmamış sözcükler katmışlar, ya unutulmuş sözcükleri yeniden bulup çıkarmışlar ya da her gün kullanılan sözcüklere yeni anlamlar katmışlardır. Yeni şairler arasında argo deyimleri ve teknik dili şiirlerinde kullanma çabası da bu özleme bağlıdır. Brecht de doğup büyüdüğü Augsburg lehçesini, Luther'in İncil'de kullandığı dili, panayır yerlerinde söylenen türkülerin diliyle karıştırıp kendi dilini yaratmıştır.

Öznel yaşantıyı dile getirmek için bütün gelenekleri yıkacak, öbür insanlarla hiçbir anlaşma olanağı bırakmayacak kadar öznel bir dil kullanmak şiirin görevine aykırıdır. Bir insanın en açıklanması güç yaşantısı bile bir insan yaşantısı, dolayısıyla da toplumsal bir yaşantıdır. (Bugün birtakım sanatçılara özgü aşırı kopmuşluk bile birçok insanın ortak, toplumsal yaşantısıdır.) Yaşantıyı bulup açıklayan kimsedir şair. Onun aracılığıyla başkaları da – sonunda açıklanmış olan yaşantıyı kendilerinin yaşantısı olarak görüp özümleyebilirler. Baudelaire'in şiirinde modern şehirlerdeki yalnızlığın açığa çıkması "dünyaya yeni bir ürperti" getirmekle kalmamış, milyonlarca insanın bilinçaltında yatmakta olan uyumlu bir titreşimi de başlatmıştır. Şair bu titreşimi sağlamak için dilin olanaklarından yararlanır, ama bunu öyle bir biçimde yapar ki, her sözcük yeni bir anlam kazanır. Burada yenilik sözcükler arasındaki diyalektikte, sözcüklerin şiirin içinde birbirleriyle kurdukları ilişkilerde ve her sözcüğün yalnızca bir özü açıklamayıp kendi başına bir öz, bağımsız bir gerçeklik olmasındadır. Bir şiirde her sözcüğün, kristalin içindeki her atomun olduğu gibi, belli bir yeri vardır: Şiirin biçimi ve yapısını meydana getiren özellik budur. Birtakım sözcüklerin yerini belirsiz, önemsiz bir biçimde değiştirmekle, bir şiirin etkisi, yapısı ve biçimi bozulabilir, billurlarmış bütün, biçimsiz bir söz yığınına dönebilir.

Şiir Dünyası ve Şiir Dili

Şiir klasik çağda bir düşünceyi, bir duyguyu en ince, en çekici bir anlatımla dile getirme aracıydı. Belli bir duyguyu ya da düşünceyi anlatmak için ölçüye göre giysiler hazırlayan bir terzinin işi gibi bir iş görürdü şiir. Alexander Pope'un şu güvenli inceliğini bir düşünün:

Nerede o öğüt verebilecek insan,
Öğretmeyi sevip de, bilgiyle övünmeyen?..
Beğenisi, Tanrı'dan, hem kesin hem sınırsız,
Yalnız kitaptan değil, insandan da anlayan;
Sazı sözü yerinde, büyüklük taslamayan,
Övmekten çekinmeyen, ölçüyü kaçırmadan?

Ya da Racine'in sabaha övgüsündeki özlü söz ustalığına bakın:

Chantons l'Auteur de la lumière,
Jusqu'au jour où son ordre a marqué nostre fin:
Et qu'en le bénissant nostre aurore dernière
Se perde en un midy sans soir et sans matin...

Gelin övelim ışığı Yaratan'ı,
Buyruğu son günümüzü belirtinceye değin:
Ve son şafağımız kutsarken onu
Akşamsız ve sabahsız bir öğlede yitsin...

Derken, birden, bu klasik ortamda bulanık ve dağınık bir halk şiiri ortaya çıktı. Sermaye birikiminin sonunda malları ellerinden alınmış köylülerin, bir bakıma, lirik biçimde ayaklanışıydı bu. Piskopos Percy 1765'de bu şiirleri bir araya getiren ilk derlemeyi yaptı. Gray ile Macpherson daha da önceden eski ozanların türkülerinden haberliydiler. Gray, Pope'un ustası olduğu söz sanatındaki açık seçikliğin hayranıydı ama zekânın ve eleştiri duygusunun bu tek yanlı gelişmesinin, çağının aşırı derecede incelmiş "canlılığı ve şımarık sabırsızlığı"nın da "hayal gücünün yaratmış olduğu yüce sanatlar"ın ilk yozlaşma belirtileri olduğuna inanıyordu. Gray, "gotik bir cennet"ten, "büyülü, yabanıl bir coşku"dan, "taşkın bir hayal gücü"nden, "sözcükler ve ritimler arasındaki çarpıcı ve köklü bir uyuşum"dan söz ediyor, bütün bunların, İskoçya'nın soğuk ve çıplak tepelerine özgü bir yaratıcılığın yüzyıllardan beri var olan ve yeniden diriltilmeyi bekleyen ürünleri olduğunu ileri sürüyordu.

Köy, yalnız sınıf niteliğini yitirmiş, soysuzlaşarak bir "yığın" haline gelmiş köylülerle değil, çürümüş inançları ve bilgisizliği yansıtan garip türküler ve şiirlerle de şehirlere doluştu. *Monsieur Nicolas* adlı romanını Wilhelm von Humboldt'un "yazılmış en gerçek kitap" olarak tanımladığı ve bir köylü çocuğu olan Rétif de la Bretonne, Paris'e geldiği zaman, yalnız bir halk çocuğunun yönetici sınıfa karşı duyduğu isyanı değil, doğup büyüdüğü köy çevresinin gürbüz kösnüsünü, boş inanlarını, gizemciliğini ve karanlık öfkesini de birlikte getirmişti. Başka bir köy çocuğu olan Goya da yanında büyücüler, şeytanlarla dolu bir çanta taşımış, bu çantayı kendisine yaltaklanan soylu kişilerin suratlarına karşı öfkeli bir tiksintiyle boşaltmıştı.

Soylu sınıfın ve kilisenin yönetimine karşı ortaya çıkan bu romantik ayaklanma dilde de kendini gösterdi. Cadıların dolaşmalarında, şeytanların düğünlerinde, gece yarısı çalan kilise çanlarında bir ayaklanmanın ritmi uğulduyordu. Aydınlanmaya karşı boş inanların savunulması iyi yetişmiş soylu sınıfa boyun eğmeme kararlılığının bir belirtisiydi. Bu yeni çağın başlangıcında eski mezarlar açılıyordu. Gottfried August Bürger'in *Leonore* adlı şiiri kan, ay ışığı, mezarlıkların tekinsiz havası gibi bütün özellikleri bir araya getiriyordu:

> Die Flügel flogen klirrend auf
> Und über Gräber ging der Lauf,
> Es bleichten Leichensteine
> Rund um im Mondenscheine...

Kanatlar birbirine çarptı
Mezarlar üstünde uçuştu,
Soluk mezartaşları
Ay ışığında parladı...

Halk şiiri konusunda içini döken Bürger, halkın hayal gücünün ve duyarlığının incelenmesi gerektiğini, böylece doğal destanın tılsımlı değneğinin her şeyi karıştıracağını ileri sürüyordu. Bürger'e göre, "doğa yaratıcılığı ve duyarlığı şiire" ayırmıştı, "alaycılık ve akılcılık ise çok ayrı bir yeteneğin, koşuk yazma sanatının" sorumluluğu altına giriyordu. Dil klasik sanatın yasalarını yıkmış, yeni ve tedirgin bir duyarlığı karşılamak için bilinçaltına ve yabanıllığa yönelmişti. Artık düşünceler koşukla yazılarak süslenmiyor, inceliğe ve alaycılığa şiirde hayranlık duyulmuyordu; artık düşlerdeki gibi usdışı bir hızla imge imgeyi izliyordu. Hayal gücünün kargaşası klasik sanatın kurallarını altüst etmişti. Lirik şiir romantizmin tılsımlı değneğini artık elinden hiç bırakmayacaktı.

O çağda, bu yeni şiir anlayışı ile hiç kimse, Strasbourg'daki öğrenciliği sırasında gotik sanat ve halk şiiriyle ilk olarak karşılaşan genç Goethe kadar etkilenmemişti. Bu ilk yazdığı şiirlerden birinde imgelerdeki coşkun parıltının ve noktalamanın bir atın nal seslerinin ritmine uyduğu görülür:

Es schlug mein Herz; geschwind zu Pferde!
Es var getan fast eh' gedacht;
Der Abend wiegte schon die Erde
Und an den Bergen hing die Nacht.
Schon stand im Nebelkleid die Eiche
Ein aufgetürmter Riese da,
Wo Finsternis aus dem Gesträuche
Mit hundert schwarzen Augen sah...

Yüreğim çarpıyor; hemen bin ata!
Neredeyse düşüncemden önce sıçradım;

Yeryüzü akşamın beşiğindeydi bile
Ve iniyordu dağlardan gece.
Şimdiden sislere bürünmüş
Koca bir dev gibi meşe,
Sanki yüz gözle bakıyordu
Karanlık çalılığın içinden...

Şairin "ben"i düşsel bir çağrışımla ve şiirsel bir kamutanrıcılığı (panteizm) içinde doğanın bir parçası olmuştur; doğa ise, sesi şiir dilinde titreşimler yaratan ve tanrısal hayatı olan bir içgüdü sayılmaktadır. Yeni bir duygu ve dil birliği olarak beliren aynı yeni insan ve doğa birliğini Wordsworth başarıyla yakalamıştı:

As a huge stone is sometimes seen to lie
Couched on the bald top of an eminence,
Wonder to all who do the same espy,
By what means it could thither come, and whence,
So that it seems a thing endued with sense:
Like a sea-beast crawled forth, that on a shelf
Of rock and sand reposes, there to sun itself;
Such seemed this man, not all alive or dead,
Nor all asleep – in his extreme old age...

Nasıl koca bir taş bazen yatmış gibi
Görünür de çıplak tepesinde yüce bir dağın,
Bu taş nasıl, nereden gelmiş diye
Bütün görenleri şaşırtır,
Yaşayan, duyan bir şey sanılırsa:
Kayalarla kumlar arasında güneşlenmek için
Sürünüp çıkmış bir deniz ejderi gibi;
Bu adam da öyleydi – ilerlemiş yaşında –
Ne ölü, ne diri ne de uykuda...

Doğayla birleşme çoğu zaman cinsel bir birleşme, bir *union mystica* ile özdeş görülüyordu: Başka bir deyişle, bu şehirde yaşayan ve artık saf bir dinsel yaşantıdan yoksun insanla, büyüleyici ama aynı zamanda da ürkütücü bir varlığın birleşmesiydi. Stendhal'a göre romantik çağın başlıca niteliği olan kendini "salt tutku"ya bırakma eylemi böylece doğayla birlik duygusunda, cinsel yaşantıda ve şairin kimsesiz "ben"inde dile geldi. Derin düşüncelere dalmanın değil de tutkunun dili olan bu tedirgin, sinirli, çoğu zaman yeğin, her zaman kişisel olan dil yeni ve bireyci burjuva çağına uyuyordu.

Doğanın, Goethe'nin "Karaağaç Kralı" ve "Balıkçı" gibi şiirlerinde olduğu gibi, hem tehlikeli hem de baştan çıkarıcı, kan emen bir hortlak olarak görülmesi; Novalis ve Kleist gibi Alman romantiklerinin ölüm düşlerinden aldıkları tat; Blake'in şiirindeki şaşırtıcı imgeler ve çağrışımlar – romantizmin bütün bu öğeleri Keats'in büyülü "La belle Dame sans Merci" adlı şiirinde bir araya gelmiştir. Klasik dönemin sona ermesinden sonra, lirik şiir kaynağa duyulan özlemin, eski ozanlardaki katkısız sezgi hayranlığının, aşırı öznelliğin, bencilliğin, şiirin teması ve tekniği arasında tam bir uyum sağlamak için elde edilmeye çalışılan dil inceliğinin bir bireşimi oldu. Keats'in şiiri bu bireşimin yetkin bir örneğidir. Halk şiirinde önemli olan temaydı; Keats'in şiirinde ise tema sadece öznel yaşantının, romantik şairin eriyip bitme duygusunun bir simgesidir.

"O what can ail thee, knight-at-arms,
　　Alone and palely loitering;
The sedge is wither'd from the lake,
　　And no birds sing.

"O what can ail thee, knight-at-arms,
　　So haggard and so woe-begone?
The squirrel's granary is full
　　And the harvest's done..."

"Derdin nedir, yiğit atlı,
Yollarda aylak, kimsesiz;
Kurudu göllerde sazlar,
Artık kuşlar da sessiz.

"Derdin nedir, yiğit atlı,
Betin benzin sapsarı?
Sona erdi hasat vakti,
Dolu sincabın ambarı..."

Bu iki dörtlük "ballad"ın sonunu haber verirler: İki dörtlük de bir sızlanışın sesiyle başlar, sonra şairin yakınacak soluğu tükenmişçesine donup kalır. Yargılı bir insanın son umutsuz çabalarını belirten ilk dizeler önce tutkuyla başlar, sonra "aylak", "kurudu göllerde sazlar" gibi sözlerde gevşer ve son dizedeki soluğu tükenip donmuş sözcüklerle biter. Sonra yeniden ikinci dörtlüğün acı çığlığı, "sona erdi hasat..." sözlerinin kaçınılmaz yazgısı ve karaduygululuğu içinde boğulur gider.

Burada anıların büyüsel çağrışımı başlamaktadır. Önce bölük pörçük, belirsiz anılar, birbirinden kopuk ayrıntılar vardır: Kaşının üstündeki zambak, yanağın solan gülü, kurumuş sazlarla belirsiz, bulanık çağrışımlar. Sonra birden, başka telden bir hava çalındığı duyulur; acı çeken, gözleri boşluğa bakan öznellik, halk destanlarının görünüşte nesnel anlatımına kaptırır kendini. Ama "Uzundu saçları, yürüyüşü tüy gibi" dizesinin akıcılığı, "Ve çılgındı gözleri" dizesindeki sertlik ve gerilimle bozulur, şiir yeniden başlangıçtaki karamsar havasına bürünür. La belle Dame sans Merci'nin çılgın acılı gözleri derelerin, çayırların, yaban bitkilerinin görünüşte yumuşak evreninden uzaklara bakmaktadır.

Romantiklerin doğa karşısındaki tutumları çelişmelerle doluydu. Politika ve endüstri devrimlerinin hayal kırıklığından sonra doğanın yıkıcı, yok edici, kan emici niteliği – Venüs'ün dişi bir şeytan, Diana'nın kana susamış bir avcı olarak görülmesi – romantiklerin toplum karşısındaki huzursuzluğunu yansıtan yaygın bir özellik oldu. La belle Dame sans Merci, Medusa'nın gözleriyle bakıyordu şaire; şairin kanını emen ağzı ölümün ağzıydı. Aynı sıralarda Shelley de Medusa'nın başı üstüne şunları yazıyordu:

Its horror and its beauty are divine.
Upon its lips and eyelids seems to lie
Loveliness like a shadow, from which shine,
Fiery and lurid, struggling underneath,
The agonies of anguish and of death...

Korkunçluğu da, güzelliği de tanrısal.
Gerisinde acıların ve ölümün
Kızgın çırpınışlarla parladığı
Dudaklarını ve gözkapaklarını
Sanki bir gölge gibi örtmüş güzellik...

Romantik aşkın özünü veren *Epipsychidion* şiirinde de buna benzer bir duygu vardır:

Thou Moon beyond the clouds! Thou living Form
Among the Dead! Thou Star above the Storm!
Thou Wonder, and thou Beaty, and thou Terror!

Sen ey bulutların gerisindeki Ay! Sen ey yaşayan Varlık
Ölüler arasında! Sen ey Fırtınanın erişemediği Yıldız!
Sen ey göz kamaştıran, korku veren Güzellik!

Büyü yoluyla düşlerde canlandırılan sevgili Helena ile doğa birbirine karışır. Rousseau da buna benzer imgeler kazandırmıştır doğaya. Goethe'nin Faust'u Helena'yı öbür dünyadan çağırmış, öbür dünyadan gelen karşılığı Heine duymuştu:

Du hast mich beschworen aus dem Grab
Durch deinen Zauberwillen,

Belebtest mich mit Wollustglut –
Jetzt kannst du die Glut nicht stillen.

Press deinen Mund auf meinen Mund,
Der Menschen Odem ist göttlich!
Ich trinke deine Seele aus,
Die Totem sind unersättlich.

Büyülü isteminle beni
Çağırdın mezarımdan,
İsteğinin odlarıyla diriltin –
O alevi şimdi söndüremezsin.

Gel daya ağzını ağzıma,
Tanrısaldır insanların soluğu!
Bütün ruhunu boşalt içime,
Tükenmez ölülerin susuzluğu.

Keats'in şiirinde ölümle karşılaşmadan önceki son uyanış sahnesinde şair düş içinde düş görür:

"And there she lulled me asleep,
  And there I dream'd – Ah woe betide,
The latest dream I ever dream'd
  On the cold hill's side..."

"İşte beni orada uyuttu,
  Orada düş gördüm – Ah! ne yazık,
Gördüğüm düşlerin sonuncusuydu
  O soğuk tepenin yamacında..."

"Ah! ne yazık" çığlığı ile düşteki kadının göründüğü ayna parça parça olur, o âna kadar görünmeyen hortlaklar birden karanlığın içinden ortaya çıkarlar. Düşünden uyanan şair onlardan öğrenir ki kendisi de Geoffroy Rudel, Tannhäuser, Tristan,

Lancelot ve Henry II gibi sayısız ten düşkünü, ölümsüz ünlü âşıklardan biridir:

"I saw pale kings and princes too,
Pale warriors, death-pale were they all:
They cried – 'La belle Dame sans Merci
Thee hath in thrall!'..."

"Krallar, beyler, yiğitler gördüm,
Hepsinin bir ölümsü-sarıydı renkleri:
'Acıma bilmeyen Güzel,' dediler,
'Kendine köle etmiş seni!'..."

Ancak İngilizce gibi özü şiire uyan bir dilde şiirsel anlamla böylesine yoğun bir koşuk bulabiliriz. Sessiz imgelerle dolu ilk iki dizeyi karanlıktan gelen anlaşılmaz bir çığlık izler. Sonra gene sessiz, düşsel bir görünümü canlandıran iki dize:

"I saw their starved lips in the gloam
With horrid warning gaped wide..."

"Akşamın karanlığında susuz ağızlarını
Bir kara haberci gibi açtıklarını gördüm..."

"Acıma bilmeyen Güzel kendine köle etmiş seni!" sözlerinin lirik ürkütücülüğü ve yoğunluğu kolay kolay aşılamaz. Bu dizelerden sonra şairin uyanışı gelir. Şiirin sonu başlangıçtaki dizelerle biter. Yeniden öznel gerçeklikle karşı karşıya kalırız. Anlatılan nesnel olaylar bu gerçekliğin yanında sayfaları bir düş içinde çevrilen bir resim albümünden başka bir şey değildir. Stendhal *Henri Brulard'ın Hayatı*'nda belleğin dökülmekte olan bir duvar resmine benzediğini beş altı kere söyler: Burada bir kol, şurada bir baş, başka bir yerde başka bir görüntü vardır – öyle ki kendisi nesneleri değil, gözünün önünde belirip kaybolan birtakım görüntülerin etkilerini betimler. Bu görüntülerin arasındaki bağlar da karanlığın içinde kaybolmuştur. Bu imge ve ses çağrışımı, nesnelin öznele karışıp gitmesi romantik şiirin başlıca yöntemiydi. Yirminci yüzyıla gelinceye kadar romantizme karşı bilinçli olarak yeni bir lirik şiir yöntemi ortaya çıkmadı.

Baudelaire'in *Le Voyage* (Yolculuk) adlı büyük şiiri de Romantizmin aynı çağrışımlı imgeler ilkesine uyar. Keats'in şiirinde Acıma bilmeyen Güzel'e biçim veren şeyler "acıyla nemli, ateşle çiğ tutmuş... zambak" ve bir "solan gül"dür. Baudelaire'de ise birbirine yapıştırılmış harita ve pullarla canlandırılır dünya. Keats'in halk türküsü oynaklığı ile Baudelaire'in bunun tam karşıtı olan söz sanatı özentisi, İngiliz şairinin içten coşuşu ile Fransız şairinin mantığı arasında ne büyük bir ayrım vardır! Klasizm Fransa'da İngiltere'de olduğundan çok daha güçlü bir akımdı. Fransa'da sarayın ve akademinin katı ölçülerine karşı direnen taşralı beyler, dikkafalı kuralbozucular, bahçelerdeki aşırı düzen kaygısının geometrisini gevşetebilecek bir doğa görüşü, İngiliz parklarının başıboş uzanışı yoktu. İngilizce ve Almanca ile karşılaştırılınca, Fransızca değişmeyen, hayal gücünden yoksun, neredeyse ölü bir dildi. Romantizm Fransa'da bir Wordsworth'ün yeniliğiyle değil, bir Chateaubriand'ın tumturaklı diliyle ortaya çıktı. Stendhal bu gösterişli anlatıma tepki olarak Medeni Kanunun dilini kaynak olarak benimsedi; Victor Hugo'yu kendine usta seçen Baudelaire ise ustasının süslü dilinin etkisinden kurtulabilmek için büyük çaba göstermek zorunda kaldı.

Ayrıca, Keats'in şiirinin kökleri eski halk ozanlarının türkülerine, büyü törenlerinde söylenen ezgilerin nakaratlarına uzanıyordu, Baudelaire'in şiiri ise bir forumda görünmeyen bir kalabalığın karşısında verilen bir söylev gibiydi. Keats'in şiirinin birinci ve sonuncu dörtlüğü arasındaki uygunluk bir halk türküsünün nakaratını akla getiriyor, Baudelaire'in şiirinin ilk iki dizesi ile son iki dizesi arasındaki ilişki ise bir söylevin giriş ve sonuç bölümlerinin havasını taşıyor. Keats'in şiirinin ilk ve son dörtlüsünün başındaki "Ah!" ünlemi içten gelen bir çığlıktır;

Baudelaire'in üçüncü dörtlüğündeki "Ah!" ise somut betimlemeden bunun karşıtı bir genellemeye özentili bir geçiştir:

Ah! Ne büyüktür yeryüzü lambanın aydınlığında!
Belleğin gözlerinde ne küçüktür yeryüzü!

Baudelaire'in şiiri Ronsard ya da Hugo geleneğinden ayrılmamaktadır: Oysa klasik söz sanatının kuralları yeni temanın gereğine göre aşılmakta, büyük bir ustalıkla gerçekleştirilen bu yenilik, bu birdenbire ortaya çıkan aşama, ağırbaşlılıkla şaşırtıcılığın, ölçüyle şiddetin art arda gelmesi Fransız lirik şiir diline "yeni bir titreşim" getirmektedir. Romantizmin başlıca özelliklerinden biri klasik dilin düzenli yapısını yıkması, yeni ve şaşırtıcı bir söz dizimi getirmesiydi. Ne var ki salt dil açısından Blake'in İngiltere'de, Hölderlin ile Kleist'ın Almanya'da on dokuzuncu yüzyılın başlarına doğru gerçekleştirdikleri coşkun özgünlüğe Fransız şiirinde Rimbaud ortaya çıkıncaya dek erişilemedi.

Le Voyage şiirinin ikinci dörtlüğü yapısının yalınlığı ve açık seçikliği ile klasik bir yazarın kaleminden çıkmış gibidir. Oysa, aynı yapı içinde aşırı bir öznellik, yoğun karşıtlamalar ve ritmin ölçü üzerinde büyük bir üstünlük sağlaması göze çarpar.

Un matin nous partons, le cervaue plein de flamme,
Le coeur gros de rancune et de dèsirs amers,
Et nous allons, suivant le rythme de la lame,
Berçant notre infini sur le fini des mers...

Beynimiz yalım yalım, bir sabah çıkarız yola,
Pişmanlıktan, acı isteklerden yüreklerimiz kırgın,
Yol alırız, uyarak suların dalgalanışına,
Uyutup sonsuzluğumuzu sonunda denizlerin...

Son dize, şiirin daha sonraki dörtlüklerine, engin denizler üzerinde beliren bir gökkuşağı gibi uzanır. Bu dörtlükler bir özlem ve hayal kırıklığı ağıtı, bilinmeyene doğru bir kaçış, hiç değişmeyen ve bütün tutkuları can sıkıntısına dönüştüren, sonunda tek umut olarak ölüm görünen dünyaya bir dönüştür. Romantizmin en büyük özlemi olan sonsuzluk özlemine bir çözümleme bulunamamakta, sınırlı dünya *"Sıkıntı çölünde bir yılgı bahçesi"* olarak bir yana itilmektedir. *Le Voyage* şiiri, Goethe'nin *Faust*'u ile Byron'un *Childe Harold*'undan Novalis'in, Kleist'ın, Nerval'ın, Coleridge'in, Shelley'nin ölüm düşlerine düşkünlüklerine kadar uzanan romantizmin tümünün duygulu bir özetidir. Fakat ölüm isteği Baudelaire'de atak bir başkaldırışın yeni izlerini taşır. Novalis'in *Geceye Övgüler*'inde olduğu gibi, ana karnına edilgin bir dönüş değildir Baudelaire'in ölüm isteği:

Hinüber wall' ich
Und jede Pein
Wird einst ein Stachel
Der Wollust sein.
Noch wenig Zeiten
So bin ich los
Und liege trunken
Der Lieb' im Schoss...
Ich fühle des Todes
Verjüngende Flut...

Aşıyorum öteye,
Ve bir gün her acı
Tat veren
Bir iğneye dönüyor.
Çok geçmeden
Özgür ve esrik
Uzanıyorum
Kucağına aşkın...
Gençleştiren gelgitini
Duyuyorum ölümün...

Ölümle esrik romantizmin belirgin özelliği olan hiçlik özlemi Baudelaire'de yeni bir şeyin özlemine, bitmeyen bir huzurun değil de sonsuz bir huzursuzluğun özlemine dönüşmekte; bu "düşkünleşmiş" şairin şiirleri ise şeytansı bir buluş ve yaratış gücüyle, yeni ufuklar ve yeni gerçekliklerle zenginleşmektedir. Ölüm "koca kaptan" kılığına bürünmektedir: Ama denizlerin bu Ahasuerus'u, bu Eski Denizci, bu Uçan Hollandalı artık kurtulmayı, bağışlanmayı beklememektedir. Tersine, bilinmeyene doğru çıkılan yolculuğun simgesidir kendisi. Bunca sabırsızlıkla beklenen koca kaptan, eski bir dost gibi büyük bir heyecanla karşılanır. (İnsan burada rıhtımın havasını, insan kalabalığının uğultusunu, gemi direklerini, yelkenleri ve sonra birden sessiz maviliğin içinde koca kaptanın yaklaştığını duyar.)

O Mort, vieux capitaine, il est temps! levons l'ancre!
Ce pays nous ennuie, O Mort! Appareillons!

Ey Ölüm, koca kaptan, vakit geldi! demir alalım!
Bu ülke sıkıyor bizi, Ey Ölüm! Yola çıkalım!

Buradan ve şimdiden, şimdiki zamanın anlatılmaz boşluğundan ve sıkıcılığından kaçma isteğinin bu ölçüde başarıyla dile getirildiği pek az görülmüştür. Ölüm duraksamaktadır: Birçok romantik yapıtta olduğu gibi baştan çıkarıcı olan ölüm değildir burada; ölümü kandırmaya çalışan, çekip gitmek isteyen şairdir:

Si le ciel et la mer sont noirs comme de l'encre
Nos coeurs que tu connais sont remplis de rayons!
Verse-nous ton poison pour quil nous réconforte!

Varsın kapkara olsun göklerle denizler
Yüreklerimiz, bilirsin, ışık içinde!
Sen sun bize zehirini bizi avutsun diye!

Bundan sonra, yok edilemeyeceğine, dış evrenden daha güçlü olduğuna, doymazlığı giderilemeyeceği için ölümsüzlüğüne inanan ve yürekten de coşkun olan korkusuz beynin, romantik "ben"in son yalvarışı gelir:

Nous voulons, tant ce feu nous brûle le cerveau,
Plonger au fond du gouffre, Enfer ou Ciel, qu'importe?
Au fond de l'Inconnu pour trouver du nouveau!

Öyle korkunç yanıyor ki o ateş beynimizde,
Atlamak istiyoruz uçurumun dibine, Cennet Cehennem, ne çıkar!
Yeniyi bulmak için bilinmeyenin derinliklerinde!

Romantiklerin yazdığı içine yenilik duygusu sinmiş nice şiir tatlı bir ezgiyle sona erer. Coleridge'in *Dejection*'i de böyledir:

O simple spirit, guided from above,
Dear Lady! friend devoutest of my choice,
Thus mayest thou ever, evermore rejoice.

Ey göklerin yönettiği yalın insancık,
Can yoldaşı seçtiğim Sevgili Kadın!
Bundan böyle hiç mutlu olamayacaksın.

Aynı şey Mörike'nin *Orplid* şiiri için de geçerli:

Vor deiner Gottheit beugen
Sich Könige, die deine Wärter sind.

Diz çöker Tanrılığının önünde
Senin zindancın olan krallar.

Baudelaire'in son dizede eriştiği şaşırtıcı yoğunluk, yalnızca bir söz oyunu değildir. Dünya edebiyatında pek az dize *"Au fond de l'Inconnu pour trouver du nouveau!"* sözlerindeki güce erişebilir. *"Yeni"* bu bilinmeyen boşluğun içinden yalçın bir kaya gibi, gün doğarken göklere değen korkunç bir sütun başlığı gibi yükselir. Bu dizelerde romantizmin ne yasa ne töre tanıyan – *"Enfer ou Ciel, qu'importe?"* – "katkısız coşkunluğu" dile gelir.

Baudelaire'in duygu coşkunluğu ve can sıkıntısı, serüven ve yozlaşma arasında gidip gelmesi burjuva döneminin ana çelişmesini yansıtır. Marx ve Engels'e göre,

> Üretimdeki bu sürekli değişme, toplumsal ilişkilerin durmadan altüst olması, bir türlü sona ermek bilmeyen bu belirsizlik ve kaynaşma burjuva çağını daha önceki çağlardan ayırır. Bütün donmuş ve geleneksel ilişkiler ve onlarla ilgili eski ve saygıdeğer önyargılar ve inançlar silinip gider; bunların yerini alanlarsa daha kökleşme olanağı bulamadan eskir. Ayrıcalı ve yerleşmiş olan her şey yok olur, kutsal olan her şey kutsallığını yitirir...

"Enfer ou Ciel, qu'importe!" Yeni'ye doğru yolculuk başlamıştır, varsın kaptanı Ölüm olsun!

Özüyle, biçimiyle, diliyle *Le Voyage* toplumsal bir dönüm noktasının şiiridir. Burjuva dünyasında bir yozlaşma havası esmektedir. Zenginliğin gerisinden boşluk, tutkunun gerisinden can sıkıntısı kendini göstermektedir. Bu durumda ne yapmalı? Olduğu yerde mi kalmalı, yoksa bilinmeyen bir yöne mi gitmeli? Kımıldamadan durup beklemeli mi, yoksa düşe kalka ilerlemeli mi? Romantik Baudelaire ölümü çağırmaktadır. Başkaldırıcı Baudelaire Yeni'nin hiçlik üzerinde üstünlük kazanmasını dilemektedir. Baudelaire şiirinin teması, biçimi ve diliyle gerçek toplumsal bir duruma öznel bir tepki göstermektedir.

Müzik

Sanatların en soyutu ve biçimseli olan müzikte biçim ve öz sorunu birçok güçlükler çıkarır karşımıza. Müziğin özü o kadar çeşitli yollarla duyurulabilir, özle biçim arasındaki çizgi öylesine belirsizdir ki, toplumbilimsel yoruma karşı direniş en çok bu alanda kendini gösterir. Toplumbilimin sanatlara uygulanmasına karşı çağdaş burjuva dünyası büyük bir irkilti duyar ama müzik konusunda bu irkilti inandırıcı gibi görünen birtakım düşüncelerle de desteklenir.

Igor Stravinsky'nin Beethoven ile ilgili birtakım düşüncelerini bu tutumu açıklayan örnekler olduğu için buraya aktarmak istiyorum:

> Onun esin kaynağı, müziksel düşünüşünün üslubunu belirleyen etken çalgıdır... Ama düşünürlerin, ahlakçıların, hatta toplumbilimcilerin onun üstüne yazdıkları sayısız kitap gerçekten Beethoven'in müziği ile mi ilgilenmektedir? *Üçüncü Senfoni*'nin esin kaynağının cumhuriyetçi Bonaparte ya da İmparator Napoléon olmasının bir önemi var mıdır! Önemli olan yalnız müziktir... Edebiyatçılar Beethoven'i açıklama işini tekelleri altına almışa benzemektedirler. Bu işi onların tekelinden kurtarmak gerekir. Bu iş onlara değil, müziği yalnız müzik olarak dinlemesini bilenlere düşer... Piyano yapıtlarında Beethoven'in çıkış noktası piyanodur, senfonilerinde, uvertürlerinde ve oda müziğinde ise çalgısal bölümdür... Kendisine ün sağlayan anıtsal yapıtları Beethoven çalgıların *seslerini* nasıl kullanacağını bilmesine borçludur, derken yanılmış olduğumu sanmıyorum.

Ben sadece bir "edebiyatçı" olduğuma göre, hiçbir zaman Beethoven'i açıklamaya kalkmamam gerekir. Stravinsky, Beethoven'in yapıtları salt toplumbilimsel açıdan incelenmemeli, aynı zamanda *müzik* olarak anlaşılmalı, derken elbette haklıdır. Ama müzik nedir? Sadece seslerin bir düzenlenişi midir – ya da bundan fazla bir şey midir? Beethoven'in çıkış noktası çalgıdır, Fransız Devrimi değil. Ne garip bir tutarsızlık! Bir müzik sanatçısı devrimlerden anlamaz da yalnız piyanodan mı anlar? Bunlardan birini anlarsa, öbürünü anlamaması mı gerekir? Beethoven'in müziğini kendisinin Fransa'daki aşırı devrimcilere yakınlık duymasıyla açıklamak elbette saçmadır (çünkü insan hem aşırı devrimci hem de beceriksiz bir müzik sanatçısı olabilir) ama müziğinin kaynağı olarak yaşadığı çağın olaylarını ve düşüncelerini değil de yalnız çalgıları göstermek de daha az saçma değildir.

Müziğin sayısız ve çeşitli ses düzenlemelerinden meydana geldiğine, yani soyut ve biçimsel bir sanat olduğuna, kimsenin bir diyeceği olamaz. Ama bundan da öte bir şey değil midir müzik? Nesnel olmadığı için özden de yoksun mudur? Hegel *Sanat Felsefesi*'nde önemli bir açıklama yapıyor bu konuda:

> Özün ve anlatımın her türlü nesneden yoksun olması anlamına gelen ülküselliği (intériorité) müziğin salt *biçimsel* yanını tanımlar. Müziğin de bir özü vardır elbet ama bu öz plastik sanatları ya da şiiri söz konusu ettiğimiz zaman ileri sürdüğümüz öz kavramından ayrıdır. Müziğin özünde olmayan şey, dış gerçek olayları ya da soyut kavramları yansıtan nesnel görünüştür.

Hegel daha sonra şu sözleri ekliyor:

> Müzik ancak seslerin değişik düzenlemelerle soyutu az çok anlaşılabilir bir biçimde dile getirmesiyle gerçek bir sanat niteliği kazanır. Bu özün ister kelimelerle bağımsız ve dolaysız olarak tanımlanması ister seslerin birbirine uyması ve ezgisel canlılığı gibi daha az kesin bir biçimde dile getirilmesi önemli değildir.

Müzik biçimlerinin ve anlatım yollarının yüzyıllardır geçirdiği değişiklik ve müziğin tarih boyunca gösterdiği gelişme sadece yeni çalgıların ortaya çıkması ve müzik sanatçılarının ustalığının artmasıyla açıklanamaz. Tarihin değişen akışını göz önünde tutmadıkça, açıklanması güç bir durumla karşı karşıya kalırız. (Belli bir çalgının kullanılıp kullanılmaması bile bir bakıma toplumsal koşullar ve inançlarla ilgilidir: Sözgelimi, Spartalıların, tel sayısı daha çok olan Atina lirini kullanmamaları, İskenderiye Hıristiyanlığının Doğu'nun vurma çalgılarına izin vermeyip, üçüncü ve dördüncü yüzyılda yalnız klasik çağın yaylı çalgılarına izin vermeleri gibi.) Beethoven birtakım müziksel sonuçlar almak için elbette çalgıların seslerinden "yararlanmıştır". Ama ne için yapmıştır bunu? Hegel'in dediği gibi, "Duyguları, belli bir ses düzeninin titreşimine göre canlandırmak yani anlatımı ancak sanat yoluyla ve sanat için yaratılan bir öğe durumuna sokmak..." müziğin niteliğinde olan bir şeydir. Düzenli ses niteliği kazanan bu öğe, yani müziğin özü, bestecinin duyurmak istediği yaşantıdır: Bestecinin yaşantısı da yalnız müziksel bir yaşantı değil, içinde yaşadığı ve kendisini çeşitli yollardan etkileyen tarihsel dönemle koşullu kişisel ve toplumsal bir yaşantıdır. Tarihsel ortamın besteci ve yapıtları üzerindeki etkisini küçümsememeliyiz; tersine, bilinçli olarak ve bilgiçliğe düşmeden, bir yapıtın özü ve müziksel biçimi ile toplumsal ortam arasındaki sayısız bağları bulup çıkarmaya çalışmalıyız. Ama "müzikte müziğin dışında bir şey duymamak", bestecinin müzik düzeyine yücelttiği yaşantıyı önemsiz saymak, müziğin, niteliğini ve biçimini gözetmeksizin bir yapıtı salt toplumbilimsel açıdan çözümlemekten daha az sınırlı bir görüş değildir.

Beethoven'in *Eroica*'yı bestelerken cumhuriyetçi Bonaparte'dan, ya da İmparator Napoléon'dan esinlenmiş olmasının bir önem taşımadığını ileri süren Stravinsky'nin özentili sözleri ne anlama geliyor? Stravinsky, İmparator Napoléon'un (ya da devrime karşı herhangi başka bir olayın) büyük bir bestecinin büyük bir yapıt yaratmasında aynı ölçüde etkin bir esin kaynağı olabileceğini söylemek istiyorsa, bu kimsenin tersini düşünmeyeceği açık bir önermedir. Kimse büyük yapıtların esin kaynağı ancak devrimlerdir diye bir sav öne sürmemektedir. Ama *Beethoven için* ana yaşantının imparator ya da Metternich yönetiminin değil de, Fransız Devriminin olması olgusu Beethoven'in sanatını ve kişiliğini anlamamız bakımından elbette önemlidir. Özün büyük olması kötü bir sanatçının büyük müzik bestelemesine yardım etmez. Ama Beethoven'in bizde hayranlık uyandıran yanı yalnız kendisinin biçim ustalığı değil, aynı zamanda bir devrim döneminin müziğinde yansıyan yoğun özüdür.

Müziğin özü edebiyatın ya da plastik sanatların özü kadar açık seçik değildir; müziğin çoğu zaman duyarlığı körelten bir etken olarak algılanmasının başlıca nedeni de budur. Ama başarılı bir bestenin özü, bu öze, Stravinsky'nin örneklerine göre, devrimin ya da karşıdevrimin biçim vermesi önemli değildir, denecek kadar da belirsiz değildir. Buna benzer bir görüşle – müziğin yalnız genel ve amaçsız duyguları dile getirdiği görüşüyle – Schopenhauer'de karşılaşıyoruz:

> Müzik şu ya da bu belirli sevinci, şu ya da bu üzüntüyü, acıyı, irkiltiyi, mutluluğu ya da huzuru dile getirmez; sevincin, üzüntünün, acının, irkiltinin, mutluluğun ya da huzurun *kendisini*, soyut olarak, özel nitelikleriyle, her türlü katkıdan, dolayısıyla da amaçtan sıyrılmış olarak dile getirir.

Böyle olunca, bir müzik parçasının içerdiği sevincin, bir adamın borsada para kazanmasından, bir çocuğun Noel ağacı karşısında sevinmesinden, bir şişe şampanyanın içen kimseye verdiği baş döndürücü tattan, bir dövüşçünün başarı kazanmasından ileri gelmesi bir önem taşımıyor demektir. Bu görüşe göre sevincin nedeni ve özel niteliği söz konusu değildir; müzikte yalnız soyut sevinç dile getirilebilir: Öyle ki, Beethoven'in sevinci ile Lehar'ın sevinci arasında temelde bir ayrılık yoktur, her ikisinin sevinci yalnız nitelik bakımından birbirinden ayrılır. Hegel şu sözleriyle bu konuda ayrı bir yargıya varıyor:

> Kişinin ruhsal niteliğini salt duygu yoluyla algılaması ve belli bir müzik parçasının bu yoldaki etkisi sadece böyle bir algılamaya hazır olup olmamaya bağlı sayılmaktadır ki, bu çok genel ve belirsiz durum eninde sonunda o müziği boş ve anlamsız bile kılabilir... Sözgelimi, bir şarkı yiten biri için yas duygusu uyandırıyorsa, ister istemez yiten şeyin niteliğini araştırırız... Kısacası, müzik sadece ruhsal yapının biçimiyle ilgili değildir. Müzikle belli bir özü içeren ve belli duyguların uyanmasıyla dile gelen iç yaşantı arasında da yakın bir bağ vardır. Öyle ki, müziğin anlatımı özün değişik niteliklerine göre ister istemez değişir.

Stravinsky, Beethoven'in müziğini yalnız biçimiyle, bizde yarattığı *ses* etkisinin tümüyle değerlendirmemizi istiyor. Schopenhauer'in tutumu da, daha derin bir anlayışın izlerini taşımakla birlikte, pek değişik değil:

> Şimdi salt çalgısal müziğe bir göz atalım. Beethoven'in bir senfonisi, en yetkin bir biçime göre yaratılmış olmasına rağmen, bizi büyük bir karışıklıkla yüz yüze getiriyor: En yoğun bir çatışma biraz sonra çok güzel bir uyuma dönüşüyor... Ayrıca bu senfonide bütün insan duyguları ve tutkuları sevinç ve acı, sevgi ve nefret, korku ve umut vb., en ince ayrıntılarıyla, ama hep soyut olarak, belirli bir nitelikten yoksun olarak dile geliyor. Bu duygular sanki özden yoksun biçimleri, maddeden yoksun bir ruh dünyasını yansıtıyorlar.

Burada da, "belirli bir özü olan iç yaşantı" soğuk ve itici bir soyutlama olarak tanımlanıyor. Oysa bu iç yaşantı salt biçim ve ruh olan bir şey değil, Beethoven'in yaşadığı çağa kesin ve belirli bir biçimde tepki göstermesinin bir sonucudur. Bu iç yaşantı *soyut* sevince ve acıya yer vermeyen, ancak belli bir nedene dayanan acının, belli bir nedene dayanan sevincin var olduğu *gerçek* bir dünyayı yansıtmaktadır.

Eroica'daki ölüm marşı belli bir anlamdan yoksun, soyut bir yas değildir: Bu, devrimcilik duygusuyla yoğun, yiğitçe bir yastır. Bir insan ölen sevgilisi için böyle yas tutmaz, böyle bir duygu çarmıha gerilen İsa için ağlayan bir Hıristiyana da uymaz: Beethoven'in senfonisi devrimci ve halkçı bir yası dile getirir. Hegel'in sorduğu, "Yiten şeyin niteliği nedir?" sorusu Beethoven'in müziğinde kesin bir karşılık bulur. Dokuzuncu senfoninin koro bölümündeki coşkun sevinç de herhangi bir sevinç, soyut bir sevinç değil, sayısız çatışmalardan doğan, küskünlüğe ve umutsuzluğa karşı çıkan, bu umutsuzlukla son derecede bilinçli bir biçimde savaşan bir sevinçtir. Ayrıca, köy yaşayışının, hasat zamanının eğlence ve danslarına benzemeyen ve şehir hayatını haber veren bir sevinçtir bu. Öbür yandan, Beethoven'in en son bestelediği oda müziğinin özünü inceleyecek olursak, bu müziğin korkunç bir yalnızlığı dile getirdiğini görürüz. Ama soyut bir yalnızlık değildir bu. Dünyadan elini eteğini çekmiş bir keşişin ya da dağ başında kar yüzünden kulübesinde kapalı kalmış bir köylünün yalnızlığına benzemez bu yalnızlık. Bu modern kapitalist-burjuva çağının yığınlarıyla ortaya çıkan ve ilk sesini Beethoven'in müziğinde duyuran yeni, şehir yalnızlığıdır. Başka bir deyişle, Beethoven'in müziğini biraz daha dikkatle inceleyecek olursak, bu müzikte bütün insan duygularını ve tutkularını soyut, belirli nitelikten yoksun olarak değil, belirli birtakım duyguları ve tutkuları daha önce bilinmeyen bir anlatım biçimi içinde görürüz.

Şimdi yeni bir örneği, Hanns Eisler'in *Lenin'in On Üçüncü Ölüm Yıldönümü için Ağıt*'ını ele alalım. Bu parçada yas duygusunu belirten yeni ve özgün anlatım, müziğin soyut ve biçimsel niteliğine rağmen, toplumsal koşulların belirlediği somut öğelerin de ne kadar önemli olduğunu ortaya koyuyor. Gerçi Eisler'in temel olarak ele aldığı bir metin vardı – Brecht'in yazdığı bu metin geleneksel yas ve acıyı bir yana itiyordu. Ama bestecinin işi gene de kolay bir iş değildi. Lenin için nasıl yas tutulur? Bu soruya müzik diliyle karşılık verebilmek için yeteneğin dışında, gelişmiş bir politika bilinci ve sınırsız sanat görgüsü gerekiyordu. Besteci, her şeyden önce, yapılmaması gereken şeyleri kesin olarak kararlaştırmalıydı. Lenin'in dinsel duygularla bir ilintisi olmamalıydı; bestelenecek parça ne bir kilise havasını ne de barok bir oratoryoyu çağrıştırmalıydı. Ama *Eroica*'nın, yani demokrat-burjuva devriminin yas duygusu da emekçi-toplumcu devrimin önderi için uygun değildi. Ayrıca her türlü aşırı duyguluIuktan da özellikle kaçınılmalıydı. Bestecinin yepyeni bir anlatım bulması gerekiyordu: Yalınlık, açık seçiklik, özlülük ve müziğin ağırbaşlılığı geleceğe, ama belirsiz bir geleceğe değil de aydınlık ve somut bir dünyaya yönelmeliydi. Bu anlatım "Ölüm ve Başkalaşım"ı, diriliş ve göğe yükselişi değil, Lenin'in öğretmeni olduğu emekçi sınıf arasında etkisinin yaşadığını dile getirmeliydi. Öz sorunu giderek bir biçim sorunu olarak ortaya çıkıyordu: Cılız tek seslerle bu seslerin korkunç yankısı arasındaki etkiler on iki ses düzeninin kurallarına uyuyordu. Biçimsel yapısıyla, *Lenin Ağıtı* yepyeni bir müzik parçasıydı, ama bu biçim için biçim değil, yeni bir özün belirlediği bir biçimdi.

Burada müzikte öz ve biçim sorununu açıklamaya çalışıyorum ama bu sorunun güçlükleri konusunda sözü uzatmak istemiyorum. Sözlere eşlik etmek üzere bestelenen parçalarda, "öz" daha çok sözlerle belirtilir – ne var ki böyle müzik parçalarında bile müzikle söz arasındaki bağın koptuğu, müziğin sözleri gölgelediği, kimi zaman da sözlerle arasında bir çelişme yaratarak etkili bir sonuç sağladığı görülür. Peki ama, çalgısal müziğin özünü nasıl tanımlayacağız? Metafizikçiler için böyle bir güçlük söz konusu değil: Schopenhauer'e göre, "müziğin olaylar dünyasıyla bir ilgisi yoktur"; müzik "iradenin bir kopyasıdır"; müziğin etkisinin öbür sanatların etkisinden daha güçlü ve yoğun olmasının nedeni de budur. Çünkü öbür sanatlar bir şeyin gölgesini dile getirirken müzik özünü dile getirir. Hegel'e göre, "müzik en öznel ve özgür bir iç yaşantıyı içerir", bununla birlikte usta diyalektikçi Hegel'in müzikteki somut ve belirli öğeler üstüne Schopenhauer'den çok daha fazla söyleyeceği şey vardır. Bir diyalektik maddeci müziğin özü sayılması gereken şeyi kolayca tanımlayamaz; hele bu tanımı genel bir kalıba göre yapması hiç kolay değildir. Her yapıtı çeşitli somut yollardan incelemek, müziğin tarihsel gelişimini bütün ayrıntılarıyla araştırmak, tüm olarak müziğin ve ayrı ayrı müzik biçimlerinin değişen işlevleriyle ilgilenmek zorundadır. Bu ise henüz yapılmamış bir iştir. Ben bir müzik kuramcısı olmadığım için bir iki ipucu önermekten öteye gitmiyorum. Bu konuda her türlü uyarıcı eleştiriyi sevinçle karşılamaya hazırım.

Müzik başlangıçta ortak duyguları uyarma amacını güdüyor, insanları çalışmaya, esrikliğe ve savaşa iten bir kışkırtıcı işlevini görüyordu. Müzik bir duyuları uyuşturma ya da coşturma, büyüleme ya da eyleme itme aracıydı; dış dünyadaki olayları yansıtmaya değil, insanları değişik ruh durumlarına sokmaya yarıyordu. İlk müziğin "öz"ünün ne olduğunu bu yüzden soramayız. Yanlış sorular anlamsız karşılıklar doğurur. Davul tam tamının, tahta takırtısının, maden şıngırtısının hiçbir özü yoktur: Böyle gürültülerin tek anlamı insanlar üzerinde yarattığı düzenli ses etkisidir. Müziğin toplumsal görevi gerçekliği yansıtmak değil, bu etkiyi sağlamaktı. Hanns Eisler'in belirttiği gibi belirli ritimler, ses düzenleri ve ses imgeleri "otomatik çağrışımlar" yaratır. Bugün bile müzik etkilerinin çoğu (asker marşları, ölüm marşları ve oyun havalarında olduğu gibi) böyle otomatik çağrışımlarla elde edilir. Öyle ki, önceden hazırlıklı olmayan biri bile bu olaylara katılma olanağı bulabilir. Müziğin bu ortak duygular yaratma gücü, insanları bir süre için *duyguca eşit* yapabilmesi, özellikle askeri ve dinsel kurumlarda çok işe yaramıştır. Sanatlar içinde düşünceyi köreltmeye, insanı kendinden geçirmeye, olmayacak şeyleri, hatta ölümü göze aldırmaya en elverişli olanı müziktir.

Bütün dinsel kurumlar, özellikle Katolik Kilisesi, müziğin bu özel gücünden düzenli olarak yararlanmışlardır. Ortaçağların başlangıcında Katolik Kilisesi müziğin "güzel" olmasını değil, bunun karşıtını istiyordu. O çağlarda müziğin görevi inanan kulların pişmanlık içinde bir aşağılık duymalarını sağlamak, her türlü bireyciliğin izlerini yok ederek boyun eğen bir topluluk yaratmaktı. Gerçi herkes ayrı ayrı günahlarını hatırlıyordu ama müziğin yardımıyla herkes evrensel bir günah duygusuna gömülüyor ve evrensel bir kurtuluş özlemi duyuyordu. Bu çeşit müziğin "öz"ü her zaman aynıydı: Sen değersiz, çaresiz günahkâr bir varlıksın; İsa'nın acılarını benimse ve kurtul. Hegel bu konuda şunları yazıyordu:

> Eski kilise müziğinde, sözgelimi *İsa'nın çarmıha gerilişinin* temsilinde, İsa'nın çektiklerini, duyduğu kutsal acıyı, ölümünü ve gömülüşünü anlatan ana düşünce öylesine tasarlanmıştır ki, bu olay karşısında yalnız öznel bir acıma duygusu ve *kişisel* bir acı değil en derin anlamıyla bu olayın kendisi dile gelir. Bu durumda bile, müziğin uyumu ve ses düzeni dinleyeni duygulandırma amacını güder. İnsan çarmıha gerilme ve gömülme olayını yalnız *algılamakla*, bu olayla ilgili genel bir *fikir* edinmekle kalmaz. Amaç, bu ölümü ve tanrısal acıyı varlığımızın derinliğinde duyarak yeniden yaşamamız, gerçekliğini yaşantımızın bir parçası yaparcasına özümlememiz, bütün duyarlığımızı yalnız ona adamamızdır.

Başka bir deyişle, bu güçlü kilise müziği insanın kafasında (modern senfoni müziği gibi) herhangi bir duyguyu ve onun değişik çağrışımlarını uyandırmaz: Tersine, dinleyende öznelliğe yer vermeyen belirli bir tepki yaratır.

Bu türdeki kilise müziğinin özünü dinsel metinler ve bunların çağrıştırdığı tanrısal acı ve insan günahı gibi konular belirler. Ama bunun dışında önemli bir öğe daha var: Kiliseye gelen insanların herhangi bir kalabalık değil, gerçekten birleşmiş bir topluluk olması. Bu insanların duyarlığına seslenilirken, Hegel'in dediği gibi, herhangi öznel bir duygu değil, tek ve ortak bir heyecan yaratılır. Bu türdeki müziğin amacı belirli ve güdümlü bir ruh durumu yaratmak, sürekli olarak bu ruh durumunu sağlamaya çalışmaktır. Bu müziğin görevi bir duyguyu dile getirmekten çok, o duyguyu yaratmaktır. Bu türdeki müziğin özü içinde olduğu kadar, dışındadır da denilebilir. Çünkü bu müziğin özü hem anlattığı şeyin hem de yarattığı etkinin, hem duygulandıran seslerin hem de duygulanan dinleyicilerin toplamıdır. Aynı şey dindışı dans ve marş müziği için de geçerlidir. Dans müziğinin kendi başına bir özü yoktur. Görevi insanda dans etme isteğini uyandırmaktır ancak dans edenlerin devinimleri ve coşmalarıyla bir öz kazanır. İster dinsel bir dans olsun ister "menuet", Viyana valsi ya da "rock'n' roll" olsun dansın niteliğini toplumsal koşullar belirler çünkü işin garibi, toplumsal öğe yalnız müzik biçimiyle anlatılabilir – yani çoğu zaman başka bir öz olmasa bile, toplumsal öz salt biçimle açıklanır. Aynı şey, biçimini toplumsal koşulların belirlediği, özünü ise yürüyen askerlerin sağladığı marşlar için de söylenebilir. Ama bu müzik biçimleri bir senfoninin ya da bir konser parçasının içinde kullanıldıkları zaman, "otomatik çağrışımları" yüzünden, kendi özleri varmış gibi bir yaşarlık kazanırlar. Böylece, bizim için çözümlenmesi en güç sanat olan müzikte, özün sürekli olarak biçime, biçiminse öze dönüştüğünü görürüz. Toplumsal öz yalnız müziksel biçimde yansır ya da yeni öz eski biçimlere yeni görevler yükleyerek onlardan yararlanır.

Tek amacı ortak ve belirli bir etki yaratarak bir insan topluluğunu ortak bir eyleme itmek olan müzik ile duyguları, düşünceleri, yaşantıları dile getiren ve insanları birbirine benzeyen tepkileri olan bir yığın haline sokmak yerine, bireysel ve öznel çağrışımların kolayca ortaya çıkmasını kolaylaştıran müziği birbirinden ayırmak gerekir. Orta çağların başlangıcındaki dinsel müzik birinci türe girer. Bu yüzden, burjuva sınıfı ile aynı zamanda ortaya çıkan ve belirgin özelliği "öznellik" olan dindışı müziğe göre dinsel müziğin "nesnel" bir niteliği olduğunu söyleyebiliriz. Müziğin dinsellikten sıyrılması gibi uzun ve çelişmelerle dolu bir süreci inceleyecek olursak, müziği büyük ölçüde toplumsal bir olay saymak zorunda olduğumuzu anlarız: Müzik birtakım seslerin düzenlenmesiyle ortaya çıkar, ses düzeni ise belli bir dönemdeki toplum düzenini yansıtır. Müziğin dinsellikten sıyrılması Fransa ve İtalya'da trubadur denen ozanlar ve dine karşı gelen akımlarla, yani şövalyeler ve burjuvalarla başlamış, zamanla dinsel müziğe de yayılmıştır. Öyle ki, sonunda dinsel müzik de bu dünyayı yansıtır olmuştur. Eski kilise müziği kiliseye sıkı sıkıya bağlıydı, özünü dinsel törenler belirlerdi. Amacı ise dinleyenin hoşlanmasını değil, boyun eğerek tanrısal güç önünde diz çökmesini sağlamaktı. Oysa, bir de Pergolesi'nin *Stabat Mater*'ini düşünün: Bu dünyaya özgü inceliği ve kulağa hoş gelen ezgisiyle daha önceki kilise müziğinin tam karşıtıdır; bu müzik artık kiliseye bağlı değildir. Herhangi bir konser salonunda çalınabilecek bu parça neredeyse bir opera niteliği kazanmıştır. Burada da "öz" gene dinsel bir metindir ama artık müzik bu metinle oynamaya, ona insansı ve öznel bir anlam yüklemeye, değişik çağrışımlar yaratmaya başlamıştır. Daha sonraları, kiliseden konser salonuna geçişleri bir raslantı olmayan Bach ile Handel'in büyük oratoryoları ise dinsel özün nasıl büyük bir ölçüde insanlaştırıldığını yansıtır ve dinleyenin öznelliğini ezmek şöyle dursun, bu öznelliği güçlendirir ve destekler. Haydn'ın dinsel bir bestesinin bu dünyaya özgü sevimliliği ile eski kilise müziğinin eziciliği ve sertliği arasında ne büyük bir ayrım vardır! Dinsel müziğin dinsellikten sıyrılması sonunda Beethoven'in bir kilisenin sınırlarını aşan *Missa Solemnis*'i ile tamamlanmış oldu. Bu yapıtı bir kilisede çalmaya kalkmak saçma olurdu; çünkü yapıtın öznelliği herhangi bir kilise töreninin katı kalıplarını anlamsız kılacak güçteydi. *Missa Solemnis*'de ne günlük kokusu vardır ne de erişilmezliğin bir belirtisi. Kullandığı metni bir yana bırakarak Tanrı'dan, günahtan, pişmanlıktan, diz çökmeden, alçakgönüllülükten değil insanın dimdik durarak acısını ve sevincini, yüceliğini ve üstünlüğünü açıklamasından söz eder. Bu dinsel yapıtın "öz"ü Tanrı değil, devrimci bir çağın insanıdır.

Müziğin gitgide dinsellikten sıyrıldığı, müziksel biçimlerin evriminde de görülebilir. Kabaca, çoksesli müziği derebeylik çağının müziği olarak tanımlayabiliriz. Bu düzende her sesin kendine özgü bir yeri vardır, her ses birbiriyle yarışmaksızın düzenli bir uygunluk içinde birbirini izler. Eşsesli müzik ise gelişmekte olan burjuva sınıfının müziğidir. Bu toplumsal değişmeler çağında yarışma ilkesi ve daha sonra da sınıf çatışması müziğin temalar arasında gittikçe artan bir gerginliği dile getirmesini gerektiriyordu. Müziğin belirgin özelliği artık çoksesli yönteme göre işlenen tek bir temaya değil, temalar arasında önceden bilinmeyen gerilimlere ve karşıtlıklara, anlatıma ve duygululuğa bağlıydı. Müzik artık bağdaşık bir topluluğa değil, ayrı ayrı insanların meydana getirdiği dinleyicilere sesleniyordu. Bu, elbet, birdenbire olmadı, tıpkı burjuva sınıfının derebeylik düzeni içinde olgunlaştığı gibi, eski müziğin ortamı içinde olgunluğa erişti. Uyum (harmonie) ilkesi çoksesli müziğe gizlice sızdı, öyle ki uyum ilkesinin ilk ustası olan Bach bile çoksesli müziğin kurallarından ayrılmamış gibi göründü. Denilebilir ki, müzikte uyum ve anlatım nerede ortaya çıktıysa, orada burjuva sınıfı, tecimsel yarışmayı müziksel temaların yarışmasında yücelterek kapıyı çalıyordu.

Müziğin dinsellikten sıyrılması burjuva sınıfının üstünlüğü anlamına geliyordu; sanki rahip gitmiş, yerine tüccar gelmişti. Müzik artık yerleşmiş bir din düzenini değil, birtakım dindışı çatışmaları dile getirir olmuştu. Senfoni tek temalı Barok müziğinden doğup yeni bir çatışma biçimi olarak gelişti; daha önceki çağların birliği yarışmaya ve karşıt değerler arasındaki çatışmalara yer verdi. Böylece müziğe devrimci bir öğe girmiş oldu.

Bu yeni öz birtakım yapıtlarda açıkça belli oluyordu, birtakım yapıtlarda ise genel bir tutum olarak belli belirsiz ortaya çıkıyordu. Bu tutum kimi zaman toplumsal kimi zaman bireysel bir eğilimi (güvenli insancılık, coşkun iyimserlik, hayal kırıklığı, yalnızlık, içe kapanış vb.) ya da biçimsel bir göreve ağırlığını veren güdümlü bir öznelliği yansıtıyordu. Dinsellikten sıyrılmış olan bu müziğin belirgin özelliklerinden biri, inanan yığınların güzellik duygusundan çok din duygusuna yönelmeyi amaç edinen dinsel müziğin tersine, gitgide müzik beğenisi incelmiş bir azınlığa yönelmesiydi. Bu özellik ilk bakışta kötü insanların yaşadığı gerçek bir dünyada olan ve çoğu zaman halk danslarından ve türkülerinden yararlanan bir müziğin özüyle çelişiyor gibi görünebilir. Bu kimi zaman gereğinden çok önemsediğimiz halka yakınlaşma öğesi ve dinleyenin yardımına koşan "otomatik" çağrışım zenginliği yeni müziğin anlatımı ve duygululuğu ile, biçimsel yapıları eğitim görmemiş kulakların kolayca anlayamayacağı ölçüde karmaşık olan yapıtların bile büyük kalabalıklar üzerinde doğrudan doğruya etkili olmasını sağladı. Sözgelimi, *Eroica*'nın doğrudan doğruya halk yığınlarına seslenen son bölümü, biçimi bakımından Beethoven'in en güç yapıtlarından biridir. Burada Barok geleneğinin kalıplarını aşan bir senfoninin parçası olarak kullanılan barok *passacaglia* biçimini ortalama dinleyici ister istemez anlayamayacaktır; ancak uzmanlaşmış bir müziksever değerlendirebilir bu biçimi. Çağının çalgısal müziğinin bu özelliğine ilk dikkat eden Hegel olmuştur.

> Sıradan insanın müzikte en sevdiği şey özü açık seçik olan kolayca anlaşılabilen duygu ve düşüncelerin dile gelmesidir; bu yüzden eşlik eden müziği yeğler. Uzman müzikseverse, tersine, seslerin arasındaki ilişkileri izleyebildiği için ezgilerin birbirine zincirlendiği, değişik biçimlerin art arda geldiği, ses uyumlarından ustaca yararlanan çalgısal müziği daha çok sever... Besteci isterse, yapıtına belli birtakım duygu ve düşünceleri yansıtan bir öz katabilir; ama isterse herhangi bir özü düşünmeden bütün çabasını yapıtının salt müziksel yapısı üzerinde de toplayabilir... Besteci az çok etkin bir sonuç elde edebilmek için, hem belli bir özün anlatımına hem de salt müziksel yapıya aynı ölçüde önem vermelidir: Başka bir deyişle, bestecinin ister ezgisel öze ister sesler arasındaki uyuma önem vermesi ya da her ikisini birbiri ile bağdaştırması kendine kalmış bir şeydir.

Artık kutsal olmayan, dinsel olmayan müziğin bu soyut ve biçimsel niteliği ustalık, özgünlük ve ince buluşlar gerektiriyordu. Bunun da birtakım tehlikeleri vardı. Çalgısal müzik yapıtlarının pek çoğu yalnız uzman müzikseverlerin anlayabileceği parçalardı. Bunun sonucu olarak iki ayrı müzik türü gelişti: Halka yabancı gelen "seçkinler için müzik" ve genellikle değersiz olan oyalayıcı eğlence müziği. Bu iki tür arasındaki uçurum her ne kadar çağdaş burjuva dünyasının önemli sorunlarından biri sayılsa bile, bu gelişmeyi toplumbilimsel açıdan basite indirgememememiz gerekir. Bach'ın, Mozart'ın, Beethoven'in ve Brahms'ın birçok önemli yapıtlarının geniş halk yığınlarınca tutulmadığını, toplumun sınırlı bir kesimi tarafından sevildiğini de unutmamalıyız. (Bu kesimi genişletmek düzenli bir müzik eğitiminin başlıca amaçlarından biridir.) Müzik alanındaki deneylere hakkını vermek, bunun sanatsal gerekliliğini tanımak istiyorsak iki noktayı göz önünde tutmamız gerekir. Bir besteci, bütün öbür sanatçılar gibi, eninde sonunda toplumsal bir amaca hizmet eder. Ama sanatçı olarak yaptığı işten tat duyması gibi bireysel bir hakkı da vardır. Dinsel müzikte bu hak bir yana bırakılırdı ama baskıdan kurtulan dindışı müzikte bu özgürlükten vazgeçilmediği görülür. Hegel, besteci özün dışında, "yapıtının salt müziksel yapısı ile böyle bir yapıya özgü bir keskinlik ve incelikle durabilir" dediği zaman, sanatçının sanatının karmaşık ve çok yanlı olanaklarını araştırmaktan duyduğu tadı tanımış olmaktadır. (Buna örnek olarak yukarda Beethoven'in *Eroica*'sının son bölümünü vermiştim. Beethoven o bölümde senfonisinin duyguca yoğun ve devrimci niteliğini bir yana bırakarak biçimsel olanaklarla oynamakta ve eşsiz ustalığını kullanmaktan büyük bir tat almaktadır.)

Sanatçının oldukça güç biçimsel sorunları çözümlemekten tasasızca tat almasının, sanatın niteliğini ve özünü tartışırken göz önünde tutmamız gereken çok önemli törel bir önemi vardır. Matematikte bir sorunu çözüp sonra da bu çözümü güzel olmadığı için beğenmeyebilirsiniz. Matematikçiler birtakım "ince" çözümlerden ve formüllerden söz ederler; bunların inceliği yalnız doğru olmalarından değil, aynı zamanda biçimsel yetkinlikleriyle güzellik duygusuna karşılık vermelerinden ileri gelir. Bir sanat yapıtının biçimi sadece o yapıtın özünü bize ileten bir araç olmaktan öte bir şeydir. Biçim, yalnız özün ortaya çıkardığı güçlüklerin değil, sanatçının bu güçlükleri ustaca yenmekten duyduğu tadın yarattığı sorunların da özgün ve ince bir çözümüdür. Biçim bir sorunun çözümü olduğu için her zaman bir çeşit başarı sayılır. Böylece estetik bir nitelik törel bir niteliğe dönüşür. Bir besteci yalnız sokaktaki adamı düşünerek çalışamaz, böyle yapması özellikle çalgısal müzikte bir yoksulluğa ve durgunluğa yol açar. Besteci, çözümünü ancak özel olarak eğitilmiş dinleyicilerin anlayabileceği sorunları ele almalıdır. Bu dinleyiciler de bir müzik parçasından alabilecekleri bütün tadı alabilmek için müziğin biçimsel yapısına olduğu kadar – kavranması güç de olsa – özüne dikkat etmek zorundadırlar. İnce biçimsel buluşlar ve çözümler sokaktaki adamın dikkatinden kaçabilir, hatta ona garip ve sevimsiz gelebilir. Ama bunlar yapıtın zenginliği ve müziğin (ya da herhangi bir sanatın) gelişmesi için gereklidir. Bir sanat yapıtının niteliğini belirleyen etmenler de bu biçimsel buluşlardan, anlatım yollarıyla oynamalardan başka bir şey değildir. Mayakovski, şiir sanatıyla ilgili bir denemesinde, Petrograd'ı savunan askerler için yazdığı "uyaklı bir sokak türküsü"nden söz ediyor ve bu konuda şöyle diyor: "Bu türkünün yazılma gerekçesi olan yenilik kullanılan uyaklardadır... Bu yenilik türkünün bütününü gerekli, şiirsel ve benzersiz kılmaktadır." Askerler bu biçimsel buluşa belki dikkat etmemişlerdir bile. Oysa emekçi devriminin büyük şairinin ileri sürdüğüne göre bu türküyü şür yapan, ona bu kendine özgü niteliği kazandıran da bu buluşun ta kendisidir. Aynı şey, öz ve biçimin birçok bakımlardan birbirinden ayrılmazcasına kaynaştığı müzikte daha da geçerlidir.

Müzikte biçimsel öğe çok önemli olduğu için, "biçimsellik" tehlikesi her zaman vardır. Ama müzik sanatların en biçimseli ve soyutu olduğu için birtakım yapıtları ve eğilimleri sağlam nedenlere dayanmadan "biçimsel" olarak suçlamaktan da kaçınmalıyız: Bu noktaya dikkat etmezsek, çoksesli barok müziğinde, Bach'ın piyano yapıtlarında, hatta Mozart'ın, Beethoven'in ve Brahms'ın birtakım yapıtlarında biçimselliğin izlerini aramaya kalkarız. Bana kalırsa, müzikte biçimselliği şöyle tanımlayabiliriz:

Bir: Salt gösteriş için ustalık, yani müzikte herhangi bir yapı sorununu çözümlemeyi düşünmeksizin, dinleyicileri parlak bir teknik ve coşkunlukla etkileme kaygısı. Böyle bir biçimsel ustalık, sanatçıyla dinleyici arasında bulunması gereken uzaklığı sağlamadığı gibi, gerçekte dinleyicinin hayranlığını kazanmaya çalışır; bu yüzden, buna sanatçının kendini beğenmişliği değil, alkış toplamaya çalışan boş yüceliği demek daha doğrudur.

İki: Kaba öykünme, eski örneklere köle gibi bağlı kalma, düzeni bozuk bir dünyada iç bulandırıcı uyum ve tatlılıkta havalar, jet uçaklarının gürültüsünü duyurmamaya çalışan romantik pastoral ezgiler. Bu tür "modern" müzik Avrupa müzik geleneğinin bir kalıntısı olarak can çekişircesine yaşayıp gider. Bu müziğin biçimselliği yalanların biçimselliğidir: *Marseillaise*'in çalınmasıyla açılan bir "müflisler" şölenidir bu (*Marseillaise* burada Offenbach'ın alaylı bir uygulaması olarak değil de, bu açgözlü adamların bir an için bayağılaşmış ve soysuzlaşmış bir geçmişe saygı duruşunda bulunmaları için çalınır). Bu türden müzik unutulmuş bir öz, gücünü ve anlamını yitirmiş biçimler, bir zamanlar hayat ve canlılık dolu şimdi ise bomboş birtakım kalıplarla beslenir. Sanki son yüzyıl içinde hiç önemli bir şey olmamış gibi, yirminci yüzyılın ortasında bestecinin görevi burjuva sınıfının klasik ve romantik müziğini durmadan önümüze sürmekmiş gibi o tatlı havaları karşımıza çıkarır. Bir zamanlar büyük müzikmiş bu; ama bundan yaratıcı bir anlayışla bir şeyler öğrenecek yerde, değişen koşullara rağmen ona öykünmek, biçimselliğin en sıkıcısı ve bayağısıdır.

Üç: Her türlü sıcaklığı ve duyguyu müzikten uzaklaştırmak. Kendinden geçmişçesine duygusal bir müzik döneminden sonra bir soğuk duşla kendine gelmenin gerekliliği, müziğin yitirdiği sıkı düzeni ve ağırbaşlılığı yeniden elde etmek için, biriktirdiği fazla yağları üstünden atması söz konusu olsa bile, müziğin duyguları dile getirmekle bir ilişkisi olmadığı, salt biçimin somutlaşması olduğu ilkesini benimseyemeyiz. Böyle bir şey olabilse bile, her türlü duyguyu uzaklaştırmakla, "evrenin müziğine", yıldızların ve kristallerin, atomların ve elektronların diline erişmek için bu ilke hiçbir zaman yeterli olamaz. Cansız varlıkların yasalarının müziksel biçimde anlatılabileceği olanağını unutmayalım; hele bu alanda yapılacak deneylere engel olmayalım. Ama müziğin duyguları, heyecanları ve düşünceleri açıklayan insan niteliğini de bir yana bırakmayalım. Hiçbir öznellik tanımayan ve toplumsal koşullarla belirlenen bir nesnelliği öne süren dinsel müzik üstün bir müzikti; ama çağdaş müziğin birtakım örneklerinde görülen donuk, soyutlaşmış uydurma dinsellik, çağımızın yaşantısıyla hiç bağdaşmayan yapma, zorlama bir kutsallık öğesi ancak aşırı yabancılaşmanın bir belirtisi olarak yorumlanabilir. Bu gizli bir "evrensellik"le bizi boşu boşuna kandırmaya çalışan bilinçli ve açık bir biçimselliktir.

Müzikte öz ve biçim sorununu kısaca açıklamaya çalışırken giriştiğim bu işteki çabalarımın yetersizliğini bilmiyor değilim. Burada sorunu yalınlaştırmak çok tehlikeli bir şey. Müzikte öz pek çok katlıdır, üstelik kavranması öbür sanatlardaki kadar kolay değildir. Ama işte asıl böyle olduğu için de müziğin gelecekteki gelişmesi, yeni bir tutumu, yeni bir duyarlığı, yeni bir anlayışı, yeni bir topluluk görüşünü yansıtma ölçüsüne; işçi sınıfının tutumuna; duyarlığını, anlayışını ve topluluk görüşünü yansıtmasına bağlı olacaktır.

Beşinci Bölüm

GERÇEKLİĞİN YİTİRİLMESİ VE BULUNMASI

Alman romantiklerinden Ludwig Tieck "gerçekliğin yitirilmesi"ne ilk olarak Heinrich von Kleist'ın yapıtlarına yazdığı bir önsözde değiniyordu. Romantik çağda açıkça kavranmayan bu "gerçekliğin yitirilmesi" konusu oldukça sanayileşmiş çağdaş kapitalist düzenin temel sorunlarından biri olmuştur.

Sanayileşen, tecimselleşen bu kapitalist dünya somut ilişkilerin kolayca anlaşılmadığı bir *dış dünya* haline geldi. Bu dünyanın içinde yaşayan insan hem bu dünyaya hem de kendisine yabancılaştı. Modern sanat ve edebiyattan çoğu zaman "gerçekliği yok ettiği" gerekçesiyle yakınılır. Gerçi böyle eğilimler yok değildir; ama aslına bakarsanız, gerçekliği yok eden ne yazarlardır ne de ressamlar. Bir önceki günün gerçekliği, çoktan kendinin gölgesi haline gelen bir gerçeklik, birtakım sözlerin, önyargıların, ikiyüzlülüğün katı kalıpları içinde kendini koruyarak yaşar. Koca bir araştırma, soruşturma, inceleme, istatistik, toplantı, rapor ve gazete haber başlığı çarkının son ürünü de Herkes'in ve Hiç kimse'nin uydurma dünyasını yansıtan resimli romanlardır. Sayısız "görüş açıları"nın sonucu aslında bu görüşler arasındaki korkunç benzerlikten başka bir şey değildir. Bir zamanlar gerçekliği yansıtan birtakım kalıplar durmadan önümüze sürülür. Bugün bir petrol kralı ile kutsal bir resim arasında ne kadar benzerlik varsa bu kalıplarla gerçeklik arasındaki benzerlik de o kadardır.

"Eminim ki," diyor Avusturyalı taşlama yazarı Karl Kraus, "artık olaylar olmuyor, sadece birtakım kalıplar kendiliklerinden ortaya çıkıyorlar." Artık nesneler insanları, araçlar amaçları, ürünler üreticileri aşıyor. Karl Kraus basınla ilgili olarak da şunları yazıyordu:

> Burada bir aracın denetimizden kurtulduğunu görüyoruz yeniden. Yangını haber vermesi gereken adamı – Devlet içinde en küçük görevlerden birini yerine getirmesi gereken insanı – devletten de, yangından da, yanan evden de, gerçeklerden de, hayal gücümüzden de üstün sayıyoruz.

Bu sözler yazılalı elli yıl oluyor. O zamandan bu yana "gerçekliğin yok edilmesi" sürecinde ürkütücü adımlar atıldı. Kapitalist düzendeki en içten ve en yetenekli sanatçıların, yazarların çoğu bu gerçekliğin yitirilmesi sorununun ne olduğunu bilmektedirler. Bunlar günü geçmiş kalıplarla, kandırıcı sözlerle yanıltılamazlar. Egemen "kamuoyu"nun onlara gerçeklik diye zorla benimsetmeye çalıştığı birtakım değerleri benimsememekte ve her şeyi olduğu gibi görmekte direnirler. Her türlü propagandadan tiksinirler, bütün öğreti kalıplarını kuşkuyla karşılarlar, gerçekliği aldatıcı olguların, sözlerin ve alışkanlıkların ötesinde ararlar. Yalnız görebildikleri, duyabildikleri, dokunabildikleri ya da doğrudan doğruya sezebildikleri şeyler üstüne konuşmaya kararlıdırlar. En küçük ayrıntıya, görülebilen, duyulabilen, gerçekliği yok edilemeyecek ayrıntıya sıkı sıkıya sarılırlar. Bu ayrıntıların ötesindeki her şey kuşku yaratır onlarda. Bu ayrıntılardan, özenle ve bir şey söylemeden gerçekliği yeniden kurmaya çalışırlar. Bu yaygın yeniolguculuk (neo-positivism) akımı bütün bütüne de olumsuz değildir: Bu akım bir bakıma, önyargısız bir içtenlik dileğini yansıtır.

Çağdaş burjuva romanının bayağılığına karşı çıkan biçimde yalınlık, arılık ve akıcılık kaygısı güden Franz Kafka küçük ayrıntıların birbirine eklenerek gerçekliğin çerçevesini belli belirsiz çizdiği bir anlatı yöntemi ortaya çıkardı. Bir zamanlar sevdiği bir kadını şöyle anlatıyordu Kafka: "F.'nin dış görünüşünden – hiç değilse zaman zaman – gözüme ilişen yalnız birkaç küçük ayrıntıdır. Bu ayrıntılar sayılabilecek kadar azdır. Onun görüntüsünü o kadar aydınlık, saydam, kendiliğinden, belirli ama aynı zamanda havalı yapan da işte buydu." Kafka kişilerini ve durumlarını bu ilkeye göre çiziyordu.

Nathalie Sarraute'un hiç bıkmadan söylediği gibi, gerçekliğe yalnız "küçük gerçek olgu, gerçek ayrıntı" ölçüsünü tanıma ilkesi Fransız "anti-roman"ında tam bir aşırılığa vardı. Ayrıntı ayrıntıyı iki boyutlu olarak, hiçbir görüş açısı olmaksızın, buranın ve bu anın ötesine gitmeden izler bu roman türünde. Camus'nün *Yabancı*'sından şu bölüme bir göz atalım:

> Akşamüstü Marie geldi, kendisiyle evlenmek isteyip istemediğimi sordu. Benim için fark etmeyeceğini, isterse evlenebileceğimizi söyledim. Bunun üzerine onu sevip sevmediğimi öğrenmek istedi. Daha önce de söylediğim gibi bunun bir anlamı olmadığını ama herhalde ona âşık olmadığımı söyledim. "Öyleyse benimle niye evlenesin?" diye sordu. Kendisine bunun hiçbir önemi olmadığını, istiyorsa evlenebileceğimizi söyledim. Hem evlenmek isteyen kendisiydi, ben sadece evet diyordum. Bunun üzerine evliliğin ciddi bir şey olduğunu belirtti. Buna, "Hayır," dedim. Bir an için sustu, sonra bana baktı.

Bu belirgin soğukluk ve uzaklaşma duygusu nesneler, olaylar ve duygular arasında bir öncelik tanımama isteğini gösterir. Ne var ki, bu durumun sonucu olarak maddi ilişkiler (insanların alınyazılarının gizemli nesnelerle belirlendiği romantik "yazgı tragedyaları"nda olduğu gibi) aşırı bir önem kazanır. Dünya ne anlamlıdır ne de saçmadır, diyor Robbe-Grillet, dünya sadece *oradadır.* "Çevremizdeki nesnelere sıfatlarımızla bir ruh ve amaç yüklemeye kalkmamıza rağmen, nesneler *oradadır.* Yüzeyleri temiz ve pürüzsüzdür, bozulmamıştır, belirsiz bir parlaklıkları ve saydamlıkları da yoktur."

Bu ilke bir uyuşukluğa, birbirine üstünkörü tutturulmuş bir imgeler dizisine yol açar, kesiksiz bir süreklilik yerine kopuk bir süreksizlik ortaya çıkarır: Geçen an gerçek değildir, durumlar ancak anıldıkları zaman gerçeklik kazanırlar. Nathalie Sarraute, Proust'un "ruhsal süreçleri oldukça uzaktan, bu süreçler artık tamamlandıktan sonra, tam bir dinginlik içinde, bellekte donduğu zaman" gözlemlediğini yazıyor. Robbe-Grillet'nin *Le Voyeur* adlı romanı bu yöntemin en iyi örneğidir: Burada insanlar nesneler arasında nesneler gibidir, bir insanın öldürülmesi bir saatin satılmasından, cinayet bir martının çığlığından daha önemli değildir; bir olayla şaşırtıcı bir düş, bir tanığın yanıltıcı sözleri arasında bir ayrım yoktur: Derinliği, değeri, ölçüsü olmayan bir gerçekliktir bu.

"Anti-roman"ın yöntemi, birçok bakımlardan, düzeni kendinden dinamik sistemlerin bilimi olan *sibernetik*'in önem kazanmasına bağlı görünmektedir. "Öğrenen", "düşünen", kendi kendini geliştiren makinelerin varlığı davranışçılığa (behaviourism) ve yeni olguculuğa ortam hazırlamıştır. İnsanlarla bu diyalektik makineler arasındaki ayrım artık belirlenmeli, insanın *niteliği* yeniden kavranmalı, diyalektik maddecilik daha geniş bir açıdan ele alınarak daha kesin bir anlam kazanmalıdır. Sibernetik biliminin hesaplarına göre ayarlanmış makineler yapılabilir, yapılmış olanlar da bilinçliymiş gibi davranabilirler. Oysa bilinçli makine olamaz ve yoktur. Bu yüzden, ileri gelen sibernetik uzmanları bilinci, üzerinde durmaya değmeyen, hatta uydurma bir kavram saymaktadırlar; onların betimledikleri sadece bir sistemin davranışıdır. Norbert Wiener ile modern sibernetiğin en önemli uzmanı olan W. Ross Ashby, *Design for a Brain*[9] adlı kitabında şöyle diyor:

> Bütün kitapta, söz konusu etmeyi gerekli bulmadığım için, bilinç ve bilinçle ilgili öznel öğeleri hiç kullanmadım... Bilinç, sahibi için çok önemli olsa bile, o kimsenin yaşantısını bir başkasına açıklayabileceği bir yöntem bugüne değin bilinmemektedir.

Burada, yeni-olguculukla diyalektik maddecilik arasındaki tartışmayı yinelemek değil, sadece "anti-roman"la bu yeni-olgucu düşünceler arasındaki yakınlığı ve bu romanlardaki kişilerin

(9) Chapman and Hall, 1960.

insanın niteliğine ve özüne değil de giriş-çıkış ilişkilerine önem veren sibernetiğin "kara kutusu"na nasıl indirgendiğini belirtmek istiyorum. Sibernetiğin devrimci buluşlarından çıkarılan yanlış felsefi sonuçlar bir edebi yöntem için, davranışçılığın bilimde olduğu gibi, birtakım özel durumlarda yararlı olabilir ama bu genellikle yalnız insanın insanlıktan çıkmasını değil, bu insanlıktan çıkışı kaçınılmaz bir son olarak betimler.

"Anti-roman"ın yöntemi, yitirilmiş bir gerçekliği yeniden ele geçirmez. Boş sözler, hazır kalıpların çağrışımları yerine, her türlü anlamdan yoksun ayrıntılar ve birbirine bağlı olmayan duyusal izlenimler öne sürer. Gazete haberlerinin başlıklarındaki uydurma gerçekleri bir yana iterken, bütün gerçeklere set çekmiş olur. Somut olan her şey erir; biçimler bulanık, belirsiz bir sis içinde ileri geri gitmeden, zamansız ve yönsüz "varlık"larını sürdürürler. Bildiğimiz aldatıcı dünyanın yerini, özel ama daha gerçek olmayan bir dünya alır. Bundan amaç insanın belirsiz ve "zamandışı" varlığını, zamansız bir karanlık içinde göstermektir. Oysa Hegel'in de yazdığı gibi, "varlık kendi başına gerçek değildir, yalnız anlaşılmış olan şey gerçektir." Marx'a göre de, "Yalnız anlatılmış olan dünya gerçektir." *Kendini bile bile anlayıştan yoksun kılan bir edebiyat, gerçekliğin belirleyici boyutundan da yoksun demektir.* Bu edebiyatın özü olan gerçeksizlik kalıplaşmış aldatıcı dünyaya karşı bir başkaldırışın sonucu olabilir: Oysa gerçekte bu, o dünyanın bir gölgesinden başka bir şey değildir.

Birtakım yazarlar da gene titiz bir ayrıntı gözlemciliğiyle işe girişmekle birlikte, her şeyin donup kımıldamadığı bir dünyanın sınırlarını aşarlar. J. D. Salinger işte böyle bir yazardır. O da, insanların davranışlarını küçük ayrıntı dizileriyle çizen davranışçı yöntemi kullanır. *Franny and Zooey* adlı hikâyesinden rasgele bir bölüm veriyorum:

> Kasım 1955'de bir pazartesi sabahı saat on buçukta, Zooey Glass adlı yirmi beş yaşında bir delikanlı, iyice doldu-

rulmuş bir banyoda oturmuş dört yıllık bir mektubu okuyordu. Sarı pelür kâğıdına daktiloyla yazılmış neredeyse bitmeyecekmiş gibi görünen bir mektuptu bu, delikanlı da bu mektubu dizlerinin meydana getirdiği iki kuru adacığa dayamakta biraz güçlük çekiyordu. Sağında, oyuk mineli sabunluğa iliştirilmiş ıslak görünüşlü bir sigara duruyordu ve bu sigara herhalde yanıyordu ki, delikanlı arada bir gözlerini mektuptan ayırmak gereğini duymaksızın, sigarayı oradan alıyor, bir iki nefes çekiyordu. Sigarasının külleri ya doğrudan doğruya ya da mektubun sayfalarına çarparak durmadan banyonun içine dökülüyordu. Yaptığı pisliğin farkında değil gibiydi. Oysa, az da olsa, suyun sıcaklığının kendisi üzerinde bunaltıcı bir etki yaptığının farkındaydı. Orada oturup okudukça – ya da yeniden okumaya başladıkça – daha sık ve daha az dalgın olarak bileğinin tersiyle alnının ve üst dudağının terini siliyordu...[10]

Ne var ki, bu ayrıntılar, davranışlar, bölük pörçük konuşmalar ve belli belirsizce çizilmiş durumların mozayiğinden Salinger inandırıcı bir hava yaratıyor, ruhsal ve toplumsal gerçekliğin yepyeni yanlarını bulup ortaya çıkarıyor. Herhangi bir yorum ve propaganda yoktur Salinger'in hikâyelerinde, ama belki de bu yüzden, alışılmamış biçimde bir çekiciliği ve sürükleyiciliği vardır bu hikâyelerin. Salinger'de gerçeklik, çevrelerindeki dünyadan tiksinen ve şu ya da bu yoldan hayatın anlamını araştırmayı kendine iş edinen genç insanların gözüyle yeniden bulunup ortaya çıkarılır. Salinger'in yapıtlarını böylesine değerli ve çekici yapan da, işte "anti-roman"ın davranışçılığını büyük ölçüde aşan bu çok ince toplumsal eleştiri anlayışıdır. Dünya ya çocukların ya da çok genç insanların gözüyle görülmektedir: Bu yüzden de dünya hazır söz kalıplarıyla belirlenebilecek beylik bir düzen değil, beklenmedik ve irkiltici bir gerçeklik olarak karşımıza çıkar. Buna benzer başka bir örnek de konusu Raymond Queneau'nun romanından alınan *Zazie dans le Métro* filmidir.

(10) "Franny and Zooey", Hamish Hamilton, 1962.

Bu filmde taşralı küçük bir kız Paris'in yetişkinler dünyasıyla, bir oyuncağın bomba olabileceği, bir kibritin her şeyi gökyüzüne fırlatabileceği, duvarları yıkabileceği ve yıkıntılardan faşist yıldırıcıların, ölüm ve korkunun ortaya çıktığı ürkütücü bir gerçeklikle yüz yüze gelir. Sonunda, sevgilisiyle buluşmuş olan annesi dönüp de kızına gününü nasıl geçirdiğini sorunca, Zazie acı bir umursamazlıkla, "Yaşlandım," karşılığını verir. Bir çocuğun kapitalist dünyayı bütün şaşırtıcı çelişmeleriyle tanımasını gösteren bu karamsar filmin olumlu ve çok güzel bir karşılığını başka bir çocuğun, gelişmekte olan toplumcu dünyayı tanımasını gösteren *Küçük Adam Güneşi İzliyor* adlı filmde görebiliriz. Bu iki filmi bütün dünyada bir arada göstermek gerekir. Böylece iki şey en güçlü kanıtlarıyla açıklanmış olur: Alışılmamış, propagandasız ve düzmece bir duygululuktan uzak bir açıdan bakıldığında iki dünya arasındaki korkunç karşıtlık; ve her iki dünyayı yeni sanatın benzeşen yöntemleriyle göz önüne serebilmenin şaşırtıcı olanağı.

Günümüzün birçok sanatçıları ve yazarları çağdaş gerçekliğin eldeki kalıplaşmış imgelerle hiçbir ilintisi kalmadığı kanısındadırlar: Zamanımıza özgü yeni durumların bulunması, yepyeni, güçlü ve aşınmamış imgelerden yararlanılması inancındadırlar. Ayzenştayn, Mayakovski, Chaplin, Kafka, Brecht, Joyce, O'Casey, Makarenko, Faulkner, Léger, Picasso gibi sanatçıların hepsi belli başlı arayıcılar arasındadırlar. Bu toplumcu ve toplumcu olmayan sanatçılarla yazarların adlarını bile bile karışık olarak sıraladım, çünkü aşınmış kalıpları bir yana itmeleri ve yeni bir "dünya resimleri kitabı" için araştırma yapmaları hepsinin ortak uğraşıdır. Ayrıldıkları nokta yöntemleri değil, görüş açılarıdır.

Walter Benjamin'in *Tarih Felsefesi Üstüne Tez*'inde şöyle bir bölümle karşılaşıyoruz:

> Klee'nin *Angelus Novus* adlı bir tablosu vardır. Bu tablo, bir meleğin gözlerini diktiği bir nesneden ürkerek geri çekildiğini göstermektedir. Melek gözlerini ve ağzını iyice açmış,

> kanatlarını germiştir. Tarih meleğinin görünüşü de böyle olsa gerek: Yüzünü geçmişe çevirmiştir çünkü tarih meleği. Bizim ayrı ayrı bir olay zinciri gördüğümüz yerde o, ayakları dibine durmadan yıkıntılar yığan tek bir yıkım görür. Elbette orada kalıp ölüleri diriltmek, kurbanları hayata kavuşturmak ister. Ama göklerden bir fırtına esmekte ve meleğin kanatlarını kapamasına engel olmaktadır. Bu fırtına, meleği, sırtını dönmüş olduğu geleceğe doğru acımasız bir güçle iterken, meleğin ayağının dibindeki yıkıntılar gökyüzüne doğru yükselmektedir. İşte, ilerleme dediğimiz şeydir bu fırtına.

Proust ile Joyce'un, Kafka ile Eliot'un esin kaynağı da aynı melektir: Geçmişin kırık dökük parçaları, bir gerçeklik olarak geçmiş, korkunç bir boyut kazanmıştır bu sanatçıların yaratıcı hayal güçleri önünde. Senaryosunu Robbe-Grillet'nin yazmış olduğu *L'Année dernière à Marienbad (Geçen Yıl Marienbad'da)* filminde şimdiki zamanı maskeler, karaltılar ve kum üzerindeki ayak sesleri meydana getirir; gelecek ise tam bir karanlığa bürünmüştür, yalnız belleğin taştan imgeleri gerçektir. Mayakovski ile Brecht'in meleği ise başkadır. Bu meleğin geleceğe dönük ikinci bir yüzü vardır. Bu değişik "Angelus Novus" yalnız yıkıntıları değil, daha tamamlanmamış, kimi zaman belirsiz, kimi zaman karanlık kimi zamansa garip şeyleri de görür. Bu başka, değişik meleğin gerçeklik alanına yalnız olmuş olan şeyler değil, olabilecek şeyler de girer. Bu meleğin çıkardığı gerçekler ve temel durumlar sevimli değil ama yüreklendirici, yatıştırıcı değil ama geleceğe doğru yol göstericidir.

Kafka'nın düşündeki melek birdenbire ölü bir nesneye dönüşmüştür, bu "canlı bir melek değil, denizci meyhanelerinde geminin pruvasından alınmış, tavandan sarkan boyalı tahta bir melektir. Başka bir şey değil..." Kafka'nın düşü bütün canlı varlıkların nesnelere dönüştüğü korkunç bir düştü. Ayzenştayn *Potemkin Zırhlısı* filminde bunun tam karşıtı bir durumu ortaya koydu. Başkaldıran gemiye dönük topların beklenmedik bir anda hedef değiştirmeleriyle insanların bu cansız nesneler üzerinde bir üstünlük kurmaları seyircilerde bir hayranlık duygusu uyandırır. İnsanların özgürce verdikleri karar nesnelere iletilmiş olur. Makine gücünün büyük ölçüde arttığı bir çağda sanatın en önemli görevlerinden biri de insanın özgürce karar verebileceğini, istediği ve gereksindiği durumları yaratabileceğini göstermektir. Chaplin de, günlük yaşayışın o gülünç yansılamalarında aynı üstünlüğün altını çizer: Ayzenştayn'ınki gibi devrimci bir olay değildir bu, gene de bir zaferdir, makineye köle olan insanın makineye karşı kazandığı bir zafer. Picasso ise bir ressamın olanaklarıyla, bombalarla uçurularak milyonlarca parçaya bölünen bir dünyayı, adı bilinmeyen bir yazgının sonucu ya da evrensel bir olaymış gibi değil de, *Guernica* olarak, faşist zorbalığının tehlikesi karşısındaki insan yaşayışı olarak gösterir. Bu çarpıcı resim gerçekliği olanca yoğunluğuyla göstermekle kalmaz, aynı zamanda acı çeken insanlıktan yana çıkar, o insanlık adına yapılması gereken suçlamayı yapar. Burada, birtakım çevrelerin ileri sürdükleri gibi, bir "biçimcilik" söz konusu olsaydı, Picasso resmine *Guernica* değil, *Patlama, Yıkma, Boğa Burcunun Altında* ya da buna benzer bir ad takardı. Faşizme karşı olan hiç kimse, "Bu resim neyi anlatıyor?" diye sormamalı. Bu soruyu, başlarını suçlu suçlu başka yana çeviren faşistlere sormak daha yerinde olur. Günlük yaşayışı yansıtan, akademik, tarihsel yüzlerce resim gerçekçilik taslamalarına rağmen çoktan unutulmuş oldukları zaman, torunlarımızın torunları bu olağanüstü resmin acı, aşırı gerçekçiliğinde yaşadığımız çağın izlerini tanıyacaklardır.

Sonra Brecht! Brecht'in yapıtında, yeni durum çoğu zaman, eski, bilinen durumun tam karşıtıdır. Sözgelimi, *Kafkas Tebeşir Dairesi*'nde, ataerkil bir çağa bağlı olan Hazreti Süleyman'ın yargısı çok daha insanca bir nitelik kazanır: Çocuk anasına değil, kendisine gerçek bir ana gibi davranan kadına verilir. Ya da *Galileo*'daki durumu ele alalım: Bilen ama kahraman olmak istemeyen, bağışlamasız boş insanlara karşı olup da başardığı işin kendisinden sonra geleceklere kalabilmesi için çirkefte yaşamayı göze alan insan. Bu yeni ve önemli durumların betimlenmesi, aşınmış kalıplara, körü körüne bağlanılan inançlara ve sözlere, dosyaların ve düzmece gerçeklerin aldatıcı dünyasına ve resmen "gerçeklik" sayılan her şeye karşı savaşan yeni bir gerçekliğin yepyeni ve eksiksiz bir görünümünü her gün biraz daha açıkça ortaya koyacaktır.

Bu eksiksiz görünüme Marxçılığın diyalektik felsefesi ile varılıyor. Ne var ki, yaşadığımız dünyanın anlaşılmasına ve bu dünyanın birçok yanlarının sanatçı gözüyle dile getirilmesine Marxçı olmayan sanatçı ve yazarlar da katılıyorlar. Gerçekliği açıklama yolundaki önyargısız, yani içten, her çaba hepimizin ilerlemesine yardım eder. Elbet, içtenlik tek başına çağımızın karmaşık gerçekliğinin ancak çok sınırlı bir bölümünü yansıtabilir. Ama o olmadan da hiçbir şey yapılamaz.

Sanat ve Yığınlar

Toplumcu edebiyat ve sanatın yeni toplumsal gerçekleri ortaya çıkarma çabaları bir ara kırtasiyecilik yüzünden geçici olarak kösteklenmiştir; bu çabalar bugün bile zaman zaman kırtasiyeci engellerle karşılaşma tehlikesindedir. Ne var ki, bugün içinde yaşadığımız geçiş dönemindeki güçlüklerin basit kırtasiyecilik engellerinden ötede birtakım daha derin nedenleri vardır. Çağdaş toplumcu edebiyat ve sanatın ana görevi – yeni gerçekleri onlara uygun anlatım yollarıyla açıklama görevi – çağdaş başka bir sorunla, milyonlarca insanın kültür hayatına katılmasıyla, sıkı sıkıya ilgilidir.

Goethe *Faust*'u yazdığı zaman Weimar Dükalığında oturan insanların yüzde doksanı okuma yazma bilmiyordu. Sanat ve edebiyat dar bir seçkinler çevresinin ayrıcalığıydı. Oysa sanayileşmiş toplum için okuma yazma bilen insanlar gereklidir. Bilgi ve onunla birlikte yeni bilgiler sanayi ile birlikte gelişti. "Sanatın en önemli görevlerinden biri", Walter Benjamin'e göre, "kişide karşılık bulma zamanı daha gelmemiş olan bir istek uyandırmaktır." André Breton ise, "Bir sanat yapıtı ancak geleceğin titreşimlerini taşıyorsa değerlidir," diyordu. *Öncü akımın* geleceği öngörme gereksinmelerinin yanı sıra bugün için açılan arayı kapama gerekliliğini de unutmamalı. Bu gereklilik genellikle bir eğlenme isteği olarak beliriyor. Kapitalist düzende "yığın sanatı"nın yaratıcıları ve yayıcılarının amacı bu istekten kazanç sağlamaktır. Tekniğin sağladığı geniş çoğaltım olanakları iyi kitapların yığınlara yayılmasına, iyi resimlerin büyük sayıda basılmasına, iyi müzik parçalarının plaklarının çıkarılmasına, iyi filmlerin milyonlarca insana gösterilmesine yol açtı. Ama, öbür yandan, kapitalist düzen sanatı afyon olarak çoğaltmanın kazanç olanaklarını hemen sezdi. Bu afyon-sanatın üreticileri, yoğaltıcıların çoğunun ilkel içgüdüleri hoşnut edilmesi gereken mağara insanları oldukları varsayımına dayanarak işe girişiyorlardı. Bu varsayımla o ilkel içgüdüleri kışkırtıp onları ayakta tutmaktan ve heyecanlandırmaktan da geri kalmıyorlardı. Düşlerdeki imge bir ticaret metası oluyor, yoksul kız milyonerle evleniyor, pısırık delikanlı, bileğinin gücüyle kendisine düşman, çapraşık bir dünyanın bütün engellerini ve güçlüklerini alt ediyordu. Peri masallarının mantığı çağdaşlaştırılıyor ve yığınlar için çoğaltılıyordu. Bütün bunlar da sanatçıların ve yazarların aşınmış kalıplara karşı savaştığı, yeni gerçekleri açıklama yolları bulabilmek için deneylere giriştiği bir zamanda yapılıyordu.

Ürkütücü bir çelişmedir bu: Bir yanda, yeni gerçekleri dile getirebilecek anlatım yolları için gerekli araştırma, "sanatın anlatım olanaklarının eskidiğinin ve yozlaştığının, bunlardan sıkılıp yeni yeni olanaklar aradığımız"ın (Thomas Mann) bilinci; öbür yanda, eski sanatın bile onlar için yeni olduğu, iyiyle kötüyü ayırmasını henüz bilmeyen, beğenilerinin incelmesi gereken, güzel olanı beğenme yeteneği geliştirilmemiş yığınlarla insan. Thomas Mann'ın *Doctor Faustus* adlı romanındaki besteci Adrian Leverkühn'e göre "her türlü sanatı, *kamuoyu*nu meydana getiren, eğitim görmüş bir seçkinler çevresinin tekelinden kurtarmak gerekir, çünkü bu seçkinler çevresi yakın zamanda ortadan kalkacaktır, aslında kalkmıştır bile; işte o zaman sanat *halk*'a, ya da daha az romantik bir deyimle, *insanlar*'a ulaşmanın bir yolunu bulmazsa, tam bir yalnızlığa, kendi ölümüne yönelen bir yalnızlığa gömülecektir". Bu yolu bulabilirse, sanat "kendini yeniden bir topluluğun, eğitimden ötede birtakım bağlarla bütünlük kazanmış bir topluluğun hizmetinde sayacaktır; kültür sahibi değil, kültürle özdeş bir topluluğun hizmetinde... Bu sanat insanlıkla çok yakın bağları olan bir sanat olacaktır."

Toplumcu ülkelerde bunu gerçekleştirmek için korkunç bir çaba gösterilmektedir. Çağdaş burjuva dünyasında sanat, büyük işadamları, politikacılar gibi önemli kişilerin ilgilenmeleri gerekmeyen bir merak, bir oyalanma konusu sayılmaktadır. Toplumcu dünya ise sanatı ciddiye alır. Örneğin Moskova'da genç işçilerle Yesenin, Blok, Mayakovski, Yevtuşenko, Voznesenski üstüne tartıştım, kafalarına, anlayışlarına hayran kaldım. Yeni kitaplar, filmler, oyunlar, besteler yüz binlerce, milyonlarca insana ulaşmakla, bu insanların sanat sorunlarını büyük bir tutkuyla tartışmalarına da yol açıyor. Sözcüklerin ve imgelerin toplumsal, eğitici ve oluşturucu gücünden kimsenin kuşkusu yok. Bir sanat yapıtı geçici bir olay değil, uzun erimli sonuçları olan bir eylem sayılır. Gerçeklerden doğan bu eylem daha sonra gerçekleri etkiler. Bakarsınız gençler sabahlara kadar bir şiir üstüne tartışırlar. Şiir açık havaya, sokaklara çıkmıştır artık. Bir romanın kişileri ve durumlarıyla ilgili bir tartışma önemli toplum ve felsefe sorunları çıkarır ortaya. Sanat ve sanat tartışmaları toplumcu dünyanın hayatındaki ilerleme yollarından biridir.

Bu "sanatı ciddiye alma" tutumu çok güzel bir şey olmakla birlikte, birçok yanlışlara ve aşırılıklara da yol açmıştır. Sanattan insana giden yol – "sanatla insanlık arasında yakın bağlar kurma işi" – bir parti sekreterinin odasıyla bir örgüt arasındaki kısacık yol değildir. Sanatçıların birçok değişik deneylerinden ve halkın, geniş ölçüde, bütün olanaklardan yararlanılarak eğitilmesinden geçen uzun bir yoldur bu. Kapitalist düzende ürkütücü olan "biçimcilik" değildir, soyut resim ve şiir, elektronik müzik ya da anti-roman değildir. Asıl korkunç tehlike çok somut, basit, isterseniz "gerçekçi" deyin, birtakım budalaca filmlerin, resimli romanların, insanları kafa tembelliğine, sapıklığa ve suç işlemeye iten bir endüstrinin varlığıdır. Toplumculuk düşmanları "soyut" yöntemler kullanmaz. Savaş incelmiş sanat yapıtlarıyla değil, çok kaba birtakım hesaplarla hazırlanır. Toplumcu ülkelerde sıkıcı oyunlar, sıkıcı kitaplar, sıkıcı filmler ile bu türlerin en güzel örneklerini, beğenisizlikle sanatı, yapış yapış bir duygulukla coşkun bir içtenliği yan yana görebilirsiniz; ama kapitalist düzenin yığınlar için sanat diye öne sürdüğü yozlaştırıcı çirkefle karşılaşamazsınız. Kolay kolay küçümsenemeyecek bir ayrımdır bu. Toplumcu ülkelerdeki olumsuz öğe (artık zamana uymayan anlatım yollarına bağlı kalma eğilimi) sadece bir geçiş dönemi sorunudur.

İlk otomobillerin biçimi atlı arabalara benziyordu. Oysa yeni öğe olan motor eski kabuktan daha güçlüydü; hızın artması yeni biçimlerin ortaya çıkmasını gerektirdi; teknik bilgi yeni bir güzellik anlayışının doğmasını sağladı. Üstünlük kazanan her sınıfın beğenisi, çoğunlukla yenilen sınıfın beğenisinin varmış olduğu noktadan başlar, ve bu eski kalıba dayanarak yeni bir hayat kurma eğilimi gösterir. On sekizinci yüzyılda İngiliz burjuva sınıfının önem kazanması Gotik mimarinin birden "modern" sayılmasına ve birtakım yıkıntıların büyük bir çekicilik kazanmasına yol açtı. Burjuva sınıfı başkentini eski güzelliklerle süslemek, bir şatoya (daha doğrusu bir şato yıkıntısına) sahip olmak istiyordu, çünkü bunlar soylu bir geçmişin simgeleriydi. 1760 yılında Sterling adlı bir tüccar böyle bir yıkıntıyı öyle ustaca onarımdan geçirtmişti ki "tepenize yıkılacak sanırdınız". Yüz yıl sonra, Alman ve Avusturya burjuva sınıflarının önem kazanması da buna benzer bir duruma yol açtı. İkiyüzlülüğün ağır bastığı, cicili bicili bir yeni-gotik mimari ortaya çıktı. Şatolara benzeyen bankalar, katedrallere benzeyen istasyonlar yapıldı. Modern mimarinin öncülerinden biri olan Adolf Loos bu süsleme anlayışını bir "cinayet" olarak niteledi, işyerlerinin ve evlerin iç kapayıcı cephelerinde burjuva sınıfının özündeki ikiyüzlülüğün mimari bir anlatım kazandığını belirtti.

Siyasal başarıya kavuşan işçiler de, çoğu zaman, başlangıçta küçük burjuva sınıfının beğenisini benimser. Bunun sonucu olarak da önceleri ilerici aydınlarla işçi sınıfının çoğunluğunun sanat anlayışları arasında bir uyuşmazlık belirir. Kimi zaman, toplum açısından ilerici bir şeyle sanatta yeni olan bir şey arasında öyle anlamsızca bir uzaklık vardır ki, "modern" sözü yetkili kimselerin ağzında bir aşağılama niteliği kazanır. Genç kuşak bu garip çelişmeyi yavaş yavaş ortadan kaldırır; yalnız ilerici olmayı değil, gerçekten modern olmayı da ister; modern – yani çağına uygun – bir yaşama biçimi arar ve her türlü yeniliği izler. Böylece kültür alanında bir eski-yeni çekişmesi baş gösterir ve eskiyi savunanların sık sık "yalın insanın sağlam içgüdüsü"nden söz ettikleri duyulur. Böyle sözlerin beni çok tedirgin ettiğini belirtmek isterim; bu sözlerde içinden pazarlıklı bir tepeden bakmanın izlerini görmekten alamam kendimi. Bu çok övülen "yalın" insan, bu bozulmamış okuyucu, dinleyici, sergi gezer hâlâ var mıdır? Olsa bile, başvurulması gereken en yüce yargıtay, toplumculuğun yetiştirmeyi amaçladığı çok yanlı kişilik gerçekten bu adam mıdır? "Yalın insan" içgüdünün, sezginin ve geleneğin birleşimiyle sanat ürünleri veren ilkel toplumsal koşulların çağrıştırdığı bir kavramdır. Böyle insanların sayısı, şehrin ağır bastığı sanayileşmiş uygarlığımızda gittikçe azalmaktadır. Ortaçağ ozanlarına özgü içten gelen bir coşkunlukla gelenek birleşimi yitip gitmiştir artık; sanayi ile şehrin ayırıcı bir etkisi olmuştur. Sanayileşen toplumda insan değişik duyumlara ve uyarmalara açıktır. Beğenisi *tabula rasa* değildir; çocukluğundan beri yaşantısına karışan sayısız sanayi ürününün etkisi altında kalmıştır. Sanatla ilgili yargıları, çoğu zaman, önceden verilmiş yargılardır. Halk arasında yapılacak oylamada Viyana opereti Mozart'dan her zaman daha çok oy toplayacaktır.

"Yalın insan" gerçek olmayan, kalıplaşmış bir dünyaya değgin bir kavramdır. "Emekçi"den ya da "aydın"dan daha yaygın değildir. Kazanç amacıyla her türlü kültürel ayrımı aynı düzeye indirmek eğiliminde olan kapitalist dünyada bile bu ayrımlar, sorunu basite indirgemek isteyenlerin gösterdiğinden çok daha büyüktür. Büyük ölçüde düşük nitelikli meta üretiminin etkisi azımsanamaz ama buna karşı içten gelen bir direniş olduğunu da belirtmeliyiz. Geçenlerde Viyana'da Avusturya demiryolu işçilerinin desenleriyle resimleri sergilenmişti. Bütün beklenilenlerin tersine, sergilenen yapıtların yalnız üçte biri bildiğimiz doğalcılıkla düzmece bir sevimliliğin izlerini taşıyordu; üçte ikisi ise Van Gogh'un, Gauguin'in, Cézanne'ın, Picasso'nun ve modern Avusturya sanatçılarının etkilerini yansıtıyordu. "İşçi"lerin ya da "yalın insan"ların içgüdüleriyle modern sanata karşı oldukları sonucuna varmak oldukça yanlış bir yargıdır; alışılagelmiş sanatı daha çok beğenen işçilerin oranı belki de böyle bir sanattan yana olan iş adamlarından, şirket müdürlerinden ve politikacılardan daha yüksek değildir.

Kazanç düşkünü kapitalistlerin "sanat pazarı"na artık toptan üretilmiş mal süremediği toplumcu düzenin iki yanlı büyük bir ödevi vardır: Halkı sanattan tat almaya yöneltmek, yani halkın sanat anlayışını geliştirmek; bir de sanatçının toplumsal sorumluluğu üzerinde durmak. Bu sorumluluk sanatçının egemen olan beğeniye uyması, yani şunun ya da bunun buyruğuna göre yazması, çizmesi, bestelemesi gerektiği anlamına gelmez; bu, bir boşlukta değil de, toplumun kendisinden istediği birtakım şeyleri gerçekleştirmek için çalışması anlamına gelir. Birçok durumlarda, Mayakovski'nin çok eskiden belirtmiş olduğu gibi, bu genel toplumsal istekle belli bir toplumsal kurumun açıkça belirterek ısmarladığı iş birbirini tutmaz. Bir sanat yapıtının başlangıçta herkesçe anlaşılıp benimsenmesi gerekmez. Sanatın görevi açık kapıları yıkmaktan çok kilitli kapıları açmaktır. Ne var ki, sanatçı yeni gerçekleri bulduğu zaman, bunu yalnız kendisi için bulmuş olmaz; bunu başkaları için de, nasıl bir dünyada yaşadıklarını, nereden gelip nereye gittiklerini öğrenmek isteyenler için de yapar. Bir toplum için yaratır. Kapitalist düzende unutulan bu gerçek, eski Atina'da ve Gotik sanatın yaratıldığı çağlarda herkesin benimsediği bir inançtı. Özlenen bireşim (sanatçının kişisel özgürlüğü ile toplumun bağdaşması) hemen birden gerçekleşemez; böyle bir şeyin gerçekleşmesi için kurallara körü körüne bağlı olmadan uzun uzun düşünmek ve deneyler yapmak gerekir. Her büyük devrim patlayıcı bir bireşimdir; ama güçlerin dengesi sürekli olarak tekrar tekrar bozulur ve değişen koşullara göre yeni bireşimlerin kurulması gerekir. Genç Mayakovski'nin romantik ve bireysel başkaldırısı özünün ana öğesini devrimden alıyordu. Kişisel ve ortak yaşantı birleşiyordu. Ne var ki, dural bir birlik değildir bu, hele birtakım buyruklarla korunması düşünülemez. Oysa toplumcu sanat gücünü her zaman bu birliği yeniden kurma ödevinden almak zorundadır; sonunda, ağır ve yorucu bir süreçten geçerek her türlü yabancılaşma belirtilerini yok etmek için gereklidir bu.

Bu durum her türlü yanlışlığa yol açabilir. Toplumcu ülkelerde sanata karşı duyulan istek, klasiklerin çok sayıda basılmasıyla ya da doğrudan doğruya toplumcu yazar ve sanatçıların yapıtlarıyla karşılanamaz. Sadece "eğlendirme"yi amaç edinen bir sanat da yersiz değildir, üstelik yenilik getiren sanatçıların yanı sıra ister istemez büyük sayıda "ortalama" sanatçı da olacaktır. Eğlenceyle ağırbaşlı sanat arasındaki sınır kesinlikle çizilemez. Bu sınır, hele bütün halkı bilgiye ve kültüre kavuşturmak için eğitmeyi amaç edinmiş bir toplumda hiç de değişmeyecek bir sınır değildir. Ağırbaşlı sanat nasıl can sıkıcılık anlamına gelmemeliyse, eğlence de budalalık anlamına gelmemeli, gerek halkın eğitimi, gerekse sanatçının toplumsal bilinci bunu önlemelidir. İleri bir toplumda hem eğlendiren hem kolayca anlaşılabilen, aynı zamanda da kişiyi duyguca ve kafaca eğitmeye yarayan pek çok kitaba, oyuna ve müzik yapıtına gereksinme duyulur. Ne var ki, bu gereksinme, insanı yüceltme görünümü altında aşınmış ve kalıplaşmış bir kolaycılık ve kaba bir söylevcilik tehlikesini de birlikte getirir. Stendhal gençliğinde şunları yazmıştı: "Her türlü ahlak kaygısı, yani sanatçının kendini gözeten böyle bir kaygısı, sanatı öldürür." Hiçbir toplumcu sanatçı ahlak kaygısı olmadan çalışamaz ama hiç değilse sanatını propaganda boyutlarına indirgemek gibi bir kolaycılığa kaçmamaya, tersine her zaman onu arıtarak sanat düzeyine yüceltmeye çalışmalıdır. Yalnız eğlendirmek için sanat yapan, yani günün isteklerini karşılayan sanatçıların kuralı da bu olmalıdır. Toplumcu düzende, bütün sanatlar gibi eğlendirici sanat da yetişkin insanlar içindir. Seslendiği halkı küçümseyen sanatçılar amaçlarını yerine getiremiyorlar demektir.

Sürüyle saygıdeğer ve eli yüzü düzgün edebiyat ve müzik yapıtı yaratan kimseleri küçümsemek gülünç olur. Ama bunları, yeni gerçekleri birtakım yeni sanat biçimleriyle açıklamaya çalışanlara örnek olarak göstermek daha da büyük bir yanlıştır. Güçlüklerle dolu geçiş dönemlerinde birçok toplumcu sanatçının eski biçimlere bağlı kalmasının nedenini anlayabiliriz; özü yenilik olan toplumcu bir düzende birtakım tutucu eğilimlere yer vardır; öyle ki, yeni eğilimler tutucu eğilimlerle çatışarak güçlenir ve güven duygusunu artırır. Ama yeni anlatım biçimlerini Mayakovski, Ayzenştayn, Brecht ya da Eisler gibi özgün sanatçılar yaratır, geleceğe kalacak olan da bunlardır. Bugün bile, yalnız toplumcu dünyada değil, kapitalist dünyada da yenilik, eskiyi kopya etmekten daha etkili olmaktadır. Çünkü iki ekonomik düzen temelde birbirlerine ne kadar karşı olurlarsa olsunlar, aralarındaki savaş ve yarışma ne kadar yeni toplumsal gerçekliğin ana sorunlarından biri olursa olsun, modern yaşayışın birçok özellikleri bakımından iki düzen arasında ortak yanlar vardır: Sanayileşme, teknik bilgi, bilim, büyük şehirler, hız, ritim, bir sürü yeni yaşantılar, duygular ve dürtüler. Büyük bir şehirdeki yaşayışı, uyuşuk bir taşra kasabasındakinden başka türlü açıklamak gerekir. Bir kayakçının ya da bir motosikletçinin doğa yaşantısı bir köylünün ya da gezintiye çıkmış bir insanınkinden başkadır. Modern işçi sınıfının ve – onun aydınlarının yaşayışlarındaki öz ve biçimle geçen yüzyılın şiirsel yöntemleri arasında doğrudan doğruya bir ilişki kalmamıştır. Görüşümüz, duyuşumuz, düşüncelerimizin çağrışımı atalarımızınkinden değişiktir. Sanatta onları irkilten şeyler (İzlenimcilerin renkleri kullanışı ya da Wagner'in düzensiz sesleri) bize artık hiç aykırı gelmiyor. Bugünün ortalama insanı böyle şeylere iyice alışmıştır ve bunları artık "modern" bulmamaktadır.

Sibernetik, gerçekliğin daha araştırılmamış alanlarıyla ilgili sorulara kuramsal açıklamalar yapacak olan makineler yaratmak üzeredir. Bu açıklamalar şimdilik insan aklını aşan niteliktedir. Bilim böylesine sarsıcı olanaklar karşısında boyun eğmediği gibi, insan aklını aşıyor diye bu makinelerin sağladığı açıklamaları küçümseyerek bir yana itecek değildir. Tersine, sibernetikçiler, yeni kavramları insan aklının benimseyebilmesi için birtakım özel araçların yapılması gerekebileceğini ileri sürmektedirler. Bilim ve sanat, gerçekleri kavramanın iki ayrı yoludur. Bunları doğrudan doğruya karşılaştırmak ise yanıltıcı olur. Bununla birlikte, gerçeklik alanında sanatın da birtakım yenilikler bulduğu, daha önce görünmeyeni gösterdiği, duyulmayanı duyurduğu da doğrudur. Sanattan anlamanın değişmez bir niteliği yoktur; "özel araçlar"ın yardımıyla bu da geliştirilip inceltilebilir. Öyleyse, insanın sonsuz gelişme yeteneklerine inanan toplumculuk, hiçbir alanda yeniye yenidir diye karşı çıkmamalıdır; bunun yerine, başlangıçta anlaşılmayanı kavrayabilmek için "büyütme araçları" kullanmalı, anladıktan sonra da bunu sıkı bir yoklama ve incelemeden geçirmelidir.

Sanat alanında, geçen yüzyılın ortalarından beri bulunan anlatım yollarının tümü, çoğu zaman, yozlaşmış oldukları ileri sürülerek bir yana itilirler. Çağdaş burjuva dünyasının çöken, bu yüzden de yapısı gereği yozlaşan bir dünya olduğu doğrudur. Ne var ki, hiç de öyle bağdaşık (mütecanis) bir dünya değildir bu – tersine, yalnız burjuva ve işçi sınıfları arasında değil, her toplumsal katın kendi içinde sayısız çelişmeler vardır. Yeni ile eskinin savaşı ise aydınlar arasında belli bir sertlikle sürüp gitmektedir. Yeni olan, elbette ki özü gereği işçi sınıfından yanadır, denemez. Durum çok daha karmaşıktır. Bir yanda, birçok işçi burjuva yozlaşmasına kapılmış; öbür yanda ise, toplumcu dünyanın varlığı kapitalist dünyayı sürekli olarak etkilemiştir. Bu etkinin kendisi de çelişmelerle doludur, çünkü bir yandan toplumculuk düşmanlığını kışkırtırken öbür yandan da düşünürlerin bu konuyu araştırmalarına yol açar. Sanatçıların kapitalist dünyaya başkaldırmaları, doğrudan doğruya ya da dolaylı olarak toplumculuğa tepki göstermeleri, oldukça karmaşık bir gerçeği bulup çıkarmaları, bütün bunların hepsi eskinin çürümesiyle yeninin mayalanmasının birbirinden ayırt edilemeyeceği yeni biçimler ve anlatım yolları yaratır. Çoğu zaman işe yaramayan bir şeyle gelecekte işe yarayacak olanı ayırmak bizim için çok zordur. Ama kapitalist dünyanın edebiyat ve sanatındaki bütün modern öğelerini "çürük"tür diye atmak, Lassalle'ın ileri sürdüğü ve Marx'ın çürüttüğü, "işçi sınıfının toptan gerici bir yığınla karşı karşıya olduğu" düşüncesine benzer. Politikada bile böyle yoğun bir birlik yoktur – hele, değil bizim çağımızın sanatında, hiçbir çağın sanatında böyle bir birlik söz konusu değildir.

Toplumcu dünyadaki tutucuların ülküleştirilmiş "yalın insan" kişiliğini sanat konularında en üstün yargıç olarak göstermek istemeleri gerici bir eğilimdir. "Yalın insan"ın yavaş yavaş ince bir görüş ve ayırıcı birtakım özellikler kazanması toplumculuğun kaçınılmaz ilerleyişinin bir sonucudur. Bir ulusun yapısı birtakım yöneticilerin düşüncelerinden daha çabuk değişebilir. Yetişmiş işçiyle teknik uzmanı birbirinden ayıran çizgi silinmeye başlamıştır bile; işçi sınıfı ile aydınlar neredeyse atbaşı gitmektedirler; işçi sınıfının iyi eğitim görmüş çocukları düşünce serüveninin, sanatçı atılganlığının tadına varmaya başlamışlardır. Moore'un, Leger'nin, Picasso'nun adını duyunca irkilen, Rimbaud'yu, Yeats'i, Rilke'yi "anlaşılmaz" bulan ya da on iki sesli müziği şeytan uydurması sayan babalarının bu yargılarını gülümsemeyle karşılamaktadırlar. Toplumcu genç kuşağın bütün bunları tanımaları önlenemeyecek, üstelik bu kadarla da kalınmayacaktır. Toplumcu ülkelerde çevrilen birtakım yeni filmler, genç yazarların, yontucuların, ressamların yapıtları, toplumcu özün gerçekten yeni bir biçimde başarıyla dile geleceği bir sanatın doğmakta olduğu inancını doğrulamaktadır.

Yükselme ve Çökme Arasında

Çağdaş burjuva düzeni bugün bile büyük ölçüde sanat ürünü yaratacak güçtedir; toplumcu dünyanın varlığı ve meydan okuması, ortaya koyduğu ahlak ve düşün sorunları da bu alanda burjuva düzenine büyük yardımda bulunmaktadır. Ama uzun erimli düşünecek olursak, toplumcu sanatın burjuva sanatına üstün geleceğini söyleyebiliriz. Burjuva sanatının vereceği çok şey olmakla birlikte bir şeyden yoksundur: Geleceğe değgin geniş bir görüş, iyimser tarihsel bir görüş. Hayal kırıklıklarına rağmen bugün bile toplumcu dünyanın malıdır bu görüş. Söz konusu olan, ekmekten ve uzay füzelerinden, bolluk ve teknik üstünlükten çok, "hayata bir anlam" verebilmektir, fizikötesel değil de insanca bir anlam.

Toplumculuk, kendisini sarsan bütün çatışmalara rağmen, insan için sonsuz olanakların varlığına inanmaktadır. Çağdaş burjuva dünyasındaki en yetenekli ve içten sanatçıların ve yazarların çoğunun gelecekle ilgili görüşleri olumsuzdur, hatta kıyametin haberciliğini yapar niteliktedir. Sığ bir iyimserlik elbette ki bu karamsar düşüncelere karşı dengeyi sağlayamaz, çünkü tarihte ilk olarak insanlığın kendi kendini yok etme olanağı ortaya çıkmıştır. Kari Kraus, yıllarca önce bunu bilmişcesine şu özlü düşünceyi ileri sürmüştü: "Makineler tam geliştiği ve insanın görevini yerine getiremediği anlaşıldığı zaman çağdaş dünyanın sonu gelmiş olacaktır." İnsanoğlunun bilinci teknik ilerlemeye yetişememektedir. Böyle olunca, toplumcu yazar ve sanatçılar burjuva sanat ve edebiyatının dile getirdiği geleceğin korkunç görünümünü umursamazlıktan gelemezler. Bir atom savaşından sonra yeryüzünde hayat belirtileri kalsa bile, ay yüzeyi görünümünün zehirli havası içindeki bu belirtilerin toplumcu bir dünya görüşü ile hiçbir ilintisi olmayacaktır.

Öyleyse savaşı önlemek her türlü toplumsal düzendeki bütün sağduyulu insanların ödevi oluyor demektir. Usun gücüne güvenmeyen kimseler yıkımın kaçınılmazlığına inananlardır; böylelerinin yapıtlarını ise yıkıntıların gölgesi kaplar. Bu dünyanın sonunun gelebileceği olanağına karşı toplumcu sanatçı başka bir olanağı, ussal ve bu yüzden de insanca bir dünya olanağını öne sürer. Bunlardan birincisi nasıl kaçınılmaz bir şey değilse, ikincisi de önceden belirlenmiş değildir. Seçim, her zaman olduğundan çok bireye bağlıdır, Hebbel'in şu dizeleri ise her zamankinden daha doğrudur:

Du has vielleicht
gerade jetzt dein Schicksal in den Händen
und kannst es wenden, wie es dir gefällt.
Für jeden Menschen kommt der Augenblick
in dem der Lenker seines Stern ihm selbst
die Zügel übergibt...

Belki de şu anda
kendi elindedir alınyazını çizmek,
dilediğin gibi yön verebilirsin kendine.
Bir an gelir ki her insan için,
yıldızına yol gösterebiliyorsa kişi,
kendi eline alır dizginlerini...

Güç birikiminin bunca yoğunlaştığı ve bu gücün işleyişinin bunca karanlıklaştığı bir dünyada, birçok kimse kişisel kararlarının etkisiz kalacağını düşünme eğiliminde oldukları için "kader"e boyun eğmektedir. Bu durumda toplumcu sanatın ana sorunu kişiliği olmayan nesnelerin gerisindeki insanları belirtmek ve iri sözler söylemeden, boş bir iyimserliğe kapılmadan insanların nesnelere üstün gelebileceğini göstermektir. William

Faulkner'ın güçlü romanı *Kutsal Sığınak*'ın (*Sanctuary*) toplumcu bir benzeri daha ortaya çıkmadı. (Bu roman, kendi toplumsal durumunun sınırlarını aşmaya çalışan insanların bu çaba içinde yokoluşlarını ya da geçmişe itilişlerini, güçsüzlüklerini belirten bir tragedyadır.) Aleksi Tolstoy'un *Çileli Yol*'u da buna benzer bir temayı işler ama bir devrimin özel ve olağanüstü durumu içinde geçer bu romanın olayları. Böyle bir temayı günümüzde işleyecek olan yazarda Faulkner'ı aratmayacak bir yeteneğin yanı sıra şaşmaz bir içtenlik, amacı ne denli saygıdeğer olursa olsun kolay başarı yollarına sapmama kararlılığı olması gerekir. Bir zamanlar ortaya çıkan ve toplumcu düzendeki bütün sorunlara "trajik" olmayan çözüm yolları bulan, dolayısıyla da her hikâyenin mutlu bir sonla bağlanmasını isteyen çelişmesiz roman kuramı, aynı derecede yanlış olan ve toplumcu düzende sınıf ayrımlarını abartan kuramla birlikte önemini yitirmiştir. Ama çatışmaları görmezlikten gelme ve düşleri gerçek gibi gösterme eğilimi bugün bile sürüp gitmektedir.

Toplumcu sanat bugünü ülküleştirerek gelecekle ilgili görüşlerini bulandırmadığı ölçüde saygı ve güven kazanacaktır. Çağdaş burjuva dünyasındaki ağırbaşlı sanatçıların ve yazarların içten umutsuzluklarını ne "yozlaşmış" diye yaftalayıp bir kalemde geçebiliriz ne de bunlara karşı tarihin büyük akışı içinde her şeyin belli bir düzene göre gerçekleştiğini ileri sürebiliriz. Dünyanın sonunun gelebileceği *düşünülebilir* bir şey olarak tanınmalı ama bunun *önlenebilir* bir şey olduğu da gösterilmelidir. Bu, barış için savaşmanın bundan böyle toplumcu sanatın tek teması olacağı anlamına gelmez. Bu demektir ki, çağdaş burjuva sanatında çoğu zaman belirtilen yıkımın "kaçınılmazlığı" düşüncesine karşı, yıkımın nasıl önlenebileceğini gösteren yapıtlar çıkarmalıdır; ama bu yapıtlar gerçeğe uygun olmalı, propaganda amaçları gütmemelidir.

Eğer barışın korunması birlikte yerine getirilmesi gereken tek büyük ödevse – ki her şey bunun böyle olduğunu gösteriyor – toplumcu sanat bütün dikkatini yalnız toplumcu ülkelerin iç sorunları üzerinde toplamamak, dünya sanatına temel bir katkıda bulunmak üzere bütün dünyaya seslenmelidir. Gorki'nin, Mayakovski'nin, Isaac Babel'in, Aleksi Tolstoy'un, Ayzenştayn'ın ve Pudovkin'in yapıtları toplumcu olmayan geniş okuyucu ve seyirci çevreleri için büyük bir anlam taşırlar; buna karşılık toplumcu ülkelerde Chaplin'i, de Sica'yı, Faulkner'ı, Hemingway'i, Lorca'yı ve Yeats'i beğenen sayısız insan vardır. Ayrı ayrı toplumsal düzenlerin insanları olsak, ayrı ayrı amaç ve düşüncelere sahip olsak bile, eninde sonunda tek bir dünya üzerinde yaşamaktayız. Ve dünyamıza Amerikan edebiyatı gerekli olduğu kadar, Rus edebiyatı da gereklidir; Fransız ve Avusturya müziği kadar, Rus müziği; İtalyan, İngiliz ve Sovyet filmleri kadar, Japon filmleri de gereklidir. Dünyamıza Henry Moore gerekli olduğu kadar modern Meksika ressamları da, O'Casey kadar Brecht de, Picasso kadar Chagall da gereklidir. İki toplumsal düzen arasındaki siyasal çekişme sürüp gidecektir. Bunun savaş içinde değil de barış içinde sürmesi hepimizin yaşama koşuludur. Her iki yandaki insanların bir boşluk içinde konuşmayıp birbirlerinin sorunlarını, amaçlarını ve isteklerini anlamalarını sağlamak çağdaş edebiyat ve sanatın en büyük görevlerinden biri olmuştur.

Yarından Sonraki Günün Düşü

Bu görüşe şöyle bir uslamlamayla karşı çıkılabilir: "Bu ne güven! Neye dayanarak sanatın gerekliliğini böyle kesinlikle söz konusu edebiliyorsunuz? Sanat can çekişmekte. Bilimle teknik bilgiler kapı dışarı etmiş sanatı. İnsanoğlu Ay'a gidebilirken Ay baygını şairlerin ne gereği var? Uçak tanrılardan daha hızlı, otomobil Pegasus'dan daha kullanışlıdır. Uzay adamı şairin düşünden geçirdiği şeyi kendi gözleriyle görebilmektedir. Byron'un İblisle birlikte boşlukta uçan Kabil'ini düşünün:

KABİL: Tanrı mısın, şeytan mı, her kimsen,
Şu görünen dünyamız mı bizim?
İBLİS: Babanın yaratıldığı balçığı
Yoksa tanımadın mı?
KABİL: Ne diyorsun?
Yanında gecelerimizi ısıtan daha küçük bir küreyle
Hava içinde dönen şu küçük mavi küre mi?...
Gittikçe küçülüyor
Biz güneş ışınları gibi ilerledikçe
Ve küçüldükçe bir ayla beliriyor çevresinde
Gökyüzüne baktığımda
Yıldızların en yuvarlağı gibi parlayan...

Gagarin'in, Titov'un ya da Glenn'in uzaydan düzyazıyla verdikleri haberler bu koşuklu düşgörü (vision) dilinden daha çarpıcı değil mi? Sanat insanlığın çocukluğundan ve ergenlik çağından kalma bir şey değil mi? Artık olgunluğa eriştiğimize göre sanatsız yapamaz mıyız?

Şurası açık ki, kapitalizm sanat alanında yeni bir "rönesans" yaratma yeteneğinden yoksundur. Peki ya toplumculuk? Yeni bir Homeros'un ya da Shakespeare'in, Mozart'ın ya da Goethe'nin doğacağı düşünülebilir mi? Doğacak olsa bile, toplum böyle birine gereksinme duyacak mıdır? Gerçeklikle başa çıkamayan insanların gerçekliğin yerine koydukları tılsımlı bir "son çare" değil midir sanat? Eylem yerine düşü, varlık yerine gölgeyi, Juna tanrıça yerine bir bulutu benimsemeye hazır bir kafa edilginliğini öngörmez mi? Çok uzak olmayan bir gelecekte gerçekliği iki kere dört kesinliğiyle düzenleyecek eksiksiz sibernetik makineler yapılacak. Bu makineleri ne bir duygu ne de bir tutku yanıltabilecek. Toptan bir makineleşme, sınırsız bir üretim ve yoğaltım çağında sanat ne işe yarayacak, Helena'nın düşsü peçesi ne işe yarayacak?

Gelecekte, makineler eninde sonunda insanları makinelerin yapabileceği bütün işlerden kurtaracak, böyle işler insan emeğiyle bağdaşmayan işler sayılacaktır. Ne var ki, makineler gittikçe yetkinleşince, *insanın büyüklüğünün yetkin olmamasından ileri geldiği* anlaşılacaktır. İnsan da sibernetik makineler gibi devimsel, kendi kendini yetkinleştiren bir varlıktır ama hiçbir zaman kendine yeterli olmayan, her zaman sonsuzluğa açık, hiçbir zaman yalnız mantık kurallarına uymayan bir varlık. *"Quod nunc ratio est, impetus ante fuit"* (şimdi akıl olan şey eskiden içgüdüydü) diyor Ovidius. Bu tutku, bu coşku, bu yaratıcı eksiklik insanı her zaman makineden ayıracaktır.

"Peki," diyebilir benim gibi düşünmeyen bir kimse, "yetkinliğe erişen makine acı çekmeyeceği için acısını dile getirme isteğini de duymayacaktır; acının ve sevincin ötesinde, gerçeklerin gizini açıklama görevini sürdürecektir. Ama insan makinenin şaşmazlığına hiçbir zaman kavuşmayacak bile olsa, toplumcu bir düzende sanata neden bir gereksinme duysun? Sanatın görevi, sınıflara bölünmüş, anlaşılmaz, ürkütücü bir toplumda yaşayan biz yarım, eksik, acınası insanların daha eksiksiz, daha zengin, daha güçlü bir hayata kavuşmamıza, başka bir deyişle, gerçek insan olmamıza yardım etmektir, demiştiniz. Peki ama toplumun kendisi böyle gerçekten insanca bir hayatın güvencesi olduğu zaman ne olacak? Her türlü gerçek sanat daha var olmayan bir insanlığın özlemini duyurur. Böyle bir insanlığa kavuştuğumuz zaman bütün bu Faust'su büyü ne işe yarayacak?"

Evrensel mutluluk, düşlerin gerçekleşmesi ve tarihin dönüşünün tamamlanmasıyla insan gelişmesinin bir gün son amacına ulaşacağı gibi birtakım çocuksu umutlar ya da korkular getirir insanın aklına böyle soruları. Oysa bu durumda insanlığın yalnız, tarihöncesi dönemi sona ermiş olacaktır; insan cennetin durağanlığı ile hiçbir zaman kısıtlanmayacak, gelişmesini durmadan sürdürecektir. İnsan her zaman olabileceğinden ötede bir şey isteyecek, yaradılışının sınırlarını her zaman aşmaya çalışacak, her zaman ölümsüzlüğe kavuşmak için uğraşacaktır. Bu her şeyi bilme, her şeye üstün çıkma, her şeyi kavrama isteğini yitirdiği gün, insan da insan olmaktan çıkar artık. Bu yüzden, doğadan bütün gizleri ve kendisine üstünlük sağlayacak olanakları elde edebilmek için her zaman bilime gereksinme duyacaktır. Yalnız kendi yaşayışında değil, hayal gücüyle daha deneti altına alamadığını sezdiği gerçekler karşısında yabancılık çekmemesi için de her zaman sanatın gerekli olduğunu unutmayacaktır.

İnsanın ilk toplu yaşama döneminde doğanın gizli gücüne karşı insanın en büyük yardımcı silahıydı sanat. Sanat, başlangıcında, hemen hemen din ve bilimle aynı şeydi. İkinci gelişme döneminde – işbölümü, sınıf ayrımı ve her türlü toplumsal çatışmanın ortaya çıkması döneminde – sanat bu çatışmaların niteliğini anlamanın, var olan gerçekliği tanıyarak değişik bir gerçekliğin ne olabileceğini sezmenin, insanların ortak noktaları arasında köprü kurarak bireyi yalnızlıktan kurtarmanın başlıca yolu oldu. Sınıf çatışmasının daha da yoğunlaştığı günümüzün burjuva düzeninde sanat toplumsal düşüncelerden kopma, bireyi kendi umutsuz yabancılaşmasına doğru daha çok itme, güçsüz bir bencilliği kışkırtma ve gerçekliği, yanlış tanrıların büyü törenleriyle dolu aldatıcı bir efsaneye dönüştürme eğilimindedir. Günümüzün toplumcu düzeninde ise sanat belirli toplumsal gereklere uyma, açık seçik bir aydınlanma ve düşünce yayma aracı olma eğilimini göstermektedir. Ama üçüncü bir döneme – bireyle toplumun çatışmadığı, sınıfsız bir toplumun var olduğu bir döneme – varıldığında, sanatın başlıca görevi ne büyü ne de toplumu aydınlatma olacaktır.

Böyle bir sanatı ancak belli belirsiz canlandırabiliriz gözümüzde, üstelik bu çabamızda yanılabiliriz de. Marxçılık herhangi bir ülküsel Utopia'yı bilimin olanca ağırbaşlılığı ile yadsır; oysa Marxçılığın parıltılı bir izdüşümüdür Utopia. Öyleyse gelecek günlerin düşünü kurarken insanların çalışmaktan bitkin düşmediği, bugünün derdi, yarının ödeviyle kaygılanmadığı, sanatla "içli dışlı" olacak kadar boş zamanı olduğu bir dünyayı canlandırabiliriz kafamızda. Zengin ve oldukça farklılaşmış bir toplumda sanatların yoksullaşacağından korkmamız gerekmez. Bu farklılaşma sınıflar arasında değil, kişiler arasında, toplumsal maskeler arasında değil, bireyler arasında olacaktır. Her şey gizdeşle evrensel, hayal gücüyle sorunsal, usla tutku arasındaki karşılıklı ilişkiyi destekleyecektir. Sanat yapıtlarının gelişmiş bir yöntemle çoğaltılması "toplum"un bireyleşmesine yol açacak, herkes evindeki sanat örneklerini yakından tanıyabilecektir. Ayrıca herkesin katılabileceği şenlikler ve her türlü yarışmalar doğrudan doğruya katılmayı kolaylaştıracaktır. Belki de başlıca görevi toplumu çözümlemek ve eleştirmek olan romanın yanı sıra, toplumsal gerçekliği destekleyen bir tür olan epik yeniden canlanacaktır. Tragedya hiç kuşkusuz varlığını sürdürecektir, çünkü her türlü toplumun – hatta sınıfsız bir toplumun bile – gelişmesi, çelişme ve çatışma olmadan düşünülemez, çünkü insandaki karanlık kan ve ölüm tutkusu belki de hiç yok edilemez. Bugün sanatta garip ve aykırılığa olan düşkünlüğümüz sadece çağdaş hayatta korkunçla gülüncün yan yana gelişinin bir sonucu olamaz; bu belki de komedyanın yeniden doğacağının bir belirtisidir. Bugüne değin komedya genellikle eleştiri demekti, yıkıcı kahkaha ya da Marx'ın dediği gibi, "sevinçli bir vedalaşmaydı geçmişle"; uzak bir gelecekte, komedya, egemen insanın hayatını, özgürlüğünü, sevincini ve canlılığını yansıtabilir.

Homeros'un, Aristophanes'in, Villon'un, Giotto'nun, Leonardo'nun, Cervantes'in, Shakespeare'in, Brueghel'in, Goethe'nin, Stendhal'ın, Puşkin'in, Keller'in, Brecht'in, Picasso'nun ve hepsinin üstünde Mozart'ın, her zaman, her zaman Mozart'ın, adlarını bir araya getiren şey, belki de kişisel beğeninin ötesinde bir şeydir. Bu sanatçıların ayrılıkları, sadece paylaştıkları ortak bir noktayı – ağır, dar görüşlü ve iç kapayıcı olan her şeyi coşkunlukla bir yana itmelerini – daha iyi ortaya çıkarmaya yaramaktadır. Yapıtlarının birçoğunda gerçeklik hayal gücüyle neredeyse hiç ağırlığı kalmamışçasına damıtılmıştır: Nesneler yerçekiminden kurtulmuş, hiçlikle sonsuzluk arasında bir denge sağlamışlardır. Ne korku olduğundan az gösterilmiş ne de korkunun nedenleri yadsınmış, buna karşılık her şey sevince yakın bir sevimliliğe bürünmüştür. Caliban'la Ariel'in adasında Prospero kötülüğü, karanlığı ve kanı güldürüye, ışık saçan bulutlara dönüştürmüştür. Sanatın büyüsü *görünüşü varlığa*, güzelliği hiçliğe çevirebilir.

... These our actors
As I foretold you, were all spirits, and
Are melted into air, into thin air:
And, like the baseless fabric of this vision,
The cloud-capp'd towers, the gorgeous palaces,
The solemn temples, the great globe itself,
Yea, all which it inherit, shall dissolve,
And, like this insubstantial pageant faded,
Leave not a rack behind. We are such stuff
As dreams are made on. ...

... Önce de söylediğim gibi,
Hep perilerdi oyuncularımız, artık uçup, havaya,
İncecik havaya karıştılar;
Bu düşün temelsiz yapısı gibi,
Bulutlarla çevrili kuleler, koca saraylar,
Ulu tapınaklar, yüce yeryüzünün kendisi bile
Üstündekilerin hepsiyle birlikte eriyerek
Bu boş gösteri gibi kaybolup silinecek gözden.
Düşlerin özündeki nesneleriz biz...

Prospero'nun değneği ayrıca ürkütücü bir güçle de donatılmıştır:

... the strong – based promontory
Have I made shake, and by the spurs pluck'd up
The pine and cedar: graves at my command
Have waked their sleepers, oped, and let'em forth
By my so potent art. But this rough magic
I here abjure...

... yerinden oynamaz sarp burunları
Temellerinden sarstım, köklerinden söktüm
Çamları, ardıçları: mezarlar buyruğumla açıldı,
Büyümün gücüyle uyanıp dışarı uğradı içlerinden ölüler.
Ama vazgeçiyorum işte bu hoyrat büyülerden...

Prospero'nun büyüsü en sonunda "tanrısal bir ezgi"ye, uçucu bir güzelliğe, bilgelik dolu bir neşeye dönüşüyor. Leonardo da Vinci'nin gülümsemesinde de aynı özü görüyoruz; Stendhal'ın üzerinde tutkunun, başarısızlığın ve ölümün ana çizgilerini çizdiği aydınlık gökte de; Brecht'in aydınlanmayla romantizmi, usla alaycılığı uzlaştırmasında da. Mozart ise, müziğinin dengesi en ufak bir çeşitlemeyle tatların *son kertesini* duyuracak biçimde ayarlanmış olan Mozart ise, bu sanatın doruğu olarak beliriyor. Prospero'nun elinden bıraktığı tılsımlı değnek kuşaktan kuşağa el değiştirmiştir. Gelecekteki düzenin sağlayacağına söz verdiği yaşama zenginliği (yalnız yoğaltım malları değil!) hiç acı duymadan, sevinçle "düşlerin özündeki nesneler" olduğumuzu doğrulayacak.

"Evrensel" sanat yapıtına duyulan özlem gerçekte insanın dünyayla ve kendisiyle birleşmesinin daha köklü bir özlemidir. Bu özlem (Wagner'in kuramlarına karşıt olarak) belki de tiyatronun bütün olanaklarından yararlanacak ve sözcüklerle imgelerin, dansla müziğin, mantıkla soytarılığın, duyularla usun bir bireşimini yaratarak ortaya çıkacak yeni bir güldürü türüyle aradığını bulmuş olacaktır. Bir inanç uğrunda can vermek, kan ve günlük kokusu, sanatın dine bağlanması gibi şeyler insanlığın tarihöncesi ile ilgilidir. Belki de güldürü insanın özgürlüğüne kavuşmasını dile getirmeye en elverişli tür olacaktır.

Hans Eisler, *Sanatta Alıklık Üstüne* başlıklı konuşmalarından birinde şöyle diyor: "Aldanmış küçük burjuvanın ya da kalem efendisinin sızlanışları – *bunlar* da vardır müzikte. Üstelik kapitalist düzendeki müziğin ayırıcı özellikleri olarak görünmektedir bunlar." Gelecekte müziğin her türlü romantik ağlaşmadan ve kendini beğenmişlikten, dizginsiz duygulardan ve gösterişçi propagandadan kurtulacağını, dinleyicisinin ne çok heyecanlı ve sinirli ne de duyguca tembel olacağını; etkisinin şaşırtıcı olmaktan çok düzen getirici bir niteliği olacağını, düşüncelere bulanıklık değil aydınlık getireceğini umabiliriz. Bu müzik yeni anlatım yollarından yararlanmasına, eskiye öykünmemesine rağmen, Mozart'ın dingin zenginliğini ve dengeli atılganlığını da ölümsüzleştirecektir.

Resim ve heykelin görevi artık müzeleri doldurmak olmayacaktır. Devlet de özel kişiler de sanatı koruyacak, büyük yapılarda, alanlarda, stadyumlarda, yüzme havuzlarında, üniversitelerde, havaalanlarında, tiyatrolarda ve büyük apartmanlarda o yerlere uyan resim ve heykeller bulunacaktır. Plastik sanatlar, daha önceki sınıf ve sömürü düzenlerinde olduğu gibi, tek bir üsluba uymayacak, tek üslup düşüncesi belli bir kültürün ayırıcı özelliği olduğu için belki de tarihe karışacaktır. Ulusların birleşip kaynaşacağı, yeni bileşimlerin dar ve sınırlı olan her şeyi ortadan kaldıracağı, ne bir sınıfın ne de bir ulusun üstünlüğünün söz konusu olacağı bir kültürde ve çağda birçok üslupların ortaya çıkması akla daha yakın gelmektedir. Sınıfsız bir toplumda *çeşitli üslupların* ortaya çıkması kolayca düşünülebilir.

İnsan ölümlü, bu yüzden de sınırlı olduğu için, kendisini her zaman çevresindeki sonsuz gerçekliğin parçası olarak görecek ve bu gerçeklikle boğuşacaktır. Hem sınırlı bir "ben" hem de bir bütünün parçası olmak gibi bir çelişmeyle sık sık karşı karşıya gelecektir. Gizemciler (mistikler) eskiden beri insanın kendini aştığı, Tanrı denilen bir varlıkla birleştiği bir düzene yönelmişlerdir. Biz gizemci değiliz, kişinin olanca ilgisini kendi üzerinde yoğunlaştırarak "benliğinden" kurtulduğu, gerçekliği tümüyle yadsıyarak kendini, yıktığı bu gerçekliğin içinde yitirdiği ve hayattan yoksun bir sonsuzlukla birleştiği o çelişmeli durumu özlemiyoruz. Bizim amacımız bilinçten kurtulmak değil, bilincin en yüksek derecesine kavuşmaktır. Ne var ki, bireyin kavuşabileceği en yüksek bilinçlilik derecesi bile "ben"in bütünlüğünü yeniden yaratmaya, bir tek insanın bütün insanlığı kapsamasına yetmez. Nasıl dil her bireyde toplumsal evrimin yüzyıllardır süren birikimini yansıtır, bilim her bireyi insanlığın elde ettiği bilgiyle donatırsa, sanatın sürekli görevi de *bireyin kendi dışındaki her şeyin* bütünlüğünü, bütün insanlığın yaşantısını ona *kendi yaşantısıymış* gibi yaşatmaktır. Sanat bunu yaparak gerçekliğin değiştirilebileceğini, denetlenebileceğini, bir oyuna dönüştürülebileceğini göstermiş olur.

Bu özdeşleşmeyle, insanın bu sınırsız değişim yeteneğiyle, Proteus gibi her biçime girme ve çeşitli yaşantılar altında ezilmeden sayısız hayatlar yaşama yeteneğiyle bütün sanatlarda karşılaşırız. Balzac, sokakta önünden giden yabancıların yürüyüş ve davranışlarına öykünerek onları yaşantısının bir parçası yapmak isterdi. Romanlarındaki kişilere kendisini öylesine kaptırırdı ki, bu insanlar ona çevresindeki gerçeklikten daha gerçek gelirlerdi. Sanattan sadece tat almakla yetinen çoğumuz için böyle bir tehlike yoktur; ama bir sanat yapıtıyla karşı karşıya gelmemiz sınırlı "ben"imizi bile büyük ölçüde zenginleştirir; içimizde bir özdeşleşme süreci başlar ve neredeyse hiçbir çaba göstermeden, bizi saran bu yapıtların yalnız tanığı değil ortak yaratıcısı olduğumuzu duyarız. Öyleyse sanatın bize verdiği şeyin hayatın bir benzeri olduğunu söylemek pek yanlış olmaz. Ama zavallı kişiliğine, prensleri, azılı haydutları, karşı konulmaz sevgilileri özdeş gören günümüzün her bakımdan doymamış insanıyla yarınki toplumun özgür ve bilinçli insanı arasındaki ayrımı anlamaya çalışalım. Bu insan ilkel ve başkalarının uydurduğu birtakım ülkülerin gerekliliğini artık duymayacak, yaşayışının özü zengin olduğu için daha zengin bir öze yönelecektir. Sanat insanın kendisini öbür insanlarla, doğayla ve dünyayla özdeş görmesinin, var olan ve var olacak her şeyle birlikte duymasının ve yaşamasının aracı ise, görevi de insanın gelişmesine koşut olarak gelişecektir. Başlangıçta sadece sınırlı sayıda varlıkları ve olayları kapsayan özdeşleşme süreci daha şimdiden tanınmayacak ölçüde genişlemiş, zamanla insanı bütün insanlıkla, bütün dünyayla birleştirecek bir doğrultuya yönelmiştir.

Goethe *Wilhelm Meister* adlı romanında, kendini güneş sistemiyle özdeş gören ve evrenle kendi arasındaki büyülü ilişki serinkanlı bir bilim adamının gözlemi altında bulunan Makarie adında unutulmaz ve anlaşılmaz bir kadın kahraman yaratmıştır. Şöyle diyordu Goethe:

> Makarie ile güneş sistemimiz arasında kolay kolay ad veremeyeceğimiz bir ilişki vardı. Makarie bunu yalnız kafasında, ruhunda, hayalinde düşünüp duymuyor – hayır, o sanki bir parçasıdır bu sistemin; kendisinin boşluktaki o çemberlere çok özel bir biçimde çekildiğine inanıyor; çocukluğundan beri güneşin çevresinde dönmektedir, hem daha doğrusu, yeni buluşların da gösterdiği gibi, merkezden uzaklara doğru sarmal bir dönüş içinde...
>
> Bu niteliği, bütün parlaklığına rağmen, ona küçük yaşından beri ağır bir görev olarak verilmişti... Bu durumun yarattığı ağırlık, onun da gecesi ve gündüzü olmasıyla biraz hafifliyordu, çünkü iç aydınlığı azalınca büyük bir bağlılıkla dış ödevlerini yerine getirmeye çalışıyor, içindeki ışık yeniden parlamaya başlayınca kendini mutlu bir dinlenmeye bırakıyordu.

Birtakım gizemci yazarların gözlemlerini çağrıştıran bu garip betimleme Goethe'nin kamutanrıcılığını (panteizmini) belirtir. Makarie, yaratıcı insanın dünyayla birleşmesinin simgesidir, yanındaki yıldız bilgini de bilimi temsil etmektedir. Doğru, "bu üstün yeteneğinin" toplumsal bir yanı, yaratıcı insanın yalnız doğal dünyayla değil insanlığın geri kalan kesimiyle birleşmesini gösteren bir yanı yoktur. Bugüne değin bildiğimiz toplumda böyle üstün yetenekler çok az sayıda insanın payına düşmüştür; ama gerçekten insancıl bir toplumda yaratıcılık kaynakları daha çok sayıda insanda kendini gösterecek; sanatçılık yaşantısı bir ayrıcalık değil, özgür ve çalışan insanın doğal bir niteliği olacaktır. Bir başka deyişle, *toplumsal deha*'ya kavuştuğumuz bir dönem olacatır.

Çalışarak insan olan insan, doğalı yapaya dönüştürerek hayvanlar dünyasından kurtulan insan, bu yüzden büyücü olan, toplumsal gerçekliği yaratan insan, her zaman gökyüzünden yeryüzüne ateş getiren Prometheus, her zaman müziğiyle doğayı bütünleyen Orpheus olacatır. İnsanlık ölmedikçe sanat da ölmeyecektir.